Collection Pédagogies

Philippe Meirieu Michel Develay

Émile, reviens vite... ils sont devenus fous

ESF éditeur
17, rue Viète - 75017 PARIS

2e tirage 1992
ISBN 2-7101-0948-4
ISSN 1158-4580

Dans la même collection

APPRENDRE À LIRE EN MATERNELLE
Hélène Gilabert

APPRENDRE... OUI, MAIS COMMENT ?
Philippe Meirieu

DE L'APPRENTISSAGE À L'ENSEIGNEMENT
Pour une épistémologie scolaire
Michel Develay

LE CHOIX D'ÉDUQUER
Éthique et pédagogie
Philippe Meirieu

CONSTRUIRE LA FORMATION
CEPEC, sous la direction de Pierre Gillet

DÉVELOPPER LA CAPACITÉ D'APPRENDRE
Jean Berbaum

DIDACTIQUE DU FRANÇAIS
De la planification à ses organisateurs cognitifs
François Victor Tochon

L'ÉCOLE, HORS L'ÉCOLE
Soutien scolaire et quartiers
Sous la direction de Dominique Glasman

L'ÉCOLE, MODE D'EMPLOI
Des « méthodes actives » à la pédagogie différenciée
Philippe Meirieu

L'ÉCOLE POUR APPRENDRE
Jean-Pierre Astolfi

L'ÉDUCATION, SES IMAGES ET SON PROPOS
Daniel Hameline

ÉMILE, REVIENS VITE... ILS SONT DEVENUS FOUS
Des « méthodes actives » à la pédagogie différenciée
Philippe Meirieu

ENFANTS PERDUS, ENFANTS EXCLUS
Andréa Canevaro

ENSEIGNER, SCÉNARIO POUR UN MÉTIER NOUVEAU
Philippe Meirieu

L'ÉVALUATION EN QUESTIONS
Charles Delorme et le CEPEC

L'ÉVALUATION, RÈGLES DU JEU
Des intentions aux outils
Charles Hadji

INNOVER POUR RÉUSSIR
Sous la direction de Charles Hadji

LES MATHÉMATIQUES AU LYCÉE
Clés pour une réussite
Sylviane Gasquet

MÉTIER IMPOSSIBLE
La situation morale des enseignants
Pascal Bouchard

LES OBJECTIFS PÉDAGOGIQUES
En formation initiale et en formation continue
Daniel Hameline

PENSER ET AGIR L'ÉDUCATION
De l'intelligence du développement au développement des intelligences
Charles Hadji

POUR MIEUX APPRENDRE
Conseils et exercices pour élèves de lycées, étudiants, adultes
Jean Berbaum

QUESTIONS DE SAVOIR
Gabrielle Di Lorenzo

Catalogue complet sur demande

Pédagogies

Collection dirigée par Philippe Meirieu

La collection PÉDAGOGIES propose aux enseignants, formateurs, animateurs, éducateurs et parents, des œuvres de référence associant étroitement la réflexion théorique et le souci de l'instrumentation pratique.

Hommes de recherche et hommes de terrain, les auteurs de ces livres ont, en effet, la conviction que toute technique pédagogique ou didactique doit être référée à un projet d'éducation. Pour eux, l'efficacité dans les apprentissages et l'accession aux savoirs sont profondément liées à l'ensemble de la démarche éducative, et toute éducation passe par l'appropriation d'objets culturels pour laquelle il convient d'inventer sans cesse de nouvelles médiations.

Les ouvrages de cette collection, outils d'intelligibilité de la « chose éducative », donnent aux acteurs de l'éducation les moyens de comprendre les situations auxquelles ils se trouvent confrontés, et d'agir sur elles dans la claire conscience des enjeux. Ils contribuent ainsi à introduire davantage de cohérence dans un domaine où coexistent trop souvent la générosité dans les intentions et l'improvisation dans les pratiques. Ils associent enfin la force de l'argumentation et le plaisir de la lecture.

Car c'est sans doute par l'alliance, sans cesse à renouveler, de l'outil et du sens que l'entreprise éducative devient vraiment créatrice d'humanité.

De Philippe Meirieu

Apprendre... oui, mais comment ? ESF éditeur, Paris, 9e édition, 1992, traduit en italien.

Le choix d'éduquer, Éthique et pédagogie, ESF éditeur, Paris, 2e édition, 1991.

Les devoirs à la maison, Syros, l'École des parents, Paris, 1987, traduit en espagnol.

Différencier la pédagogie : des objectifs à l'aide individualisée, (sous la direction de), Cahiers pédagogiques[1], Paris, 4e édition, 1992.

Différencier la pédagogie : pourquoi ? comment ? (sous la direction de), C.R.D.P. de Lyon[2], 1986.

Différencier la pédagogie en français et mathématiques au collège (sous la direction de), C.R.D.P. de Lyon[2], 1987.

L'école, mode d'emploi – des « méthodes actives » à la pédagogie différenciée, ESF éditeur, Paris, 7e édition, augmentée d'un texte inédit, 1992, traduit en italien.

Enseigner, scénario pour un métier nouveau, ESF éditeur, Paris, 4e édition augmentée d'un guide pour la pratique du conseil méthodologique, 1992.

Itinéraire des pédagogies de groupe – Apprendre en groupe ? 1. Chronique sociale[3], Lyon, 4e éd., 1991, traduit en italien.

Outils pour apprendre en groupe – Apprendre en groupe ? 2. Chronique sociale[3], Lyon, 4e éd., 1991, traduit en italien.

En préparation :

Recueils d'outils pour la pratique du conseil méthodologique.

De Michel Develay

De l'apprentissage à l'enseignement, ESF éditeur, Paris, 1992.

La didactique des sciences, en collaboration avec Jean-Pierre Astolfi, PUF, Que sais-je ?, Paris, 1989.

1. 5, impasse Bon-Secours, 75011 Paris.
2. 47, rue Philippe-de-Lasalle, 69004 Lyon.
3. 7, rue du Plat, 69288 Lyon cedex 02.

« Qui est-ce qui nie que les savants savent mille choses que les ignorants ne sauront jamais ? Les savants sont-ils pour cela plus près de la vérité ? Tout au contraire, ils s'en éloignent en avançant ; parce que la vanité de juger faisant encore plus de progrès que les lumières, chaque vérité qu'ils apprennent ne vient qu'avec cent jugements faux. Il est de la dernière évidence que les compagnies savantes de l'Europe ne sont que des écoles publiques de mensonges ; et très sûrement il y a plus d'erreurs dans l'Académie des Sciences que dans tout un peuple de hurons. »

Jean-Jacques ROUSSEAU
Émile ou de l'éducation (1762)
(Garnier-Flammarion, Paris, 1966, page 266)

TABLE DES MATIÈRES

LETTRE À ÉMILE

Mon cher Émile,

Il y a plus de deux siècles que tu naquis de l'imagination de Jean-Jacques Rousseau. Tu devins très vite une référence et, sans doute, le restes-tu encore aujourd'hui pour ceux qui, comme nous, croient que l'éducation est la grande affaire des hommes. Tu es une référence et, pourtant, bien peu nombreux sont ceux qui prennent le temps de lire ton histoire. On te cite en t'ignorant ou, le plus souvent, en s'accrochant désespérément à quelques souvenirs scolaires, comme à cette gravure d'un célèbre manuel de littérature où tu admires un paysage alpin en compagnie d'un jeune ecclésiastique savoyard. Pour tout te dire, tu n'es plus guère qu'un nom, référence et révérence obligées des étudiants en Lettres ou en philosophie. Et, quand on cherche à tracer les contours de ton image, tu apparais, le plus souvent, donnant la main à un précepteur désespérément sérieux, raisonneur infatigable, tirant profit du moindre événement pour te faire la leçon, ne te concédant jamais un moment de loisir ou un instant d'inattention qu'il n'aurait pas expressément prévu.

Pour le reste, rien de très extraordinaire... un catéchisme idéologique bien connu : l'enfant est bon, il faut le laisser se développer à l'écart des influences sociales perverses, le plonger dans une nature authentique et saisir toutes les occasions de stimuler son intelligence. La science ne s'apprend pas en classe, elle s'invente dans des situations concrètes qui lui donnent sens ; le savoir ne se transmet pas, il s'impose comme une nécessité pour expliquer ce que l'on voit, comprendre ce que l'on ressent et maîtriser ce que l'on dit.

Bien sûr, toi tu sais parfaitement tout cela et l'exposé doit te paraître trivial. Ce que tu te demandes surtout, c'est la raison pour laquelle nous faisons appel à toi au seuil de cet ouvrage sur l'École et les débats qui l'agitent à la fin de ce XXe siècle. C'est qu'il y en avait une multitude innombrable de ces élèves auxquels on aurait pu demander quels effets l'École, de la maternelle au lycée, avait produits sur leur personnalité, leur destinée sociale, leur vision de l'existence et de l'homme... Tous auraient dit leur joie et leur peine à apprendre, les contradictions de la culture qui contraint dans le temps où elle libère ; ils auraient chuchoté leurs espoirs de voir le monde de l'École devenir une école du monde ; ils auraient confié leur désir d'un maître idéal qui sache les écouter, les comprendre et les emporter par son enthousiasme ; ils auraient avoué aussi la difficulté à s'émanciper du maître admiré, à se passer de lui, à le trahir pour lui être fidèle. La soumission, la dépendance, la souffrance, le renoncement, l'effort, la volonté, le désir, l'intérêt, la joie, l'ennui, la colère, tout serait, sans aucun doute, venu au jour avec la complexité des choses de l'apprendre.

Et, pourtant, ce n'est pas à eux qui avaient tant de choses à dire sur l'École que nous nous adressons, mais bien à toi qui n'y es jamais allé... C'est que, vois-tu, tu es la figure emblématique de la plus célèbre des utopies pédagogiques et, en ces temps où la pédagogie est considérée par certains comme le danger par excellence, la menace contre la culture et même l'unité de la nation, il nous a semblé que tu étais le mieux placé pour nous aider à penser. Car, toi, ça va faire bientôt deux cent cinquante ans que tu y réfléchis ; et, de toute évidence, tu as eu tout le temps de peser le pour et le contre.

C'est d'ailleurs pour cela que l'on s'adresse à toi plutôt qu'à Jean-Jacques. Jean-Jacques, on connaît ; on a tout ce qu'il faut comme commentateurs ; chaque année nous apporte son lot d'exégèses toutes plus savantes les unes que les autres. Mais toi, tu es le grand muet dans cette affaire. Et nous qui parlons beaucoup, c'est plutôt aux muets que l'on s'intéresse. C'est de toi que l'on voudrait entendre un certain nombre de choses. Parce que tous les grands principes qui sont aujourd'hui contestés, tu les as éprouvés pendant des années. Tu en mesures la pression quotidienne, et jusqu'aux moindres conséquences dans ta tête et dans ton corps. Les objections, tu les as toutes envisagées. Car nul autre plus que toi n'a été plongé dans une situation éducative aussi radicale et cohérente à la fois.

C'est bien pourquoi nous voudrions que tu nous aides à nous y retrouver dans l'imbroglio des discours sur l'éducation en cette fin du XXe siècle. Nous aimerions que tu nous aides à faire la part des choses, à traquer les ruses totalitaires et mystificatrices des pédagogues, mais aussi à sauver ce qui, dans leurs propositions, reste « incontournable », comme on dit aujourd'hui dans les gazettes. Nous voudrions être sans pitié pour toutes les tentations simplificatrices et démagogiques, non point tellement au nom d'une rigueur intellectuelle que chacun croit être le seul à détenir, mais parce que nous t'aimons suffisamment, toi et tes semblables, pour ne pas prendre le risque de t'abîmer. Entendons-nous bien : notre projet n'est pas de t'épargner tous les ennuis et toutes les souffrances, de balayer le terrain devant toi comme on faisait jadis devant les rois et les papes, nous voulons plutôt que tu nous aides à distinguer ce qui te grandit de ce qui te diminue, ce qui fait de toi un être capable d'humanité de ce qui te condamne à la dépendance ou à la violence. La tâche, comme tu le vois, est difficile. Mais tu vas nous y aider.

Quand les hommes politiques et ceux qui les commentent, les parents et les grands-parents, les faiseurs de manuels et les faiseurs d'histoires, les ligues de vrais savants et les sociétés qui se croient savantes, les penseurs de la Sorbonne et ceux de la télévision... quand tout le monde, en réalité, dit tout et n'importe quoi sur l'École et la pédagogie, il peut être utile d'invoquer celui qui, à nos yeux, connaît le mieux le problème. Quand on parle d'éducation en oubliant que c'est de « pierres vives » qu'il s'agit, on a bien besoin de quelqu'un qui connaisse les choses de l'intérieur, quelqu'un qui ait pris le temps de séparer l'essentiel de l'accessoire, quelqu'un qui nous aide à remettre les pendules à l'heure.

Émile, reviens vite, ils sont devenus fous... et, sans toi, nous autres, nous risquons bien d'y passer aussi!

INTRODUCTION

Éloge de la polémique

Il est de bon ton de s'inquiéter de la polémique... mais d'y participer quand même tout en s'en défendant formellement. La chose est même particulièrement fréquente en matière éducative où chacun s'attriste sur le niveau d'un débat auquel il refuse, avec une moue dédaigneuse, de participer... et en marge duquel il prétend apporter un éclairage distancié, solidement enraciné dans une expérience personnelle, une pratique de la philosophie ou de l'histoire, une connaissance accomplie de la psychologie de l'enfant ou du fonctionnement des institutions. On gagne ainsi sur les deux tableaux : dans la satisfaction de croiser le fer et celle de se penser différent, plus sérieux, plus serein, au-delà des arguments stériles échangés à côté de vous par des personnes au statut douteux et au sérieux contestable.

Ainsi, le paradoxe de toute polémique est que chacun des participants prétend n'en être point ou, tout au moins, se croit en mesure de la dépasser[1]. Le débat, au cœur de la polémique, est, en réalité, entretenu par d'éminents personnages qui se défendent tous d'y participer ; c'est un débat sans débatteurs, une sorte de match surréaliste où les spectateurs s'enflammeraient autour de joueurs qui, fuyant le terrain, tenteraient tous de se réfugier sur la tribune officielle ou dans le box des journalistes de la télévision et, quand ils n'y parviendraient pas, s'efforceraient alors coûte que coûte de se faire passer pour l'arbitre...

« Dans le vacarme des discours contemporains sur l'éducation, il est temps, dit-on de tous côtés, de faire entendre une parole qui ne soit pas

1. Ainsi, Antoine PROST commence-t-il son bel ouvrage *Éloge des pédagogues* (Paris, Seuil, 1985) par cette phrase : « Ce livre décevra les lecteurs friands de polémique, impatients de situer un ouvrage dans le débat actuel dont l'école est le sujet » (page 9). Et Philippe MEIRIEU lui-même écrivait en 1991, dans son précédent ouvrage (*Le Choix d'éduquer,* Paris, ESF éditeur) : « Nous n'avons pas voulu entrer frontalement dans les polémiques... » (page 11).

polémique : pour cela, revenons à l'histoire et interrogeons les rapports de l'École et de l'État »... Ou bien : « A côté de cette inflation d'utopies généreuses qui saturent le débat éducatif, il convient de se centrer sur l'enfant lui-même, ses rythmes et les conditions de son développement »... Ou encore : « Contre le pouvoir des idéologues doctrinaires et irresponsables, penchons-nous du côté de la seule discipline capable de fonder le projet d'éduquer : la philosophie » ... Ou même : « Au-delà des querelles intellectuelles de toutes sortes, venons-en, enfin, au seul vrai problème qui compte : l'articulation formation/emploi. » Et les débats s'engagent ainsi de manière étrange, chacun répondant à l'autre qu'il ne lui répond pas mais qu'il intervient tout de même pour replacer le problème dans sa véritable dimension. S'il donne l'impression de vouloir polémiquer, c'est bien à son corps défendant ; s'il apparaît agressif, cela ne peut être qu'un malentendu ; s'il est lui-même pris à partie, il est victime d'un climat intellectuel déplorable. Il y a foule ainsi du côté de Sirius, mais chacun est assez aveugle pour s'y croire seul et assez persuasif pour en convaincre quelques fidèles.

Bien sûr, pour s'y trouver réellement tout seul, chacun des débatteurs dispose d'une solution relativement commode : il lui suffit de renvoyer les autres sur le champ de bataille. Pour cela, on les disqualifie en prétendant les avoir entendus polémiquer, toujours « inutilement », et l'on épingle chez eux quelques-unes de ces opinions hâtives et indéfendables qui traînent un peu partout... ce que chacune des personnes concernées récuse immédiatement. Ainsi le discours éducatif est-il un curieux mélange de sollicitations et de démentis : on prétend que l'adversaire a osé dire ceci ou cela et ce dernier s'étonne d'une telle caricature de ses propos. A son tour, il soupçonne le premier de se laisser aller à telle ou telle facilité de pensée, ce qui déclenche immédiatement chez ce dernier une dénégation hautaine. Le jeu consiste alors à échanger des « je vois bien ce que vous voulez dire » avec des « mais je n'ai jamais dit ça »... tout, finalement, étant toujours dit sans que personne vraiment ne l'ait jamais dit.

Ainsi peut-on égrener un chapelet de lieux communs éducatifs qui ne sont revendiqués par personne mais servent à chacun pour repousser ses adversaires dans le camp des polémistes ou des imbéciles : personne, donc, n'a jamais vraiment dit que « les connaissances académiques suffisaient pour exercer le métier d'enseignant », comme personne n'a dit qu'« il était inutile de les posséder avant d'enseigner et qu'elles pouvaient s'acquérir devant les élèves » ; personne n'a dit, non plus, que « les mauvais élèves étaient produits mécaniquement par leurs conditions sociales d'existence », pas plus que quiconque n'a affirmé que « l'enfant était le seul responsable de ses échecs scolaires » ... personne ne l'a dit et pourtant il y a une quantité infinie de gens qui prétendent avoir entendu cela. De la même manière, personne ne croit vraiment que « l'écoute peut, à elle seule, permettre l'éducation », comme personne ne croit que « l'enfant peut, en entrant dans la classe, oublier tout ce qui le constitue affectivement et socialement »... personne ne le croit mais chacun croit qu'il en est qui le pensent, ou bien chacun « fait comme si ». Nous avons là un monde étrange où les plus éminents spécialistes prêtent à leurs adversaires des propos ou des pensées particulièrement simplistes : comme si l'affirmation de soi et la légitimité de son propre discours tenaient, pour l'essentiel, au discrédit des autres et non à la vigueur de sa propre pensée ; comme s'il fallait à tout prix simplifier, caricaturer les propos de l'autre pour pouvoir installer les siens dans un champ de ruines où ils pourraient, enfin, prendre tout leur relief.

Dans ces conditions, les débats contemporains sur l'École et l'éducation ressemblent à tout sauf à un dialogue. On ne s'affronte véritablement jamais de face et l'on pratique systématiquement la « politique du pas de côté » : « Je ne te réponds pas ; peut-être même n'est-il pas utile que je te lise ; il me suffit de te soupçonner d'un quelconque péché mortel, de livrer mes soupçons en pâture à l'opinion et, ensuite, de me situer délibérément ailleurs ; je peux ainsi continuer à parler tranquillement et tout seul. »

Certains, sans doute, trouveront-ils ce tableau bien sombre et peut-être même quelque peu affecté. D'autres y verront une habileté argumentaire qui met en œuvre en sous-main ce qu'elle dénonce publiquement. D'autres encore chercheront quelles arrière-pensées machiavéliques ou quelles ambitions personnelles nous animent. Mais la plupart se demanderont simplement où nous voulons en venir et trouveront ces préliminaires bien sinueux.

La chose, pourtant, est claire, au moins autant que faire se peut : nous cherchons simplement à rompre avec la pratique du « pas de côté » et à prendre au sérieux les points de vue, les inquiétudes et les critiques de nos partenaires comme de nos adversaires. Nous ne récusons *a priori* aucune opinion, nous ne cherchons à disqualifier personne, nous postulons la bonne foi de nos interlocuteurs, la qualité de leur information, leur intelligence des choses et leur volonté d'apporter des solutions aux problèmes qui se posent. En d'autres termes, nous prenons au sérieux les polémiques et ne prétendons aucunement les dépasser. Nous tentons de répondre de notre point de vue, avec nos expériences, dans un contexte où nous bénéficions d'une position institutionnelle particulièrement confortable à certains égards – nous sommes universitaires et notre statut est protégé – mais particulièrement exposée à d'autres – nous travaillons et enseignons dans une section des Universités, les Sciences de l'Éducation, qui fait l'objet des plus vives méfiances et, à ce titre, le moindre faux pas sera utilisé contre nous. Nous ne renonçons donc pas à argumenter le plus rigoureusement possible et nous cherchons sans doute à convaincre, sinon un « auditoire universel »[2],

---

2. La notion d'« auditoire universel » est utilisée en philosophie pour servir de critère d'examen d'un développement argumentaire. Ainsi Charles PERELMAN distingue-t-il deux « qualités » dans un discours : « l'efficacité et la validité ». La première est, dit-il, relative à l'auditoire déterminé auquel le discours s'adresse ; la seconde renvoie à un « auditoire universel » (*L'empire rhétorique,* Paris, Vrin, 1977, page 154). Bien évidemment, un « auditoire universel » n'existe pas ; il peut être utile, néanmoins, d'utiliser ce concept pour passer au crible des arguments, éviter autant que possible les complicités, les facilités

au moins quelques-uns de ceux et celles qui ne partagent pas nos opinions. Mais nous ne prétendons aucunement nous situer dans un « ciel des idées » d'où serait exclu tout enjeu personnel ou institutionnel. Nous tenons à rester dans la polémique, à prendre les discours sur l'éducation tels qu'ils sont véhiculés aujourd'hui dans le champ social, à coller au plus près des représentations les plus banales, à chercher ce qu'elles révèlent d'intelligence des choses, à nous empoigner avec cet ensemble de textes et de propos sur l'éducation qui nous assaillent, sans les récuser *a priori*, ni y voir un bon moyen pour nourrir une tentation misanthrope et légitimer *in extremis* un solipsisme universitaire de bon aloi[3]. Nous voulons débattre en supposant chaque fois l'intelligence de l'adversaire et en lui demandant, non pas de supposer la nôtre – ce qui serait d'une terrible prétention –, mais de ne pas nous condamner tout de suite et de nous faire crédit de notre bonne foi.

Certes, nous mesurons bien le danger de notre entreprise : en décidant délibérément de ne pas nous « situer ailleurs » dans un environnement où chacun, précisément, cherche à le faire, on est bien, finalement, « ailleurs »... ou différent tout au moins. Quand chacun de nos adversaires s'épuise pour apparaître coûte que coûte échapper à la polémique, nous revendiquer polémistes est, à y bien songer, un moyen efficace d'afficher notre différence... c'est-à-dire de faire ce que, précisément, l'on reproche aux autres. De plus, on ne manquera pas de nous reprocher le caractère pernicieux de notre démarche : en prenant au sérieux les attaques qui nous sont portées et les interrogations qui nous sont faites, en s'efforçant d'entendre les questions que l'on nous pose ainsi, voire même de comprendre la logique qui les anime et leur caractère positif, nous nous donnons sans doute le beau rôle sans rien céder pour autant sur nos positions ; nous faisons valoir l'argument de l'autre, dira-t-on, pour mieux le récuser et bénéficier d'une sympathie supplémentaire du lecteur !

Peut-on échapper à ces tentations ? Nous ne nous leurrons pas : personne ne se lancerait dans l'écriture s'il ne se voulait porteur de quelque chose qu'une impérieuse nécessité lui enjoint de dire. Quiconque réfléchit, parle ou écrit se croit porteur d'une « différence » dont il pense qu'il est le seul à pouvoir témoigner, ou le mieux placé, ou le plus armé. Oser une

---

démonstratives, les allusions, etc. L'« auditoire universel » fonctionne ainsi, en quelque sorte, comme un « principe régulateur » de la raison démonstrative, une exigence à caractère éthique qui interdit au discours de s'engluer dans la pure efficacité et lui permet de s'exhausser au-dessus des situations particulières pour parvenir, sinon à l'universalité, du moins à une « relativité elle-même relativisée ».

3. Le solipsisme est la position du philosophe qui ne croit plus qu'à sa propre existence. Certes, les universitaires ne sont pas tous philosophiquement des solipsistes, mais ils peuvent être parfois tentés de réduire le monde à ce qu'ils en connaissent et même, dans certains cas limites, se comporter comme si rien n'existait en dehors d'eux-mêmes.

parole qui échappe à la répétition et aux conventions, oser une parole qui ne soit pas déjà écrite est une chose si difficile que nous ne nous y engagerions pas sans cette conviction fondatrice. Il est donc tout à fait illusoire d'afficher d'entrée de jeu une modestie affectée et de s'excuser de n'avoir rien à dire de plus que les autres. Il est tout à fait chimérique de prétendre que l'on ne cherche pas à convaincre ou, au moins, à déstabiliser l'adversaire. Il serait mensonger de nier toute velléité prosélytique. Cela jetterait même, d'une certaine façon, le discrédit sur nos propres convictions. S'il en était ainsi, après tout, il vaudrait mieux se taire.

En revanche, on doit pouvoir essayer, nous semble-t-il, de parler en échappant au discours enveloppant de celui qui croit avoir atteint « le point de vue de tous les points de vue », au discours interprétatif de celui qui détient toutes les clés du discours de l'autre, au discours doctrinaire de celui qui peut enfin dire ce qui est véritablement « déterminant en dernière instance »[4] et balayer d'un revers de main, sans les examiner, les arguments des autres. Nous faisons le pari que l'on peut échapper à toutes ces attitudes et « descendre dans l'arène » sans, pour autant, abandonner les exigences intellectuelles de rigueur et de probité. Nous faisons le pari que l'on peut parler d'éducation en s'efforçant d'entendre sans interpréter, de comprendre sans réduire, de répondre sans disqualifier l'adversaire. Nous faisons ce pari, au prix, sans doute de bien des naïvetés et, peut-être même, de quelques aveuglements sur nous-même et sur notre société. Mais nous faisons ce pari – faut-il l'avouer ? – parce qu'il nous aide à vivre et, pour tout dire, parce qu'il nous paraît être le fondement même d'une société démocratique[5].

Car nous croyons qu'il n'y a pas de socialité possible ni de démocratie authentique sans un sursis au jugement, à la condamnation ou à l'adhésion, à l'impulsion et à l'immédiateté. Nous croyons que rien n'est plus essentiel, pour notre survie collective, que de « laisser un peu de temps à l'adversaire ». Assez de temps pour qu'il puisse s'expliquer, assez de temps pour

---

4. L'expression, on s'en souvient, est de Louis Althusser qui affirmait que, dans le marxisme, « l'infra-structure est toujours déterminante en dernière instance ». Depuis, cette expression a été reprise par bien des idéologies que critiquait Althusser et qui prétendent toutes plus ou moins détenir l'explication dernière des choses.

5. C'est dans cette perspective qu'Habermas tente de comprendre les conditions nécessaires de la communication : dès que nous commençons à communiquer avec quelqu'un, nous devons instaurer avec lui, si nous voulons que notre démarche ait le moindre sens, un rapport de responsabilité réciproque. Ce rapport est, d'une certaine manière, un véritable pari car notre partenaire peut nous interpréter ou nous traiter en objet... mais c'est un pari sans lequel tout horizon d'une socialité démocratique serait impossible. Dans ce pari, l'universalité n'est pas la « propriété » de l'un des deux partenaires qui pourrait l'imposer à l'autre, elle est ce qui se construit dans l'inter-argumentation réciproque, elle est le « principe régulateur de la raison pratique », anticipation d'une situation de langage idéale sans la perspective de laquelle tout projet communicationnel basculerait dans la violence (cf. *Théorie de l'agir communicationnel,* 2 vol., Paris, Fayard, 1987).

que nous puissions réfléchir. Cette « suspension du jugement », comme disait Descartes, n'a rien à voir avec la lâcheté ; elle exige, au contraire, un vrai courage, elle suppose notre capacité à prendre des risques : prendre le risque, d'abord, de voir sa propre pensée vaciller, prendre le risque, ensuite, que l'adversaire profite de notre disponibilité pour nous porter un coup fatal... Nous pouvons alors céder sous le poids de la menace, de l'argument d'autorité ou de la séduction ; nous pouvons céder et lui laisser une victoire que nos amis et nous-même nous reprocherons longtemps. Mais c'est bien là l'intérêt, sinon la grandeur, du véritable débat que de ne pas être joué d'avance. Tout à la fois, il permet de construire des savoirs nouveaux et de constituer les débatteurs dans leur liberté réciproque. Il est une sorte d'appel à une reconnaissance de chacun des partenaires : en nous exposant à l'autre, en lui « donnant un peu de temps », nous convoquons en quelque sorte sa liberté ; parce que nous nous acceptons vulnérables devant lui, nous sollicitons son intelligence et désarmons sa violence. Nous sollicitons son intelligence car nous le reconnaissons capable de nous convaincre, nous désarmons sa violence car celle-ci ne peut plus se nourrir de notre résistance. Bien sûr, il n'y a rien là qui fonctionne à coup sûr, comme chaque fois que l'on touche le registre de l'humain. Mais il y a là une exigence qui donne sens à toute parole. L'exigence d'affirmer ses convictions tout en les soumettant à la discussion, de s'exposer plutôt que de s'imposer, de convaincre sans vaincre, de vaincre parfois, peut-être, mais sans jamais prendre le moindre plaisir à la défaite de l'adversaire.

Ainsi donc ce livre est à la fois terriblement ambitieux et volontairement modeste : terriblement ambitieux en ce qu'il s'efforce de rompre avec certaines pratiques traditionnelles des discours éducatifs ; volontairement modeste en ce qu'il tente simplement, loin de toute prétention exhaustive et de tout effort pour construire un corps de doctrines à caractère définitif, de ressaisir les arguments qui sont mobilisés aujourd'hui dans ces débats, de les prendre au sérieux, « au pied de la lettre » en quelque sorte, pour les examiner et les mettre en perspective. C'est pourquoi il est construit à partir d'un certain nombre d'allégations, d'objections, d'interrogations que nous nous sommes efforcés de formuler de la manière la moins caricaturale possible et que nous avons fait figurer dans le texte en caractères gras et en encadré. Chacun de ces éléments est suivi d'un développement qui ne prétend pas à l'exhaustivité mais qui nous paraît susceptible de susciter la réflexion, de permettre au débat de rebondir et, dans certains cas, d'esquisser des solutions. Ces développements sont construits eux-mêmes de manière à pouvoir être l'objet de deux lectures différentes : le lecteur pourra, en effet, s'il le désire, s'en tenir au texte lui-même pour suivre dans sa linéarité expositive notre propos ; il pourra aussi, s'il le préfère, s'arrêter aux nombreuses notes que nous lui proposons et qui précisent telle ou telle de nos affirmations, indiquent nos sources ou suggèrent des développements qu'il conviendrait de poursuivre. Il pourra aussi, bien sûr, combiner les deux lectures à son gré.

Dans un premier temps, on considérera donc toute une série d'allégations portant essentiellement sur les Sciences de l'Éducation et sur ce qui leur est reproché ; l'hypothèse que l'on tentera alors de démontrer est que, derrière les attaques contre les Sciences de l'Éducation, et plus généralement derrière la critique de la pédagogie, se profile une remise en question de la démocratisation du système éducatif français, remise en question qui renvoie à un grave problème de société.

Dans un deuxième temps, on s'attachera à élucider les enjeux pédagogiques attachés à des notions fréquemment utilisées dans les discours éducatifs comme « autonomie » ou « responsabilité ». Que veut-on dire quand on parle d'une « pédagogie de l'autonomie » ? Affirme-t-on que les enfants sont des êtres autonomes ou qu'il convient de les rendre autonomes ? Et comment s'opère ce passage ? Quel peut être le statut d'un texte comme la *Déclaration des droits de l'enfant* qui semble ne mettre aucune condition ni limite à sa liberté d'expression ? Autant de questions qui se posent dans le concret des pratiques aussi bien que dans les débats théoriques, et face auxquelles on tentera de démontrer l'opérationalité du concept d'« anticipation ».

Dans une troisième partie, enfin, on abordera une dernière série de questions concernant les apprentissages et, plus particulièrement, le problème de la transférabilité des connaissances : qu'apprend-on à l'École que l'on puisse réutiliser à l'extérieur de l'École ? Qu'apprend-on dans une discipline qui puisse être utilisé dans une autre discipline ? Derrière leur apparente technicité, ces questions touchent au sens même de l'institution scolaire dans nos sociétés et déterminent les modalités de travail des enseignants dans les établissements scolaires. On tentera, dans cette partie, de proposer une hypothèse permettant d'y voir clair dans les débats d'aujourd'hui et susceptible de mettre en cohérence les pratiques sans compromettre les identités disciplinaires... Ce ne sera pas simple et ce sera, de toute évidence, provisoire, tant les terrains sur lesquels nous nous trouvons ici sont peu stabilisés.

Au total, l'ensemble risque de paraître un peu hétéroclite : cela n'est pourtant pas le cas. La première partie renvoie, en effet, aux finalités et à la fonction de l'institution scolaire dans nos sociétés ; elle veut montrer que l'idéal de la démocratisation du système éducatif n'est pas à remiser au magasin des accessoires idéologiques périmés et qu'il reste bien une utopie de référence absolument nécessaire. La deuxième partie s'attache à rechercher les moyens pédagogiques qui permettent d'espérer que l'on s'achemine vers les finalités annoncées. La troisième partie prospecte, de manière plus didactique, les conditions pour que, dans l'acte quotidien de l'enseignement, sans renoncer aux exigences propres de chaque discipline, l'on puisse faire des savoirs scolaires de véritables outils d'intégration sociale et professionnelle. En bref, à travers l'examen de ces thèmes essentiels dans le débat éducatif contemporain, nous tenterons d'apporter quelques éléments de réponse aux trois questions suivantes : **Quelles structures scolaires pour permettre à tous le plus large accès aux savoirs ? Quelle pédagogie pour que ces savoirs contribuent à l'émergence de citoyens autonomes ? Quelles didactiques pour que ces savoirs soient de véritables instruments permettant une insertion sociale et professionnelle ?**

PREMIÈRE PARTIE

En un combat obscur :

des attaques contre les Sciences de l'Éducation à la remise en question de la démocratisation du système éducatif

Chacun se souvient sans doute des assauts contre la pédagogie qui ont marqué les années quatre-vingt[1]. Et même si, avec le recul, on peut discerner quelques soubresauts annonciateurs[2], il faut bien reconnaître que la plupart d'entre nous n'avions rien vu venir. Pour la plupart des militants pédagogiques, dont nous étions alors, la situation scolaire se présentait en effet avec une belle simplicité toute manichéenne : il y avait, d'un côté, un système que nous savions hérité de Jules Ferry mais que nous pensions au service objectif d'une société libérale, inégalitaire et élitiste, et, d'un autre côté, tous ceux qui, d'une manière ou d'une autre, luttaient pour la « réussite » du plus grand nombre et ne se résignaient pas à la fonction sélective de l'École ; seuls ces derniers avaient droit au titre de « pédagogue », les autres, les premiers, étaient considérés comme des « complices objectifs » de l'exploitation et de l'aliénation des plus défavorisés.

Certes, à bien des égards, nous avions des raisons de penser ainsi : nous savions bien que l'entreprise de Jules Ferry avait couvert d'un voile pudique le colonialisme français du XIXe siècle ; nous avions appris que

1. Parmi les ouvrages qui, à l'époque, firent un certain bruit, on peut citer : Jacqueline de ROMILLY, *L'enseignement en détresse* (Julliard, Paris, 1984) ; Maurice T. MASCHINO, *Vos enfants ne m'intéressent plus* (Hachette, Paris, 1983), Jacques CAPELOVICI, *En plein délire scolaire* (Carrère, Paris, 1984), Jean-Pierre DESPINS et Marie-Claude BARTHOLY, *Le poisson rouge dans le perrier* (Critérion, Limoges, 1983), Michel JUMILHAC, *Le massacre des innocents* (Plon, Paris, 1984), Jean-Claude MILNER, *De l'école* (Seuil, Paris, 1984), Alain FINKIELKRAUT, *La défaite de la pensée* (Gallimard, Paris, 1987).

2. Parmi les signes annonciateurs les plus visibles, il y eut les réactions au Rapport sur les collèges rédigé sous la direction de Louis LEGRAND, (*Pour un collège démocratique,* La Documentation française, Paris, 1983). Avant même la publication du texte, de nombreuses réactions s'étaient manifestées, en particulier contre le tutorat (assimilé à une « direction de conscience ») et la redéfinition du service des enseignants (déjà considérée comme leur transformation en animateurs socio-culturels).

l'École reproduisait massivement les inégalités sociales ; nous percevions bien que l'idéologie républicaine de l'égalité des chances naturalisait les handicaps socio-culturels et légitimait l'échec des plus démunis ; nous observions qu'en décrétant une égalité d'accès à l'École sans élucider les conditions qui permettaient d'y réussir on se condamnait à en écarter systématiquement une grande partie de la population ; nous pensions, enfin, qu'un tel mode de fonctionnement fabriquait autant de docilité sociale que de compétences scolaires. Pierre Bourdieu semblait nous donner raison[3]. Nous n'étions pas nombreux mais nous avions la foi et nous avions commencé à agir, modestement dans quelques classes ou plus hardiment dans quelques établissements expérimentaux.

Là, nous mettions en place une pédagogie que nous voulions plus active, centrée sur l'élève, prenant en compte tout à la fois son niveau et ses intérêts, cherchant à susciter le désir d'apprendre quand il était absent, à développer des capacités méthodologiques, à favoriser ce que nous appelions l'autonomie. Nous organisions des travaux de groupe, des débats, des sorties, des enquêtes ; nous faisions faire des panneaux, des journaux, des maquettes, des pièces de théâtre... Nous sentions bien que les apprentissages n'y survenaient pas de manière miraculeuse mais nous étions convaincus que, dans ces activités, pouvaient émerger le besoin et le désir d'apprendre et que nous pourrions travailler ensuite de manière plus efficace sur des objectifs d'acquisition dans chacune de nos disciplines. Pour cela, nous organisions des systèmes de plan de travail, de groupes de niveau ou de besoin, nous cherchions à élaborer ce qui sera stabilisé dans les années quatre-vingt sous le nom de « pédagogie différenciée »[4]. Peut-être étions-nous naïfs et provocateurs, mais nous ne manquions pas d'une certaine cohérence qui, avec le recul, nous semble s'articuler autour de deux axes : donner du sens aux savoirs par une « pédagogie du projet », permettre l'appropriation individualisée de ceux-ci par une « pédagogie du contrat ». Il était donc, pour nous, tout à fait normal d'être l'objet d'attaques de la part de ceux qui défendaient, à droite, une École sélective ou qui, malgré leurs opinions de gauche, considéraient la survie de l'institution comme plus

3. Avec *Les héritiers* (Ed. de Minuit, Paris, 1964) et *La reproduction* (Ed. de Minuit, Paris, 1970), ouvrages classiques écrits en collaboration avec Jean-Claude Passeron ; mais aussi avec des articles plus spécifiques de Pierre Bourdieu comme son texte de 1967 « Systèmes d'enseignement et systèmes de pensée », (in *Revue internationale des Sciences sociales,* vol. 19, n° 3, pages 367 à 388), ainsi que, bien sûr, le fameux article « L'école conservatrice : l'inégalité sociale devant l'École et devant la culture », (in *Revue française de sociologie,* n° 3, 1966, pages 325 à 347) : dans ce dernier texte Pierre Bourdieu emploie la fameuse formule de « l'indifférence aux différences » et montre que cette attitude pédagogique permet la « reproduction sociale ».

4. Voir, à ce sujet, Philippe Meirieu, *L'école mode d'emploi* (ESF éditeur, Paris, 1985), Louis Legrand, *La différenciation pédagogique* (Scarabée, Paris, 1986), André de Peretti, *Pour une école plurielle* (Larousse, Paris, 1987).

importante que la réussite des élèves. Nous ne nous étonnions pas, non plus, des injures proférées par ceux qui considéraient l'acte pédagogique comme un rituel sacré fondé sur le seul charisme du maître ; nous voyions bien qu'ils défendaient là une forme particulièrement raffinée de sélection fondée sur la complicité affective ou culturelle[5]. Mais il était alors tout à fait inconcevable pour nous d'être attaqués par d'« authentiques progressistes »... tout à fait inconcevable et absurde !

Pourtant, nous n'étions pas exempts d'ambiguïtés que révélaient, de temps en temps, quelques combats fratricides : certains d'entre nous donnaient la priorité absolue au politique et faisaient de la subversion des structures bureaucratiques de pouvoir l'objectif dernier des pratiques pédagogiques[6] ; d'autres s'attachaient plutôt au psychologique et considéraient que l'essentiel était de permettre à chaque élève de se révéler, de « s'épanouir », de se forger une identité qui lui permettrait enfin de pouvoir parler en son nom[7] ; d'autres, encore, restaient plus sensibles aux acquisitions scolaires et s'efforçaient de montrer que, sur ce plan-là, les « méthodes actives » étaient aussi plus efficaces[8]... En réalité, nous étions profondément divisés mais nous ne le montrions guère, soit parce que nous nous ignorions les uns les autres, soit parce que nous nous mettions d'accord très superficiellement sur quelques formules. Là fut, sans doute, notre plus grand tort : en parlant d'une « pédagogie de la réussite » ou de « la lutte contre l'échec scolaire », nous avions créé un faux consensus qui ne cimentait notre solidarité que parce que nous n'explicitions pas ce qu'était, pour chacun d'entre nous, « la réussite ».

Sans doute appartenions-nous, les uns et les autres, à ce que Luc

---

5. Ainsi, Patrick GRAINVILLE peut-il écrire : « Les sciences pédagogiques m'ont toujours fait hurler de rire, les tactiques, les techniques, les savoirs castrés, les méthodes structurales puritaines et timorées, barricadées dans leur grosse trouille du sens et de la sève. Substituant à l'orgie le chiffre macabre. A la merde vivante l'étron sec et mathématique. Il n'est que d'engendrer ce clairvoyant tumulte et ce chaos d'amour intelligent. Il n'est que de faire naître la classe et de naître dedans, de multiplier la naissance et le courant... » (*Le paradis des orages,* Seuil, Paris, 1986). On laissera les enseignants affrontés à des situations sociales difficiles, devant enseigner des disciplines souvent ingrates, juger du bien-fondé de ce « Il n'est que de... ».

6. C'est le cas du courant de la « pédagogie institutionnelle » incarné surtout par Michel LOBROT (*La pédagogie institutionnelle,* Gauthier-Villars, Paris, 1966).

7. C'est le cas, par exemple, des rogériens comme Daniel HAMELINE (*La liberté d'apprendre,* Editions ouvrières, Paris, 1967) ou Gilles FERRY (*La pratique du travail de groupe,* Dunod, Paris, 1970).

8. C'est dans cette perspective que se situe le travail de Bertrand SCHWARTZ inauguré par l'étude commandée par la Fondation européenne de la culture et publiée sous le titre *L'éducation demain* (Aubier-Montaigne, Paris, 1973) et formalisé dans *Une autre école* (Flammarion, Paris 1977).

Boltanski et Laurent Thévenot nomment des « mondes » différents[9] ; nous nous référions ainsi, sans bien toujours le percevoir, à des systèmes de valeurs particulièrement hétérogènes. Pour les uns, la priorité était donnée aux valeurs de ce que Boltanski et Thévenot nomment « le monde de l'inspiration » : l'essentiel était dans l'expression de l'originalité de chacun, dans la recherche de situations permettant l'expression de la plus grande spontanéité, dans la valorisation de l'imaginaire et la totémisation de l'anomie. D'autres mettaient au premier plan les valeurs du « monde domestique » et agissaient en donnant la priorité au relationnel, à l'établissement d'un climat de confiance avec les élèves ; ceux-là s'efforçaient de bien connaître les situations familiales et sociales de leurs élèves et de leur fournir les étayages affectifs qui leur faisaient défaut. D'autres, encore, privilégiaient les valeurs du « monde civique » en organisant scrupuleusement une vie collective dans la classe, censée constituer une préparation rigoureuse à l'exercice d'une citoyenneté responsable ; ils passaient une grande partie de leur temps à faire voter leurs élèves, à distribuer des rôles de secrétaire et de président de séance, à rédiger et à discuter des comptes rendus de séance, à élaborer des règlements. D'autres, encore, vivaient dans leur classe en s'appuyant sur les principes du « monde de l'opinion » : il s'agissait de réaliser des activités qui permettaient de valider la pédagogie pratiquée par l'audience qu'elles obtenaient auprès des parents, des collègues ou des amis militants ; immanquablement, alors, ils suscitaient, dans la classe même, l'émergence de leaders dont l'influence permettait d'accroître son « rayonnement ». D'autres, peut-être même, se référaient-ils plus ou moins explicitement aux valeurs du « monde marchand », profitant des activités qu'ils mettaient en place pour identifier plus vite et plus sûrement les « aptitudes » de chacun des élèves, pour stimuler la compétition et les rivalités, voire pour préparer leurs élèves à une attitude de « battant » qu'ils jugeaient nécessaire pour leur réussite sociale. D'autres, enfin, voyaient dans les « méthodes actives » un support efficace pour développer une technologie éducative et multiplier les initiatives à caractère didactiques ; pour ces partisans du « monde industriel », la classe était d'abord un lieu d'expérimentation rigoureuse, expérimentation qu'ils décrivaient avec de savants schémas sans toujours observer que la fascination pour l'esthétique du dispositif pouvait devenir l'élément moteur essentiel de leur travail... Dans ces conditions, l'accord sur la notion de « réussite » était particulièrement fragile ; il n'est donc pas étonnant que cet accord ait suffi tant que les militants pédagogiques sont restés dans l'opposition et qu'il ait volé en éclats au moment où ceux-ci se sont retrouvés dans une situation, sinon de pouvoir, au moins de sympathie avec le pouvoir politique en place. Plus

---

9. Dans leur ouvrage *De la justification, les économies de la grandeur* (Gallimard, Paris, 1991), Boltanski et Thevenot analysent ce qui fonde l'accord entre des personnes et leur permet d'appartenir à un même « monde » : il s'agit de la possibilité de se référer ensemble à un principe supérieur commun qui légitime toute leur argumentation.

encore, il n'est pas étonnant que la force des militants pédagogiques, qui était essentiellement une force d'opposition, ait été compromise au moment où ceux-ci se sont vu contraints de faire des propositions susceptibles de s'appliquer à l'ensemble du système éducatif... Dans la mesure où leur accord ne s'appuyait pas véritablement sur des finalités positives communes et clairement identifiées, ils ne pouvaient que prêter le flanc à la critique. Les opposants avaient, en effet, tout loisir d'arguer de telle ou telle référence pour les mettre en contradiction avec eux-mêmes et dénoncer leur incohérence, ou bien de s'appuyer sur tel ou tel discours, même minoritaire, sur telle ou telle pratique, même marginale, pour crier à l'improvisation, voire à l'imposture.

La pédagogie critiquée « sur sa gauche »

Mais la grande surprise fut bien que les adversaires de la pédagogie ne se trouvèrent pas tous dans l'opposition traditionnelle de droite et chez les conservateurs avérés. Plusieurs syndicats clairement marqués à gauche, voire à l'extrême-gauche, dénoncèrent l'impérialisme d'un « discours pieusard » qui ne visait, en fait, disaient-ils, qu'à culpabiliser les enseignants et à démanteler le service public. Des intellectuels traditionnellement attachés aux valeurs républicaines d'égalité et de fraternité n'hésitèrent pas à voir dans les pédagogues de dangereux obscurantistes, traîtres à la République et à la démocratie. Des hommes politiques connus pour leurs positions « progressistes » dans bien des domaines, attachés à la lutte contre l'injustice sociale, reprirent ces thèmes et leur donnèrent un écho considérable. L'opinion publique elle-même fut séduite et finit par croire que les pédagogues avaient réellement sacrifié toute exigence intellectuelle pour céder aux moindres caprices des élèves ; les enseignants « novateurs » n'étaient que de grands adolescents attardés qui expiaient leur adultité en se livrant à de grotesques grimaces non directives. Il fallait mettre un terme à ce scandale.

Tétanisés par ces critiques qu'ils ne comprenaient pas et qui bousculaient complètement leur représentation de l'univers politique, les militants pédagogiques ne répondirent guère. Certains se replièrent dans quelques secteurs encore protégés des attaques – comme l'éducation spécialisée –, d'autres se réfugièrent dans la thérapie ou décidèrent de s'adonner, loin du tumulte, à l'histoire ou à la philosophie ; quelques-uns intégrèrent l'Université, en particulier dans les départements de Sciences de l'Éducation ; mais beaucoup, en réalité, prirent le parti de profiter des ouvertures institutionnelles et devinrent formateurs, voire chefs d'établissement ou inspecteurs.

Il y a là, en fait, un phénomène relativement peu connu et pourtant tout à fait décisif : pendant que la pédagogie fait l'objet d'attaques virulentes et perd une grande partie de son prestige social et de ses certitudes idéologiques, ceux et celles qui se réclament d'elle sont aspirés par l'institution où ils prennent une place de plus en plus importante.

On a, en effet, reconnu, de toutes parts, la nécessité d'une formation continue des enseignants. Personne, parmi ceux qui défendent l'intérêt des enseignants, ne peut se porter en faux contre une telle exigence sans être suspect de se prononcer pour une régression sociale. Mais qui peut effectuer cette formation continue, avec quelles théories de référence et avec quels outils ? Les militants pédagogiques sont ici les seuls disponibles et les premiers sollicités. Ils s'engagent massivement, voyant là une occasion de faire avancer leurs idées sur le terrain pendant que leurs adversaires occupent les médias... Vient ensuite le moment où s'impose de repenser la formation initiale des enseignants : on découvre brutalement l'existence d'une crise de recrutement ; on observe que les enseignants qui sortent tout droit de l'Université et viennent tout juste d'être reçus à un concours de recrutement ne peuvent plus faire face à des situations sociales et scolaires de plus en plus difficiles ; les associations de parents d'élèves soulignent l'importance des pratiques pédagogiques dans la réussite des élèves ; elles s'appuient sur des recherches qui confirment, effectivement, qu'à handicap socio-culturel identique la manière de « faire la classe » peut jouer un rôle décisif et, sans pour autant permettre de combler tous les handicaps socio-culturels, peut très sensiblement augmenter les chances de réussite des élèves[10]. Tout cela semble plaider pour une « professionnalisation » du métier d'enseignant que la Loi d'Orientation du 10 juillet 1989 envisage explicitement. On engage donc la mise en place des Instituts universitaires de formation des maîtres (I.U.F.M.) et, pour leur conception, on fait appel, parmi bien d'autres personnes, à quelques spécialistes des Sciences de l'Éducation ; on utilise surtout, pour définir les missions de ces nouveaux instituts, des termes et des expressions largement empruntés au seul langage disponible en la matière, celui utilisé par les « pédagogues »[11]. Certes, les militants pédagogiques n'ont aucun droit particulier dans les I.U.F.M., leurs mouvements ne sont reconnus officiellement dans aucune structure officielle de formation ou de concertation, mais, de fait, chacun sait bien qu'il va falloir faire plus ou moins appel à eux. Qui d'autre qu'eux, en effet, peut assurer la responsabilité du « tronc commun de formation » qui, au-delà des questions d'ordre proprement disciplinaire, va présenter aux étudiants des éléments de réflexion sur les apprentissages, la gestion de la classe et les projets d'établissements ?

---

10. Il s'agit, en particulier, des travaux de l'Institut de recherche sur l'économie de l'éducation (I.R.E.D.U.) à Dijon.

11. Cela est particulièrement vrai du Rapport rédigé sous la présidence du recteur Daniel BANCEL, *Créer une nouvelle dynamique de la formation des maîtres.* Ce texte a souvent été critiqué pour son jargon pédagogiste : on y parle, en effet, de « préparer et mettre en œuvre une situation d'apprentissage », de « réguler le déroulement d'une situation d'apprentissage et de l'évaluer », etc., toutes formules qui font partie du vocabulaire des pédagogues depuis longtemps mais qui paraissent obscures au « grand public enseignant ». En réalité, la formule « préparer une situation d'apprentissage » n'est pas plus obscure que la formule « préparer un cours », elle recouvre simplement une autre réalité.

Le choc des Instituts universitaires de formation des maîtres

Ainsi donc, si les autorités ministérielles veulent tant soit peu donner corps aux principes annoncés dans la Loi d'Orientation, si elles veulent engager une dynamique susceptible de « centrer réellement le système éducatif sur l'élève », elles doivent puiser dans le vivier des militants pédagogiques qui leur fournit à la fois des formateurs qui ne comptent pas leurs heures de travail hebdomadaire, des conseillers capables de rédiger des textes satisfaisant les parents les plus exigeants et même quelques chefs d'établissement et inspecteurs à qui l'on demande d'impulser des initiatives témoignant de la vitalité de l'institution. Sans doute, en raison du caractère très éclaté de leurs appartenances associatives et des différences de sensibilité qui existent entre celles-ci, le phénomène n'est, tout d'abord, pas très visible. La mouvance pédagogique reste toujours plus ou moins clandestine. En réalité, la mise en place, à partir de septembre 1990, de trois I.U.F.M. expérimentaux à Lille, Reims et Grenoble va déclencher la véritable campagne d'hostilités : les I.U.F.M., en effet, peuvent apparaître comme la première introduction volontariste et systématique de la pédagogie dans l'Éducation nationale. Car, tant que la pédagogie ne concernait que la formation continue et ne touchait donc que des volontaires, le danger n'apparaissait pas très grand ; tant que les circulaires exhortaient les enseignants au changement pédagogique mais qu'il restait bien entendu que « chacun était maître chez lui », il n'y avait pas de raison de s'inquiéter ; tant que les conférences pédagogiques invitaient à regarder avec bienveillance les propositions des « grands pédagogues » mais que les programmes restaient des alibis absolus et incontestés, on pouvait échapper à toute remise en cause... Mais, à partir du moment où « la dimension professionnelle » – car les textes officiels n'emploient pas le terme de « pédagogie » – devient un passage obligé, c'est en quelque sorte la nature même de l'institution qui est atteinte.

L'opposition est alors extrêmement violente : on parle des I.U.F.M. comme des « luna-park de la pédagogie »[12], où des « spécialistes du vide et de l'animation forcée » développent des expériences « qui vont des danses roumaines à la dynamique de groupe en passant par la déstabilisation psychologique et les crêpes Suzette »[13]. Ailleurs, les initiateurs de la formation professionnelle des maîtres sont traités de « disciples de Gracchus

12. Cette expression est employée par l'auteur anonyme de l'introduction du recueil de textes publié par « l'Association pour la qualité de l'enseignement et des concours de recrutement » sous le titre *Main basse sur l'éducation* (Éditions Universitaires, Paris, 1991), page 9.

13. Ibid., page 10.

Babeuf »[14] qui « nous font trop penser à Staline ou à Mao »[15]. On parle aussi de la « dictature soft » d'un « corporatisme de Pétain »[16], d'une « pédagogie d'essence totalitaire »[17]... et l'on affirme : « I.U.F.M., MacDonald, Disneyland, même combat. L'I.U.F.M. sera le fast-food de la formation des maîtres »[18]. Pendant qu'à droite on promet la suppression des I.U.F.M. en cas d'alternance politique, les « laïcs » et les « libres-penseurs » dénoncent la privatisation larvée que constituent ces instituts : « La région ou le privé peuvent financer les I.U.F.M. et des intervenants extérieurs peuvent être embauchés afin de participer à la formation ; à quand la privatisation complète ? »[19]. Peu importe, on le voit, le caractère contradictoire des références ; la pédagogie est présentée comme le mal absolu, elle réunit les défauts de tous les systèmes politiques réunis, échappant *in extremis* au nazisme... mais peut-être, sur ce point, la citation nous a-t-elle échappé ?

Or la difficulté, pour ceux qui tiennent de tels discours, réside dans le fait que « la pédagogie » ne constitue pas une entité facilement repérable ; c'est plutôt une nébuleuse idéologique, un courant de pensée atomisé en de multiples cellules qui s'ignorent presque complètement en raison de leurs traditions historiques différentes. En fait, « la pédagogie » n'est pas une très bonne coupable. Nul ne sait vraiment où elle est et qui la représente ; et l'adversaire étant mal identifié, le risque est grand que l'on conclue à son inexistence. Les Sciences de l'Éducation, en revanche, existent bel et bien. Certes, elles ne représentent pas grand-chose : à peine trois cents universitaires répartis dans seize universités françaises. Mais elles ont le mérite d'être là et assez peu connues du grand public pour que l'on puisse parler d'elles de manière entendue sans avoir à expliquer précisément la nature de leurs travaux et sans risquer d'être démenti. Il n'est donc pas nécessaire de pousser plus loin l'analyse et, en s'appuyant sur quelques textes et sur quelques anecdotes, cette discipline fera un coupable parfait : on invoque ainsi « la vulgate des Sciences de l'Éducation », « l'imprécision épistémologique de cette discipline »[20] ; on affirme que « les Sciences de l'Éducation sont en vérité des techniques de rééducation des professeurs »[21]... Certaines associations de professeurs demandent clairement que le ministère de l'Éducation Nationale marque sa distance vis-à-vis des Sciences de l'Éduca-

---

14. Ibid., page 9.

15. Ibid., page 64 : Martine Verlhac parle ici tout particulièrement de Philippe Meirieu.

16. Ibid., pages 42 et 45, Olivier Fraysse.

17. Ibid., page 17, Alain Morvan.

18. Idem.

19. *La raison*, mensuel de la libre pensée, avril 1992, n° 30, spécial enseignement, page 11.

20. Ibid., pages 27 et 29, Charles Coutel.

21. Alain Finkielkraut, *Le Point*, 12 octobre 1991, page 53.

tion. De toute évidence, elles sont entendues : cette discipline ne constitue pas une force assez puissante pour que l'on s'en encombre inutilement quand la situation devient difficile ; on l'a utilisée en temps voulu pour élaborer rapports et propositions, on a mis en avant certains de ses représentants pour s'assurer de l'appui de quelques forces sociales, comme les parents d'élèves ou certaines fractions syndicales. La désavouer est d'autant moins difficile que l'on est à peu près assuré que les enseignants-chercheurs de Sciences de l'Éducation répondront présents si l'on fait à nouveau appel à eux, soucieux qu'ils sont, dans leur grande naïveté, de « faire avancer leurs idées »... En octobre 1991, le ministre de l'Éducation Nationale de l'époque, Lionel Jospin, se croit donc obligé de déclarer à un grand hebdomadaire que « la part des Sciences de l'Éducation dans les I.U.F.M. sera fort limitée »[22] ; en décembre 1991, l'Association des professeurs de philosophie de l'enseignement public écrit dans son bulletin : « Un peu partout, dans les I.U.F.M., dans certains rectorats, le pédagogisme prend l'avantage et réussit à imposer ses évidences, ses problématiques, son vocabulaire. Pourtant, chaque fois que les représentants de l'Association ont été reçus au ministère, il leur fut répondu que toute réglementation nationale était exclue et que le pédagogisme et même les Sciences de l'Éducation n'inspiraient que méfiance »[23]. En janvier 1992, la création des postes de Sciences de l'Éducation demandés par les Universités elles-mêmes est remise en question par le ministère ; même si la plupart d'entre eux sont finalement sauvés, l'incident est significatif : après avoir servi de bouclier, la discipline risque bien de servir de bouc émissaire.

Voilà la situation, brièvement résumée, au moment où nous écrivons. Elle est particulièrement confuse. Nous voudrions ici contribuer à la clarifier quelque peu. Pour cela, nous tenterons de démontrer l'hypothèse suivante : **en dépit de la maladresse et des ambiguïtés des militants pédagogiques, en dépit des imprécisions épistémologiques des Sciences de l'Éducation, les uns et les autres constituent des appuis particulièrement précieux pour la démocratisation du système éducatif. Car, en réalité, c'est bien cette démocratisation qui est le véritable enjeu du débat, démocratisation qui constitue pour nous une « utopie de référence » particulièrement importante pour toute société qui se veut démocratique.** Pour démontrer cette hypothèse, nous examinerons donc successivement une série d'allégations et tenterons de nous situer par rapport à elles.

---

22. Ibid., page 48.

23. Jean Lefranc, « Ce qui dépend de nous », *L'enseignement philosophique,* novembre-décembre 1991, page 1.

Allégation n° 1 : Tout le monde est naturellement habilité à statuer sur les problèmes éducatifs ; il n'y a nul besoin, en cette matière, de spécialiste d'aucune sorte.

Paradoxalement, l'éducation, parce qu'elle est du « domaine privé » est, dans notre société, entièrement du « domaine public ». Chacun ayant le droit et le devoir de prendre en charge l'éducation de ses enfants, chacun revendiquant la liberté de choisir en son âme et conscience le type d'éducation qu'il entend leur donner, on en conclut que chacun peut légiférer dans ce domaine et que personne n'est ici en mesure de donner des leçons à quiconque. Dans ces conditions, celui qui se prétend « spécialiste d'éducation » ne peut être qu'un manipulateur habile qui dépossède finalement le citoyen de ses responsabilités fondamentales : en lui indiquant des fins à poursuivre dans l'éducation de ses enfants, il le prive de sa liberté première, en lui prodiguant des conseils techniques sur les méthodes à employer pour parvenir à ses fins, il lui laisse croire que les méthodes sont indifférentes aux fins qu'elles prétendent servir alors que, au contraire, elles contribuent à les définir.

Ainsi, par exemple, un spécialiste de l'éducation peut-il soutenir qu'il faut éduquer les enfants dans le mépris de la réussite scolaire considérée comme une forme de névrose[24] ; un autre peut-il affirmer que l'éducation est l'apprentissage du dépassement de ses propres limites[25] ; un autre, encore, peut-il chercher à promouvoir, dans l'éducation, l'imitation d'un modèle auquel il conviendrait absolument de s'identifier pour grandir et se réaliser[26]... En réalité, chacun de ces spécialistes, nourri de sciences humaines,

---

24. On sait qu'il s'agit de Françoise DOLTO qui déclare que « l'adaptation scolaire est maintenant, à part de très rares exceptions, il faut le dire, un symptôme majeur de névrose » (préface à l'ouvrage de M. MANNONI, *Premier rendez-vous avec le psychanalyste,* Gonthier, Paris, 1965, page 9). Elle affirme aussi que « le bon élève discipliné » est victime d'une « régression à des positions antérieures dégénitalisées, ce qui bloque son évolution œdipienne et sociale dans une névrose obsessionnelle scolaire », ajoutant : « Hélas, maîtres et parents s'en félicitent ! » (préface à l'ouvrage de Aïda VASQUEZ et Fernand OURY, *Vers une pédagogie institutionnelle,* Maspéro, Paris, 1969, page 14).

25. On trouvera cette thèse développée, par exemple par Joseph LEIF dans *L'apprentissage : conditionnements et libres choix* (Delagrave, Paris, 1984).

26. Ainsi, le psychanalyste Jean GUILLAUMIN insiste-t-il sur l'importance de l'identification de l'enfant à un adulte qu'il admire et prend comme modèle ; il souligne également la nécessité que cette identification soit distanciée pour que l'éducation soit authentique (« Aspects de la relation maître-élève », *Bulletin Binet-Simon,* n° 472, 1962).

de philosophie ou de théologie, cherche bien à imposer, ou au moins à suggérer, certaines finalités éducatives ; il se donne comme un expert dans le registre des finalités et laisse penser que ceux qui n'adoptent pas celles qu'il propose sont des ignorants ou des inconscients. On comprend alors l'agacement du public en général et des intellectuels en particulier : comment accepter que quiconque puisse imposer des finalités en les présentant comme des « vérités d'évidence », voire comme des conclusions scientifiques, alors que l'on voit trop bien que le choix de « la science » ou du registre argumentaire dont on prétend déduire ces finalités est, lui-même, un choix de finalités qui ne s'avoue pas comme tel. Ainsi, pour être convaincu que la réussite scolaire est une forme de névrose, il faut avoir déjà choisi son système de référence, il faut baigner dans une « psychanalyse rousseauiste », idéologie dont le choix n'est pas justiciable des arguments qu'elle seule permet de développer. De la même manière, des parents ne seront sensibles aux arguments d'un sociologue leur vantant les mérites d'une éducation autoritaire que s'ils partagent avec lui la conviction que l'éducation a d'abord une fonction conservatrice et qu'elle doit, par la contrainte, assurer la continuité sociale et la pérennité des valeurs morales... Entendons-nous bien, nous ne remettons absolument pas en cause ici le fait qu'il existe différentes finalités éducatives ; bien au contraire, nous constatons avec beaucoup d'autres l'éclatement des systèmes de référence en la matière. Mais ce qui est intolérable, c'est l'opération par laquelle on masque ce qui est incontestablement du domaine du choix de finalités – et ressort donc de la liberté de chacun – par un quelconque argument d'autorité qui dénie précisément cette liberté. Aucun « spécialiste », de toute évidence, ne peut se livrer à une telle opération sans être suspecté de manipulation et de dogmatisme[27].

De la même manière, dans le domaine de ce qu'il est convenu d'appeler les méthodes, il est bien clair que les conseils des « spécialistes » renvoient toujours à des finalités implicites : qu'on vous suggère de punir ou de ne pas punir votre enfant, de l'aider à apprendre à lire ou de laisser faire la maîtresse, de l'inciter à fréquenter une association culturelle ou de le contraindre à faire ses devoirs tous les dimanches après-midi... on vous dit toujours bien plus qu'on ne l'avoue : on vous indique le type d'homme et de société que vous devez promouvoir. Là encore, sous prétexte de vous rendre service, on vous prive de votre liberté de choix. Il en est, d'ailleurs,

---

27. Ainsi Daniel Hameline dans son bel ouvrage, *L'éducation, ses images et son propos* (ESF éditeur, Paris, 1986), souligne-t-il que la tentation est forte, pour le « spécialiste en éducation », de « décréter que l'approche dont on est le préposé dispose du privilège exorbitant de détenir la parole dernière et exclusive. Or, ajoute-t-il, c'est là une revendication de croyant et non de scientifique. (...) La science est alors convoquée à jouer le rôle d'un grand récit totalisant. Et seul, en effet, ce dernier peut permettre de déployer sur l'éducation une parole cohérente. Mais cette cohérence, chacun l'obtient au prix d'une véritable surdité mentale vis-à-vis de tout autre son de cloche que le sien. » (page 201).

de même dans le domaine de l'enseignement ; là encore, aucun choix n'est neutre : faire travailler ses élèves en groupe ou pratiquer le cours magistral n'est jamais une simple question d'efficacité didactique ; expliquer oralement une expérience ou la réaliser devant ses élèves n'est pas une question purement technique pouvant être traitée simplement en termes d'économie de temps ou de matériel ; choisir un texte littéraire ou un texte journalistique n'est jamais indifférent, même s'il s'agit, dans les deux cas, d'apprendre les règles d'accord du participe passé. Quoi que l'on fasse on prend parti, on fait le choix d'une certaine conception du savoir et de la culture, on se décide pour un certain type de socialité. Mais, là encore, il n'y a rien de scandaleux ; ce qui est grave, c'est de cacher cette réalité et d'édicter des méthodes pédagogiques en les faisant apparaître comme des conclusions scientifiques de recherches incontestables.

Il est donc vrai qu'il faut se méfier des « spécialistes » en éducation. Là, sans doute plus qu'ailleurs, les experts sont toujours menacés d'imposture... même si c'est simplement par omission. Et la dictature des experts n'est pas moins dangereuse que celle des politiques ; peut-être même est-elle plus ambiguë dans la mesure où elle se cache mieux, se justifie avec plus d'aisance et parvient à faire intérioriser sa légitimité sans trop de difficulté. De plus, chacun sait bien que les experts sont souvent enfermés dans leur spécialité, trop étroitement limités à un secteur de recherche, toujours tentés de faire de la métaphysique avec de la méthodologie, c'est-à-dire de réduire la réalité à ce qu'ils ont décidé d'en étudier. C'est pourquoi, sans doute, ce qui est souvent dénoncé comme un défaut des régimes démocratiques – le fait que les hommes qui prennent les décisions ne soient pas les experts les plus qualifiés – est, en réalité, une garantie de la démocratie. Si cela en fait parfois sa faiblesse, c'est cette faiblesse qui représente toujours, au fond, sa véritable force : sans cette faiblesse, les citoyens ne disposeraient d'aucune possibilité de distance critique envers leurs gouvernants ; ils seraient aussi dépossédés de toute parole, les seules discussions possibles devenant très vite des « discussions d'experts » d'où ils seraient immédiatement exclus. Or il n'est pas pensable que les citoyens soient exclus du débat éducatif, il n'est pas acceptable que les finalités de l'éducation leur soient imposées à la sauvette, sous le couvert de « rapports de sages » et sans que les choix aient été clairement explicités. Si des « spécialistes de l'éducation » se sont prêtés à de telles manœuvres, ils ont eu tort.

Mais on ne peut s'en tenir là : car, s'il existe une tyrannie bureaucratique des experts, il existe aussi une dictature des pairs. Au danger des solutions techniques élaborées dans le confinement des laboratoires, loin des soucis des hommes concrets et dans l'obsession de la validation à tout prix, répond le danger des solutions démagogiques, étroitement articulées aux passions du moment, incapables de prendre de la distance, de s'interroger de manière critique sur elles-mêmes. Au danger des connaissances trop spécialisées répond celui de l'ignorance complète de tout enjeu, même quand celle-ci emprunte les oripeaux toujours disponibles du « bon sens ».

La légitimité de la recherche éducative

S'il revient donc à chaque citoyen de trancher des finalités éducatives, si l'on souhaite que ses choix soient effectués le plus lucidement possible, on ne voit pas pourquoi on le priverait d'apports qui lui permettent de les inscrire dans des perspectives plus larges, de les incarner et de les instrumenter, d'en évaluer les conséquences et la portée enfin. Or ce sont là, précisément, les quatre missions qui, à notre sens, peuvent être l'objet des recherches en éducation. **Éclairer les choix** d'abord : identifier les différentes finalités éducatives et les théories de référence auxquelles elles renvoient, montrer que, derrière des mots semblables, se cachent parfois des réalités différentes, mobiliser l'histoire pour permettre de prendre de la distance avec les enjeux du moment, référer en permanence les pratiques aux finalités qu'elles incarnent, débusquer les intentions hypocrites... Voilà une première série de tâches qui mérite d'importantes recherches et dont on doit souhaiter que les résultats soient le plus largement possible diffusés pour éclairer les citoyens et décourager toute manipulation. **Incarner les choix,** ensuite : car, quand les citoyens ont opté pour telle ou telle finalité, quand ils ont marqué leur volonté par un vote, l'adhésion à une association ou un choix de vie, ils ne peuvent espérer ni déduire miraculeusement de ces choix les pratiques correspondantes, ni comprendre immédiatement leurs conditions de réalisation, ni même identifier du premier coup d'œil les obstacles qu'ils auront à surmonter ; il y a là place, on le voit, pour un ensemble de travaux d'invention, de prospection et d'expérimentation qui, seuls, sont susceptibles d'éviter que les finalités choisies ne viennent s'ajouter au nombre déjà impressionnant des utopies éducatives stériles. Mais il ne suffit pas d'expérimenter et de planifier : **instrumenter les choix** et les accompagner tout au long de leur réalisation est aussi une mission éminemment nécessaire. Car, quand les choses s'avèrent possibles, il reste encore à les faire, à assumer la terrible diversité des situations qui, toutes, appellent un traitement spécifique, à construire des outils adaptés, à aider à la gestion de la complexité inévitable, des contradictions probables, des échecs possibles ; comment ne pas voir qu'il y a là, aussi, un champ de recherches immenses et infiniment nécessaires ? Comment ne pas espérer que, grâce à des travaux sur ces questions, on puisse éviter cette déperdition d'énergie qui caractérise le domaine éducatif et, peut-être même, un peu de la désespérance qui en naît souvent ? Et comment contester que des chercheurs s'attellent à ce domaine, non pour confisquer un quelconque pouvoir aux citoyens mais pour leur permettre véritablement de l'exercer ? **Contribuer à l'évaluation des effets,** enfin, est une dernière mission de la recherche en éducation et elle est particulièrement nécessaire aujourd'hui : en effet, quand tout doit être jugé à ses résultats immédiats, quand le quantitatif prend systématiquement la place du qualitatif dans l'évaluation, quand on confond évaluer et mesurer, critères et indicateurs, il convient, en éducation tout particulièrement, de faire la clarté, inlassablement... non pour évaluer à la place des acteurs mais pour les aider à évaluer eux-mêmes les effets de leurs actions, et l'on conviendra que cet effort devrait, pour le moins, leur permettre d'accéder à une plus grande autonomie.

Ainsi donc, s'il est inadmissible que des « spécialistes de l'éducation » exercent une véritable influence occulte, camouflant leurs finalités réelles sous une apparente technicité, il est hautement souhaitable, pour une société démocratique, que des « chercheurs en éducation » contribuent à construire des savoirs qu'ils puissent mettre au service de l'organisation sociale tout entière ainsi que des groupes constitués autour de finalités et d'objectifs particuliers. L'éducation est, certes, un bien commun dans une société et chacun doit se sentir concerné par elle, au même titre que par la gestion de la santé, de la nature, ou de l'économie. Mais qui peut croire que l'exercice de la citoyenneté est d'autant plus important que l'on ignore la réalité des problèmes, que l'on ferme les yeux sur les difficultés qui émergent et que l'on tient à l'écart les chercheurs qui tentent de proposer, dans ce domaine, quelques frêles connaissances ? Qui peut croire que la discussion démocratique peut réellement se passer des éclairages des chercheurs, pour autant que ceux-ci acceptent de soumettre leurs apports à la collectivité et non de la soumettre à leur autorité ?[28]

Or, à quoi correspond réellement la récusation de l'intérêt de la recherche en éducation ? Faut-il demander « à qui profite le crime » pour avoir quelques éléments de réponse ? Sans aller jusque-là, nous croyons que tout un discours méprisant ou condescendant sur la recherche éducative témoigne, en réalité, de l'**ignorance de l'éducation comme problème.** Pour beaucoup de nos idéologues, en effet, l'éducation n'est pas un problème, elle est plutôt un enjeu de pouvoir, un objet qu'il convient de s'approprier ou un terrain qu'il s'agit d'occuper. Au point que les débats actuels font bien

28. Jean-Marc FERRY, présentant l'œuvre d'HABERMAS, explique que l'enjeu de nos démocraties est d'échapper à la fois au scientisme (qui permet de réduire toutes les questions politiques à des questions techniques et prétend que la sphère politique doit se limiter à la seule compétence d'experts) et à « l'existentialisme » (qui récuse tout éclairage et renvoie toute décision à l'arbitraire de choix irrationnels et dont on ne pourrait même pas évaluer la pertinence à l'observation des effets qu'ils produisent) : ces deux postures, explique-t-il, sont toutes deux « également impuissantes à fonder l'idée démocratique du point de vue de la rationalité politique. Ni l'une ni l'autre ne peuvent accéder à la pensée d'un lien nécessaire entre rationalité politique et légitimité démocratique » (HABERMAS, *L'éthique de la communication,* PUF, Paris 1987, page 36). Pour faire apparaître ce « lien nécessaire », HABERMAS pose la nécessité d'une « éthique de la communication » qui, dans la discussion, fait apparaître le principe d'universalisation. Dans une telle perspective, il faudrait interroger les chercheurs tout autant sur les modalités de communication de leur travail que sur ce travail lui-même ; plus encore, il faudrait accepter l'idée que les modalités de communication de résultats de recherche ne constituent nullement un « emballage » superficiel mais bien une dimension même de ces résultats. Cela devrait permettre, sinon de trouver un équilibre, au moins d'éviter les écueils de l'obscurité du spécialiste comme argument d'autorité et du succès du vulgarisateur comme gage de validité.

souvent penser à l'exemplaire histoire du *Cercle de craie caucasien*[29] : Bertold Brecht raconte, dans cette pièce, l'histoire d'un enfant abandonné par une princesse et élevé par une servante ; cette dernière réussit à sauver la vie de l'enfant et à faire son éducation, jusqu'au jour où la « mère biologique » réclame son fils. Un procès a lieu et le juge Azdak trace un cercle au sol à la craie et place l'enfant au centre ; il demande ensuite, à chacune des deux mères, de prendre un bras et de tirer : « celle qui l'attirera de son côté hors du cercle aura l'enfant ». Bien évidemment, la mère adoptive lâche l'enfant, craignant de le mutiler et reproduit ce comportement à trois reprises... Bien évidemment, le juge Azdak lui attribue l'enfant, voyant dans ce refus une preuve irréfutable de son affection pour lui. Nos enfants et nos élèves ne sont-ils pas, bien souvent, en réalité, au centre du cercle, entourés d'adultes qui veulent se les approprier pour servir leurs intérêts, satisfaire leur narcissisme ou valider leurs théories ? N'aurons-nous pas fait un immense pas en avant dans ce pays quand nous serons capables de poser ensemble les problèmes éducatifs – que ce soit les problèmes de finalité, les problèmes de faisabilité, d'accompagnement ou les problèmes d'évaluation – avec sérieux et sérénité ? Car le danger du « consensus mou » n'est pas là ; il est plutôt dans l'esquive permanente des vrais problèmes, l'oscillation stratégique entre la dictature des experts et la démagogie des politiques, la désignation médiatique et rituelle de boucs émissaires qui opère magiquement des réconciliations de surface quand les vraies questions sont systématiquement escamotées.

29. Bertold BRECHT, *Théâtre complet, tome 1* (L'Arche, Paris, 1969, pages 6 à 107). L'histoire, racontée ici, rappelle, bien évidemment, le récit biblique du Roi Salomon.

Allégation n° 2 : Les Sciences de l'Éducation
ne sont pas une véritable discipline universitaire ;
elles sont, en réalité, un lieu de refuge
des exclus des autres disciplines
où se tiennent des bavardages idéologiques
sans fondement ni statut épistémologique.

Il est parfaitement possible, en effet, de reconnaître la légitimité de la recherche en matière éducative tout en déniant aux Sciences de l'Éducation le droit de la mener. D'une certaine manière, on peut même considérer que c'est là la position institutionnelle officielle dont témoigne à la fois l'absence de section spécifique de Sciences de l'Éducation au C.N.R.S. et les prises de position du Conseil scientifique désigné par Lionel Jospin et dirigé par le prix Nobel de chimie Jean-Marie Lehn. Ainsi, plus de vingt ans après leur création en 1967, alors que les Sciences de l'Éducation constituent la soixante-dixième section des Universités, alors qu'il existe seize départements universitaires de cette discipline qui délivrent la licence, la maîtrise, le D.E.A. et le doctorat, les Sciences de l'Éducation semblent vouées sinon à la clandestinité, du moins à la marginalité. Pendant que certains les accusent d'impérialisme et les soupçonnent d'avoir mis en coupe réglée le système éducatif français pour y faire triompher le pédagogisme, les universitaires de cette discipline tentent de faire vivre des départements où s'entassent des milliers d'étudiants dans des conditions d'encadrement catastrophiques ; alors que ces enseignants parviennent à peine à assurer un suivi minimal des étudiants, ils doivent être en permanence sur la brèche pour tenter d'obtenir une reconnaissance de leurs pairs dans l'Université et répondre en même temps à de multiples sollicitations des institutions de formation, des rectorats, des associations, des collectivités territoriales, des entreprises... Certes, dira-t-on, mais la générosité et le dévouement à la cause ne confèrent ni la compétence ni la garantie de l'efficacité ! Au contraire, insistera-t-on, « ils » en font trop et la chose est suspecte ; « ils » doivent avoir quelque chose à cacher ou à se faire pardonner ? A trop vouloir prouver, on prouve d'abord sa fragilité.

Nous devons donc « vendre la mèche » : effectivement, les enseignants de Sciences de l'Éducation ont peut-être une mentalité d'enfant abandonné, vaguement coupable d'exister, cultivant avec une certaine mauvaise foi le sentiment d'être en trop et cherchant désespérément à se faire reconnaître. Effectivement, ils viennent d'« ailleurs »... et pour cause : la discipline est jeune et, de plus, elle ne comporte pas de D.E.U.G.. Sont-ils, pour autant, des exclus ? Rien n'est moins sûr. On ne trouve guère de candidats à des postes de Sciences de l'Éducation qui se tournent vers elles après avoir essuyé un échec dans leur discipline d'origine. On y trouve en revanche, c'est certain, des enseignants-chercheurs tout à fait atypiques par rapport au « profil universitaire français » : beaucoup sont venus à l'Université tardivement, après un parcours professionnel et militant particulièrement chargé où ils ont réussi pourtant à trouver le temps de préparer une thèse. La plupart, c'est vrai, se sentent un peu « différents » mais aucunement inférieurs ou supérieurs à leurs collègues. Leur différence, ils la tiennent d'un rapport un peu particulier avec la chose dont ils parlent, un rapport complexe d'implication et de distance, de proximité affective et d'interrogation critique. Beaucoup réagiront, ici, en soulignant que rien, au fond, ne les différencie, sur ces points, des collègues qui travaillent en biologie ou en littérature : eux aussi entretiennent avec leur objet des rapports d'une extrême complexité. Certes, mais l'enseignant-chercheur en Sciences de l'Éducation a ceci de particulier qu'il tombe en permanence, en tant qu'enseignant, formateur ou directeur de recherches – c'est-à-dire en tant qu'éducateur –, sous le coup de sa propre pensée. Même s'il travaille la plupart du temps sur les pratiques pédagogiques des autres, sa main droite d'enseignant ne peut ignorer toujours sa main gauche de chercheur. Ses pratiques ne peuvent pas durablement être en contradiction avec ses théories sans compromettre son crédit auprès de ses étudiants et, sans doute, un jour, son équilibre mental personnel. On tolère parfaitement qu'un professeur de littérature excelle dans le commentaire littéraire spécialisé mais soit absolument incapable de créer lui-même, et, *a fortiori,* de mettre ses étudiants en situation de création. La chose arrive parfois mais elle est exceptionnelle. De même, un universitaire qui travaille sur des équations mathématiques ou des problèmes géologiques n'a à se préoccuper que de la validité interne des connaissances qu'il produit ; sa pratique d'enseignant n'est pas véritablement mise en cause par la nature de ses recherches ; tout au plus peut-on faire remarquer qu'une même exigence intellectuelle doit régir l'une et l'autre. Pour l'enseignant-chercheur en Sciences de l'Éducation, il ne peut en être ainsi. Dire qu'il est professionnellement et constitutivement torturé serait, sans doute, excessif. Dire qu'il est naturellement inquiet de sa propre cohérence, interrogé à son insu sur lui-même par tous les travaux qu'il mène, est en revanche, nous semble-t-il, tout à fait exact. Ajouter que cette inquiétude est irréductible en raison de l'écart constitutif qui, en matière éducative, se rouvre perpétuellement entre la générosité des intentions et la médiocrité des pratiques, nous paraît nécessaire.

Car on ne parle jamais d'éducation qu'*a maxima* et l'on n'agit toujours qu'en « faisant avec » ; on ne pense qu'en termes d'absolu et on ne décide qu'en termes de compromis... C'est que le concept, on le sait bien, durcit le trait, la recherche isole des variables et fait effet de loupe, la spéculation sur les fins amène à poser des exigences limites, la parole magistrale, elle-même, invite à l'effet de style, à la simplification des oppositions, à la rhétorique explicatrice ; les enseignants comme les étudiants trouvent là, tout à la fois, des satisfactions esthétiques et des méthodes heuristiques ; rien n'invite donc à abandonner cette démesure du langage qui, en disant toujours le mieux, discrédite le médiocre et dont la clarté toute cristalline fait tristement ressortir la banalité de l'écrin dans lequel elle se développe. Comment, dans ces conditions, ne pas trimballer un peu de mauvaise conscience ? Comment ne pas se sentir fragile même quand on se sait épistémologiquement assuré ? Pour notre part, nous nous inquiéterions si les enseignants-chercheurs en Sciences de l'Éducation perdaient cette fragilité ; nous craindrions qu'ils versent dans le ridicule de ceux qui, jadis, expliquaient avec de belles envolées magistrales les effets désastreux de la magistralité... ou bien qu'ils se raidissent sur leurs utopies jusqu'à l'aveuglement, jusqu'à installer, dans les quelques enclaves universitaires qu'ils contrôlent, des communautés autistiques sans avenir social. On conviendra qu'à ces deux solutions, il vaut mieux préférer une tension, certes difficile à vivre, mais sans doute féconde et peut-être même, à certains égards, exemplaire.

Les Sciences de l'Éducation : entre « sciences » et « idéologies »

Il reste que, dans ces conditions, le danger est grand de tenir pour un discours scientifique en éducation tout épanchement affectif sur son intériorité menacée et ses contradictions inévitables. C'est pourquoi il convient de travailler de toute urgence à un statut épistémologique de la recherche en Sciences de l'Éducation qui soit clair et comporte des repères assez fortement plantés pour contenir toute dérive psychologisante ou dogmatique. Or ce statut épistémologique n'est pas facile à établir et il n'est, pour s'en convaincre, que d'écouter les critiques symétriques et contradictoires qui sont adressées à la discipline[30].

30. A bien des égards, les débats sur les Sciences de l'Éducation rappellent-ils les débats intellectuels qui ont entouré l'émergence de la sociologie. Ainsi, Wolf LEPENIES montre-t-il que la sociologie a été affrontée, à son apparition, à une grave difficulté épistémologique : elle voulait imiter les sciences de la nature mais ne pouvait pas y parvenir et devenir une véritable science du social ; symétriquement, si elle renonçait à son orientation scientifique, elle se rapprochait dangereusement de la littérature (*Les trois cultures, entre science et littérature l'avènement de la sociologie*, Editions de la Maison des sciences de l'homme, Paris, 1991). De la même manière, les Sciences de l'Éducation ont-elles tenté de se caler sur les méthodologies des sciences humaines expérimentales mais sans pouvoir y parvenir, et, aussi bien, ont-elles été tentées de se replier dans la littérature militante, perdant ainsi toute prétention à la moindre validité scientifique. Il faut d'ailleurs remarquer que la constitution de la sociologie a donné lieu à de très importantes oppositions, parmi lesquelles celle de PEGUY et celle du très violent manifeste signé AGATHON et publié en 1910 : on y dénonçait la mainmise sur l'Université d'un groupe de pression sans statut épistémologique clair, bafouant les valeurs fondamentales de notre culture, massacrant la langue française, écartant toute réflexion morale et réduisant le travail intellectuel au collationnement besogneux de faits prétendument objectifs... (ibid., pages 45 à 86). On voit que les discours d'aujourd'hui ne sont guère neufs !

En effet, les Sciences de l'Éducation sont soumises au feu croisé de deux séries de critiques contradictoires : d'une part, on leur reproche de chercher à établir des « vérités scientifiques » qui devraient s'imposer aux éducateurs et dont ils ne sauraient être que des applicateurs dociles ; d'autre part, on les accuse de manquer de scientificité, d'agiter de vieux épouvantails idéologiques et de se complaire dans des débats d'écoles stériles. Outre le fait que ces deux reproches s'annulent l'un l'autre, ils témoignent de la difficulté à saisir le véritable statut épistémologique des Sciences de l'Éducation : celles-ci se sont éloignées en effet, depuis maintenant de nombreuses années, de la conception de « la » Science de l'Éducation, qui avait pu prévaloir dans le sillage du positivisme, et qui, en réalité, cherchait à déduire toute proposition éducative de données psychologiques[31]. Et elles se sont écartées, tout autant, des débats idéologiques qui ont pu dominer, dans les années soixante-soixante-dix, la réflexion éducative et qui laissaient entendre que les convictions militantes, pour autant qu'elles étaient fondées sur le plan philosophique ou politique, pouvaient prescrire les pratiques éducatives et permettre, en toutes choses, de séparer « le bon grain de l'ivraie ».

Il n'est donc plus guère de chercheurs en Sciences de l'Éducation qui se situent encore aujourd'hui délibérément dans un de ces deux courants : personne parmi eux ne prétend dégager avec certitude des « lois du comportement éducatif » en s'appuyant sur une analyse posée comme unique clé de lecture de la réalité éducative ; paradoxalement, c'est plutôt chez les spécialistes des autres disciplines que l'on caresse encore ce vieux rêve et que l'on espère pouvoir rendre compte de la totalité des phénomènes éducatifs avec une seule discipline de référence. S'il existait quelque part un danger de dogmatisme, ce n'est donc guère dans les Sciences de l'Éducation qu'il se trouverait... De la même manière, même si notre discipline a pu, il y a encore peu de temps, se laisser aller à l'exhortation idéologique et si certains de ses membres ont été tentés de jouer les imprécateurs, elle a acquis aujourd'hui une modestie salutaire. Les chercheurs en Sciences de l'Éducation sont même assez souvent reconnaissables par leur excès de scrupules dans ce domaine ; ils sont, pour la plupart, d'une infinie prudence, soulignent le caractère provisoire de leurs conclusions, se demandent s'ils n'ont pas oublié de prendre en compte telle ou telle donnée, au point qu'ils suscitent parfois, chez des praticiens légitimement soucieux d'améliorer leur

---

31. Ainsi, explique G. Avanzini dans *Introduction aux Sciences de l'Éducation* (Privat, Toulouse, 1987), « la concurrence ouverte (entre les disciplines qui prétendent régir la Science de l'Éducation : psychologie, sociologie, philosophie, etc.), leur incapacité commune à proposer des « lois » qui auraient authentifié leur scientificité et vraiment servi à la pratique, l'échec patent de la païdologie (« science totale de l'enfant et de son éducation »), le constat de la vanité d'un positivisme récusant la validité d'une réflexion critique sur les fins, l'ambiguïté d'une pédagogie scientifique qui pourrait désigner aussi bien l'approche objective d'un champ que la prétention de mener scientifiquement l'éducation, tout cela ne tarda pas à compromettre la possibilité d'une Science de l'Éducation » (page 19).

pratique à court terme, un certain agacement. Là encore, s'il fallait chercher des « donneurs de leçons », ce serait à l'extérieur des Sciences de l'Éducation qu'on les trouverait, parmi ceux qui se targuent d'avoir découvert la solution miracle à tous les problèmes, ceux qui pensent qu'il suffit de privatiser, de sélectionner, d'abaisser les effectifs des classes, d'élever le niveau de formation des maîtres, de doubler l'école de circuits parallèles d'aide aux devoirs, etc. Les Sciences de l'Éducation, elles, avancent timidement que toutes ces « solutions » ne sauraient résoudre miraculeusement les difficultés que nous rencontrons, que rien n'est ici de l'ordre de la mécanique et qu'il faut prendre en compte la complexité des choses : une privatisation sans clarification de la question de l'évaluation des établissements et des critères de réussite qu'on leur affecte risque bien de n'être qu'un démantèlement[32]. La sélection précoce des élèves pour faciliter le travail des enseignants ou reconstituer une élite sociale risque bien d'appauvrir considérablement les pratiques pédagogiques, d'associer les voies technologiques à l'échec et de compromettre ainsi, tout à la fois, la qualité de l'enseignement, l'unité sociale et le développement économique du pays. L'abaissement des effectifs des classes ne saurait, à lui seul, constituer un remède miracle : si les pratiques pédagogiques ne changent pas, il peut accentuer les effets pervers du système, accroître le poids de la complicité sociale dans la réussite scolaire[33]. Élever le niveau de formation des maîtres peut être utile mais n'arrive-t-il pas que l'on prêche la formation pour éviter le renouvellement d'un corps, ne pas faire appel à des compétences qui existent déjà à l'extérieur, écarter toute modification institutionnelle ? La mise en place d'une « école hors l'école » peut, peut-être, contribuer à lever des blocages chez certains enfants ou à pallier certains déficits familiaux, elle peut aussi renforcer le rejet scolaire, alourdir inutilement la journée de travail, créer une rivalité inutile ou entériner l'immobilisme de l'école elle-même[34]... En réalité, et sans prétendre traiter ici toutes ces questions, nous devons souligner que le danger de la simplification, du schématisme, des solutions partielles et partiales ne vient pas aujourd'hui des Sciences de l'Éducation. Si ce danger est bien présent dans la société française, nous aurions tendance à penser qu'il vient du peu de poids des Sciences de l'Éducation dans la recherche en matière éducative. Le caractère doctrinaire de bien des discours sur l'éducation n'est-il pas la conséquence de la

32. L'exemple du Royaume-Uni est, à cet égard, particulièrement exemplaire.

33. On trouve une excellente synthèse sur les problèmes posés par l'effectif des classes et tous les travaux sur cette question dans l'ouvrage d'André de PERETTI, *Pour une école plurielle* (Larousse, Paris, 1987), pages 97 à 126.

34. Sur cette question, il existe de très intéressants travaux réalisés par l'équipe du Centre de Recherche en Éducation de l'Université de Saint-Etienne dirigé par Dominique GLASMAN. Une première synthèse de ces travaux doit paraître prochainement dans la présente collection sous le titre *L'école hors l'école.*

sous-estimation permanente des approches de la complexité en termes interdisciplinaires ? Ne tient-il pas au fait que les apports épistémologiques des Sciences de l'Éducation ne sont pas véritablement pris en compte ?

Vers un statut épistémologique des Sciences de l'Éducation

Car, aujourd'hui, les Sciences de l'Éducation tentent d'échapper à la fois au « prescriptif scientiste » qui menace d'exclure le réfractaire du « cercle de la raison scientifique », et au « prescriptif idéologique » qui l'exclut avec plus ou moins de véhémence du « cercle des bien-pensants ». Elles se veulent, plus modestement et plus salutairement, productrices de **« modèles d'intelligibilité de la chose éducative »**.

C'est dire, en d'autres termes, que le projet des Sciences de l'Éducation est d'élaborer des modèles prenant en compte des variables de natures diverses et capables, tout à la fois, de nous permettre de comprendre la réalité éducative dans sa complexité et de nous donner à agir sur elle dans la conscience la plus claire possible des enjeux. Le seul intérêt des Sciences de l'Éducation est dans la production de ces « modèles » dotés d'un pouvoir explicatif qui nous permettent de lire la « réalité éducative », de nous en saisir et de la transformer. L'enjeu est de taille : il s'agit d'échapper aux prétentions totalisantes des approches partielles des sciences humaines aussi bien qu'aux affirmations purement idéologiques qui récusent complètement celles-ci au nom du primat absolu des « fins ». Il s'agit de tenter de mettre en cohérence, de manière délibérément précaire, des finalités, des connaissances et des actes, dans des configurations qui permettent toujours à l'humain de laisser la trace d'une liberté.

En adoptant cette notion de modèle, les Sciences de l'Éducation affirment donc qu'elles cherchent toujours à articuler trois pôles : un pôle **axiologique** – qui renvoie à la définition des fins et mobilise la réflexion philosophique et politique –, un pôle **scientifique** – qui renvoie aux connaissances élaborées par les sciences humaines (psychologies, sociologies, linguistique, économie, etc.) mais aussi par les sciences expérimentales (comme la biologie) – et un pôle **praxéologique** – qui renvoie à l'instrumentation possible et au registre de l'action régulée.

Ainsi conçu, le travail des Sciences de l'Éducation peut apparaître à certains comme particulièrement éclectique dans la mesure où il tente d'articuler des champs radicalement hétérogènes... Et il est vrai que cette articulation est difficile, toujours menacée d'exclure un des trois pôles pour retrouver les facilités de la déductibilité, toujours fascinée par un de ces trois pôles pour accéder à un confort théorique qui permettrait de légiférer de tout sans s'interroger sur sa propre légitimité.

Ainsi revient régulièrement toute une série de tentations : on observe encore, ici et là, quelques résurgences de **la tentation scientifico-prescriptive** qui prétend déduire d'une approche scientifique, des prescriptions éducatives, sans s'apercevoir que le choix lui-même de cette approche constitue un point aveugle qui renvoie toujours implicitement à des finalités (il n'est pas « innocent » d'étayer ses propositions sur la psychologie génétique plutôt que sur la psychologie sociale, sur la sociologie des organisations plutôt que sur l'éthologie... et le choix de la théorie de référence s'effectue bien à partir d'une option fondatrice, comme choix d'une légitimation *a posteriori*). C'est le cas, par exemple, de certaines conceptions éducatives qui prétendent associer objectivité et efficacité et proposent des « modèles » qui occultent systématiquement la dimension des fins : l'enseignement programmé et quelques-unes de ses variantes contemporaines (comme certaines formes d'« individualisation »), fermement articulés au behaviorisme psychologique[35], fournissent d'excellents exemples de cette dérive scientifico-prescriptive.

Ailleurs, c'est **la tentation idéologico-prescriptive** qui refait surface : on balaie d'un revers de main les apports scientifiques et l'on tente de justifier ses propositions éducatives à partir d'une représentation de l'homme ou de la société... sans s'apercevoir que l'on risque de s'interdire de parvenir à ses fins puisqu'on ignore les contraintes et les ressources qu'il convient de prendre en compte. Les militants pédagogiques des « méthodes actives » ont souvent fonctionné ainsi, promouvant, par exemple, systématiquement, des pratiques de groupe sans s'apercevoir qu'un groupe livré à lui-même pouvait reproduire une division sociale du travail en concepteurs, en exécutants et en chômeurs... ne prenant pas en compte les travaux des psychologues sur les conditions du « conflit socio-cognitif » qui leur auraient permis de s'assurer de la participation de chacun au travail de tous et de sa progression[36].

Dans d'autres cas, c'est **la tentation idéologico-scientifique** qui revient : on méprise les outils, on récuse les instrumentations et l'on développe un axe fort entre des apports scientifiques et des finalités qui entrent en convergence avec eux... Au regard de cette cohérence et de la satisfaction esthétique qu'elle procure, toute action risque bien alors d'apparaître dérisoire et inutile. C'est un peu ce que l'on a pu observer quand les théories sociologiques sur la reproduction par l'École des inégalités sociales sont

---

35. Le behaviorisme est une théorie psychologique fondée par J.B. Watson et qui ne travaille que sur les comportements des individus en faisant abstraction de la « boîte noire » (que l'on nomme habituellement la « conscience »). Le behaviorisme réduit l'action éducative au couple stimulus/réponse.

36. Philippe Meirieu a très longuement développé ce point dans son ouvrage *Apprendre en groupe ?* (deux tomes, Chronique Sociale, Lyon, 4e édition, 1991).

entrées en conjonction avec une idéologie « de gauche » qui condamnait une telle reproduction... mais préférait se nourrir de cette condamnation plutôt que de chercher les moyens de faire reculer le phénomène.

Enfin, on n'en finirait pas d'inventorier la fascination des Sciences de l'Éducation pour un des trois pôles que nous avons indiqués : on a connu et on discerne encore aujourd'hui cette nostalgie vis-à-vis du « scientifique pur » qui amène les chercheurs à exhiber leurs batteries méthodologiques plutôt qu'à s'interroger sur la production d'un modèle qui fasse « avancer les choses » ; on observe encore, de temps en temps, cet attrait pour le seul registre des finalités qui fait mépriser le praticien que l'on sait tenaillé par l'urgence et englué dans la médiocrité ; on voit aussi aujourd'hui cette exaltation de l'outil qui n'est interrogé ni sur ses finalités ni sur ses étayages scientifiques et qui est ainsi réduit, le plus souvent, à ne fonctionner que comme placebo, à servir de totem à un groupe de fidèles pendant que d'autres l'utilisent comme tabou[37].

Face à ces déformations, le rôle des Sciences de l'Éducation est sans doute, précisément, de tenter de maintenir toujours l'interrogation sur les trois pôles, sur l'identité de chacun d'eux et sur la rigueur de leur articulation. En ce sens, les Sciences de l'Éducation se définissent délibérément comme une discipline multiréférentielle, une « discipline de l'action », proche, en cela, des Sciences politiques ou de la Médecine. Elles sont emprunteuses, ce qui ne veut pas dire qu'elles ne cherchent pas de cohérence entre les différentes dimensions qui les constituent ; elles construisent des modèles qui constituent toujours des « coupes » dans le « réel », ce qui ne veut pas dire qu'elles nient par décret ce qu'elles ne prennent pas en compte par méthode ; elles trouvent leur unité dans leur « objet » — l'éducation —, ce qui ne veut pas dire qu'elles sont un simple collage des différentes spécialités qui s'intéressent à la question. Elles sont « interdisciplinaires », ce qui ne veut pas dire qu'elles contraignent les autres disciplines à abdiquer leur identité propre[38]. Elles se veulent simplement un moyen de construire

37. C'est le cas de bien des « outils d'éducabilité cognitive » dont nous reparlerons dans la troisième partie de cet ouvrage. Une présentation d'un certain nombre de ces outils figure dans le n° 129 de la Revue *Le groupe familial,* octobre-décembre 1990.

38. G. Mialaret donne, parmi bien d'autres, un exemple de cette interdisciplinarité centrée sur l'objet-sujet : il s'agit de l'étude de la conduite de l'écolier en classe. On ne peut mener celle-ci si l'on néglige les conditions physiques de l'installation scolaire (physiologie, architecture scolaire), les conditions matérielles de l'installation (mobilier, environnement, organisation du temps), les conditions de vie familiale et sociale de cet enfant, les facteurs psychologiques de ses motivations scolaires, les contraintes liées à la discipline enseignée et à la personnalité du maître, etc. (*Les Sciences de l'Éducation,* PUF, Paris, 1976, pages 88 et 89). Bien sûr, cela ne veut pas dire que l'on accepte toutes ces données comme telles et que l'on renonce à les modifier, cela veut dire, simplement, que l'on tente de les prendre en compte... ou que l'on décide délibérément de les négliger.

des modèles pour mieux comprendre les faits éducatifs et agir plus lucidement en matière d'éducation[39].

---

39. Michel DEVELAY illustre cette démarche dans son ouvrage *De l'apprentissage à l'enseignement* (ESF éditeur, Paris, 1992). En effet, si nous pouvons observer des situations d'apprentissage réussies (ainsi, toute personne en situation de bain linguistique total dans un pays étranger finira-t-elle par apprendre une langue étrangère), on ne peut pas, pour autant, considérer que l'enseignement est un simple « décalque » de ces situations (l'échec patent de l'enseignement des langues en France par un « bain linguistique de trois heures par semaine » en est une preuve suffisante). Enseigner est, en réalité, un acte complexe qui doit être étudié avec l'ensemble des éléments de toutes sortes qu'il met en jeu... C'est ce que fait Michel DEVELAY en proposant une modélisation de l'activité d'enseignement (page 150).

Allégation n° 3 : Les militants pédagogiques sont de dangereux personnages ; ils décrètent l'autonomie des personnes tout en imposant leurs choix idéologiques par leur pouvoir charismatique.

Jusqu'à présent, nous nous en sommes tenus à une définition approximative de la pédagogie et, si nous avons montré comment il a été stratégiquement utile, pour leurs adversaires, d'assimiler « pédagogie » et « Sciences de l'Éducation », il est temps de nous expliquer plus précisément sur l'acception que nous donnons à ces termes et les rapports qu'ils entretiennent entre eux. Le pédagogue, on le sait, était l'esclave qui, dans l'Antiquité, amenait l'enfant à l'école. A dire ainsi les choses, on pourrait croire que sa tâche était totalement subalterne, mais ce serait faire une erreur. Car, ainsi que le souligne Emile Durkheim, « dans l'Antiquité, l'élève recevait son instruction de maîtres différents les uns des autres et sans aucun lien entre eux. Il allait chez le grammatiste ou le littérator apprendre la grammaire, chez le cithariste apprendre la musique, chez le rhétor apprendre la rhétorique, etc. Tous ces enseignements divers se rejoignaient en lui, mais s'ignoraient mutuellement. C'était une mosaïque d'enseignements divers qui ne se reliaient qu'extérieurement »[40]. Le véritable pouvoir éducatif résidait donc dans le choix des répétiteurs et des disciplines, et ce pouvoir c'était le pédagogue qui l'exerçait. Accompagnant l'enfant en permanence, il jugeait de son évolution, décidait d'interrompre telle ou telle leçon, d'introduire telle ou telle discipline nouvelle, de changer de maître quand il estimait que les méthodes utilisées n'étaient pas efficaces avec son pupille ou devenaient contradictoires avec les finalités de l'éducation dont il était investi[41]. Ainsi définie, à partir de l'origine du terme lui-même, la pédagogie était donc une réflexion de type axiologique concernant, de manière spécifique, l'éducation des enfants dans sa globalité et la place des apprentissages disciplinaires dans celle-ci.

Mais aujourd'hui l'usage fait de ce terme impose de s'éloigner quelque peu de l'étymologie. D'abord parce qu'il n'est plus, de fait, réservé aux enfants et que l'on n'hésite pas à parler de « pédagogie des adultes »... On peut, certes, le regretter au nom de la pureté linguistique, mais on peut aussi

---

40. *L'évolution pédagogique en France,* PUF, Paris, 1969, page 34.

41. Voir, à ce sujet, H.I. Marrou, *Histoire de l'éducation dans l'Antiquité, tome 1. Le monde grec* (Seuil, Paris, 1958, page 217 et sq).

s'en réjouir en notant que cela laisse ouverte la possibilité que la genèse, dans un individu, ne s'arrête pas avec sa jeunesse. Par ailleurs, la pédagogie désigne bien, pour beaucoup de ceux qui emploient ce terme, la réflexion sur les méthodes d'enseignement, réflexion pour laquelle on devrait réserver, *stricto sensu,* le terme de didactique. On peut, là encore, déplorer la confusion ; on peut aussi y voir le signe d'une évolution salutaire : la prise de conscience qu'aucun choix, en matière d'enseignement – pas plus les choix des disciplines à enseigner que les choix des contenus dans ces disciplines et les choix des méthodes par lesquelles on enseigne ces contenus – n'est neutre, que chacun de ces choix renvoie à une représentation de l'homme, de la culture, du rapport au savoir et au pouvoir, de la socialité et de la société.

Prenant acte de ces glissements sémantiques somme toute bénéfiques, on peut donc définir aujourd'hui la pédagogie comme la réflexion sur l'éducation des personnes en tant que cette éducation s'effectue à travers des apprentissages déterminés. En ce sens, la réflexion pédagogique ne totalise pas la réflexion éducative car il existe des éducateurs, des institutions, des situations éducatives où la médiation des apprentissages n'est pas vraiment prise en compte ou n'est pas prioritaire... mais, en ce sens, la réflexion pédagogique fait partie intégrante des préoccupations légitimes des Sciences de l'Éducation.

Le paradoxe de l'injonction à la liberté

Or, quand les Sciences de l'Éducation abordent la pédagogie, elles le font, le plus souvent, à travers l'histoire des doctrines pédagogiques et invoquent les auteurs qui l'ont particulièrement marquée : Coménius, Rousseau, Itard, Pestalozzi, Korckack, Freinet, Montessori ou Neill, parmi bien d'autres. Immanquablement, alors, se pose un problème dont le caractère réitératif est particulièrement préoccupant : comment se fait-il que tous ces auteurs qui ne cessent de proclamer qu'ils veulent l'autonomie de l'enfant mettent en place des écoles de pensée ou des expériences éducatives qui ne perdurent que parce qu'elles dépendent étroitement de leur initiateur ? Il s'agit là d'un phénomène étrange et qui s'est paradoxalement trouvé renforcé au fur et à mesure que les théories avancées s'affichaient comme de plus en plus en rupture avec le modèle autoritaire. Ainsi, dès les premières expériences anglaises d'« école nouvelle », au tout début du XXe siècle, les observateurs ont pu constater le climat de vénération qui entourait « le chef »[42] ; d'abord à caractère religieux, cette dépendance a pris

42. Voir, à ce sujet, l'ouvrage de R. SKIDELSKY, *Le mouvement des écoles nouvelles anglaises,* Maspéro, Paris, 1972.

par la suite diverses formes, le prêtre laissant la place au père-psychiatre[43], au contremaître omniprésent ou au dirigeant politique[44]. Mais les partenaires n'acceptent pas facilement les renoncements qu'impose une telle présence ; s'ils comprennent la nécessité d'une inspiration forte pour pouvoir tenir dans des situations difficiles et aller à contre-courant, ils s'inquiètent vite de l'influence de leur leader ; aussi préfèrent-ils parfois mettre en péril une expérience à laquelle ils croient plutôt que de supporter eux-mêmes et de faire supporter aux éduqués une dépendance excessive. Le sacrifice prend alors la forme d'un meurtre rituel d'un père. Et l'on sait, depuis Freud[45], que le père est ensuite déifié pour tenter de se protéger contre la prise de pouvoir par un des frères ou pour se déculpabiliser du passage à l'acte. Parfois, cependant, le père réussit à éviter le lynchage en repérant très tôt les rivaux éventuels et en organisant systématiquement leur départ... Combien d'expériences pédagogiques sont mortes ainsi, ne réussissant pas à tolérer la puissance charismatique d'un leader et ne réussissant pas, non plus, à vivre sans elle ?

Certes, on fera remarquer que le phénomène ne se limite pas aux expériences pédagogiques et que la plupart des groupes humains fonctionnent de la même manière. Mais, s'agissant de pédagogie, la chose est particulièrement préoccupante : comment peut-on, en effet, à la fois, prétendre émanciper des personnes, leur permettre de se constituer comme sujets libres et mettre en place des formes de pouvoir qui organisent une dépendance féroce à l'égard de celui qui, précisément, prêche l'indépendance ? Comment prêcher l'indépendance sans s'ériger du même coup en prophète et récupérer ainsi, formidablement potentialisée, l'autorité que l'on prétend avoir abandonnée ? Comme l'explique bien Daniel Hameline, « c'est au nom de l'égalité abstraite que sont légitimées les interventions concrètes où s'accuse la supériorité des doctes et de leurs chargés d'affaires »[46]. C'est au nom de la proclamation de l'égale dignité des enfants, de la nécessité de les faire échapper à toute influence qui les priverait de leur

---

43. On pense, bien sûr, à A.S. NEILL, *Libres enfants de Summerhill,* Maspéro, Paris, 1972. Jean-François SAFFANGE, l'un des analystes les plus perspicaces de Summerhill note : « NEILL n'aura jamais compris ou voulu reconnaître à quel point la réussite de Summerhill était dépendante de sa propre personnalité » (*Libres regards sur Summerhill,* Peter Lang, Berne, 1985, page 201).

44. C'est ce que l'on trouve parfaitement décrit dans l'ouvrage de J.R. SCHMIDT sur les « écoles de Hambourg » : *Le maître-camarade et la pédagogie libertaire* (Maspéro, Paris, 1971).

45. *Moïse et le monothéisme,* Gallimard, Paris, 1948.

46. « Jalons pour une ascétique de la médiation éducative », préface de l'ouvrage de Françoise RIBORDY-TSCHOPP, *Fernand Deligny, éducateur « sans qualités »* (Editions I.E.S., Genève, 1989, page 12).

liberté, que s'imposent le pouvoir du leader sur ses collaborateurs, le pouvoir des éducateurs sur les enfants eux-mêmes[47].

Ainsi se révélerait en quelque sorte l'imposture originelle de la pédagogie : elle prétend libérer mais ne sait qu'asservir ; plus le pédagogue est convaincu de l'importance de sa tâche, plus il s'y investit, plus il invente des méthodes nouvelles et originales, et plus il est dangereux. Le pire des pédagogues est alors précisément le meilleur, et le meilleur est bien le pire. Si l'éducation, selon la célèbre formule de Freud, est une « tâche impossible »[48], la pédagogie, elle, est une entreprise intrinsèquement perverse... plus perverse encore qu'on ne l'a dit puisque la contemplation de sa perversité serait une sorte de jouissance ultime pour le pédagogue, un moyen de récupérer pour lui, *in fine*, toute l'opération en regardant son échec inéluctable comme la preuve de la qualité de son sacrifice. On ferait donc son bonheur en savourant son propre malheur et, surtout, en condamnant les autres au mimétisme absolu ou à la violence aveugle. La seule issue serait alors dans une sorte d'abstention éducative totale, une disparition qui ne soit pas une manière d'exalter sa propre présence, une disparition discrète derrière les savoirs à enseigner. C'est là, on le sait, la position d'Hannah Arendt : « Le rôle de l'école est d'apprendre aux enfants ce qu'est le monde, et non pas de leur inculquer l'art de vivre. »[49] Dans cette perspective, il conviendrait d'éviter définitivement les contorsions pédagogiques et le paradoxe permanent de l'injonction à la liberté, pour assurer sereinement une transmission des savoirs, sans états d'âme inutiles ; seule cette transmission garantirait la possibilité de l'émergence d'une liberté[50].

---

47. C'est là une des critiques les plus importantes qu'Hannah Arendt fait à la pédagogie: « Au lieu de se joindre à ses semblables en s'efforçant d'agir par persuasion et en courant le risque d'échouer, on intervient d'une façon dictatoriale sur les enfants, qui se fonde sur la supériorité de l'adulte, et on essaie de mettre en place le nouveau comme un fait accompli, c'est-à-dire comme s'il existait déjà » (*La crise de la culture,* Folio-Essais, Paris, 1989, page 227).

48. « Il semble que la psychanalyse soit la troisième de ces professions impossibles où l'on peut d'avance être sûr d'échouer, les deux autres, depuis bien plus longtemps connues, étant l'art d'éduquer et l'art de gouverner » (« Analyse terminée et analyse interminable », *Revue française de psychologie,* tome XI, n° 1, 1939, page 33).

49. *Op. cit.*, page 250.

50. C'est là la position reprise de manière systématique par de nombreux auteurs aujourd'hui. Ainsi, Alain Finkielkraut déclare-t-il que les pédagogues ont peur de l'autorité et n'assument pas le monde dans lequel ils accueillent les enfants ; refusant d'enseigner, ils croient éduquer alors qu'ils ne font que conditionner à une idéologie (« Entretien avec Alain Finkielkraut aux journées du Carrefour A.E.M.O. de Toulouse », document polycopié).

Le recentrage de la pédagogie sur les apprentissages

Mais, peut-on s'en sortir aussi facilement ? Le pédagogue peut-il s'effacer derrière l'enseignant et « présenter le monde » avec cette belle objectivité qui préserve totalement la liberté de l'enfant et le conduit jusqu'au jour où celui-ci entre dans « le monde » et décide de l'assumer ou de le transformer ? Qu'est-ce que « le monde » ? Où est-il « le monde » ? Dans les disciplines scolaires ? Dans les programmes d'enseignement ? Dans les manuels ? Il n'y a donc rien d'autre dans « le monde » ? Et ce que l'on décide de présenter à l'enfant, est-ce vraiment « le monde » ? Pourquoi lui présenter la géographie et non l'astronomie ? La première est-elle plus constitutive du « monde » que la seconde ? Et la manière de présenter ce « monde », est-elle elle-même dictée par « le monde » ? Pourquoi « le monde » serait-il mieux présenté par un cours magistral que par une situation-problème ? Parce que le cours magistral assume l'autorité de l'adulte de manière claire, tandis que la situation-problème fait croire à l'enfant qu'il découvre lui-même ce qui a été, en réalité, placé sur son chemin ? Parce que le cours magistral donne prise à l'enfant qui peut le refuser, alors que la situation-problème, en se faisant passer pour non-directive, désamorce toute critique ?

Il faut être juste : certaines « méthodes actives » ont bien été présentées comme des sortes de « gymnastiques expiatoires » par lesquelles l'adulte se dénie toute compétence particulière et laisse abusivement l'enfant croire à sa propre autonomie. Mais il faut être équitable : la plupart des pédagogues n'en sont plus là... Et l'on peut même considérer que s'il y a un concept qui, en dépit de ses déformations inévitables, a accompli une « percée » significative dans le champ de l'École, c'est bien celui d'« objectif »[51]. Arrivé des États-Unis et du Canada, il s'est progressivement imposé jusque dans les textes officiels et a permis la construction de nombreux référentiels, en particulier dans l'enseignement technique. Peu nous importe ici les débats théoriques sur cette notion d'« objectif », sur laquelle nous reviendrons plus tard ; mais nous voudrions souligner à quel point son usage, même maladroit, est infiniment plus clarificateur du rapport pédagogique que l'emploi systématique de la magistralité. En nommant le résultat attendu, en disant précisément aux élèves ce que l'on attend d'eux et sur quoi ils seront évalués, on leur présente bien plus « le monde » qu'en s'adonnant à de longs discours qu'ils ne décodent qu'avec difficulté et dans lesquels ils cherchent, pour les meilleurs, non ce qui est important mais ce qui leur permet d'obtenir de bons résultats scolaires.

De plus, l'annonce des objectifs permet au maître de briser cette identification entre sa personne et le savoir, source de tant de malentendus :

---

51. Sur cette notion, il faut, bien évidemment, lire l'ouvrage de Daniel HAMELINE, *Les objectifs pédagogiques* (ESF éditeur, Paris, 9e édition, 1991).

car, quand l'enseignant « est » le savoir, quand il entretient avec lui un rapport direct au point que la moindre question est une complète remise en question de sa personne, l'élève n'a d'autre choix que de s'identifier au maître pour apprendre ou de le rejeter et de se condamner ainsi à l'ignorance. En revanche, quand le maître parvient à donner au travail qu'il mène avec ses élèves un objectif – à la formulation inévitablement approximative et provisoire –, quand il peut annoncer cet objectif et se situer ainsi, sans rien renier de ses propres compétences, en extériorité par rapport à son propre savoir, alors il a des chances de donner à l'autre un savoir à conquérir et à partager, un savoir que l'on peut s'approprier grâce au maître mais en se dégageant de lui. Nommer le résultat attendu, dire à quoi l'on veut parvenir ensemble est alors une sorte d'hygiène pédagogique minimale par laquelle l'enseignant se constitue comme médiateur : il se reconnaît ainsi à la fois compétent et désirant ; il se place dans un rapport au savoir tel que ses angoisses et ses obsessions, ses enthousiasmes et ses agacements peuvent être compris en référence à l'objectif poursuivi et non interprétés systématiquement comme des marques d'affection ou des signes d'agression. Il est alors un être qui mène à quelque chose de l'ordre de la vérité[52], si l'on veut bien considérer que le chemin de la vérité est celui qui permet d'échapper aux captures par l'imaginaire de l'autre et de nous-même, un chemin qui nous délivre ainsi, au moins partiellement, des marécages de la folie[53].

Le vrai problème, alors, n'est pas de chercher à suspendre l'influence du maître ; le problème est de permettre à l'élève de s'en dégager. Et la différence n'est pas mince. Elle nous engage, en particulier, à ne pas discréditer *a priori* tout effort pédagogique sous prétexte qu'il serait une tentative de séduction. Elle nous invite aussi à identifier les médiations qui permettent aux éducateurs et aux élèves de ne pas basculer dans la dialectique infernale de la fascination et de la répulsion. Car il est vain de vouloir échapper à la séduction, tant celle-ci peut prendre des formes diverses et presque indiscernables, mais il est absolument indispensable, dans l'enseignement, de s'échapper de la séduction et d'identifier ce que l'on a appris en prenant ses distances avec celui qui vous l'a appris. Il faut se défaire de ces relents de culpabilité janséniste qui nous font voir dans tout plaisir – y compris le plaisir d'apprendre – un péché ; mais il faut savoir

---

52. André COMTE-SPONVILLE distingue ainsi la vérité et le savoir. La vérité existerait en dehors des personnes (même quand on ne le savait pas, la terre tournait autour du soleil) et l'homme ne construirait que des savoirs qui tendraient progressivement à se rapprocher de la vérité (*Une éducation philosophique*, Gallimard, Paris, 1990, en particulier page 163).

53. Jean OURY développe particulièrement bien ce point dans son ouvrage *Onze heures du soir à La Borde* (Galilée, Paris, 1980). Il explique ainsi que « le professeur est dans la folie quand il se croit le savoir incarné »... « Alors, quand il trébuche c'est le savoir qui va tomber avec lui, et le savoir ça ne se ramasse pas. C'est dire qu'il va se ramasser tout seul, lui, professeur, privé du savoir qu'il a laissé chuter comme ça, sous ses pieds... » (page 340).

que la relation pédagogique n'a pas le plaisir pour objectif mais bien l'apprentissage.

Ainsi, si l'on veut éviter ces aspirations fusionnelles qui s'emparent parfois d'expériences pédagogiques, si l'on cherche à sortir du paradoxe de l'injonction à la liberté, du charisme de l'éducateur qui impose ses choix idéologiques en prétendant former à l'autonomie, il est nécessaire de recentrer la réflexion pédagogique sur les apprentissages ; il est indispensable de mettre en place des dispositifs permettant aux élèves de savoir ce qu'ils apprennent et de pouvoir nommer ce qu'ils savent[54], il est essentiel de travailler à créer les conditions pour que des apprentissages donnés puissent être réinvestis ailleurs que dans les situations de formation. Il faut donc, en d'autres termes, travailler à mettre en place des « médiations » par lesquelles le sujet puisse, tout à la fois, entendre celui qui lui enseigne et se dégager de lui[55]. Or, précisément, ce sont là les pistes de travail sur lesquelles aujourd'hui la pédagogie se penche tout particulièrement.

---

54. C'est là le projet de ce que l'on nomme « l'évaluation formatrice » et qui est développé par Georgette Nunziati (« Pour construire un dispositif d'évaluation formatrice », Cahiers pédagogiques, n° 280, janvier 1990, pages 48 à 64).

55. Philippe Meirieu a présenté cette notion et l'a développée dans *Le choix d'éduquer* (ESF éditeur, Paris, 2e édition).

Allégation n° 4 : La pédagogie sous-estime la dimension culturelle et la fonction politique de l'École.

On ne peut donc guère aujourd'hui, sauf à être véritablement mal informé, accuser la pédagogie de ne pas s'intéresser aux problèmes de l'apprentissage ; l'analyse des publications de ces dernières années et de leur impact auprès des enseignants[56], le développement des travaux en didactiques des disciplines, le succès des formations qui abordent ces problèmes, sont autant d'indicateurs particulièrement significatifs. Cela aurait dû rassurer ceux qui s'inquiètent de voir l'enseignement réduit à une approche en termes de psychologie clinique, ceux qui craignent que la pédagogie privilégie systématiquement le rapport duel au détriment de la transmission culturelle[57]. Or, de toute évidence, cela n'est pas le cas. Faut-il alors accuser nos adversaires de mauvaise foi ? Nous ne le croyons pas. Nous pensons même que l'insistance actuelle de la pédagogie sur les questions de l'apprentissage légitime d'une certaine manière le soupçon qui pèse sur elle.

Ce soupçon est, en tout cas, particulièrement compréhensible quand il émane des philosophes, les adversaires les plus acharnés du « pédagogisme ». Le terme « apprentissage », d'ailleurs, pas plus que le verbe « apprendre », ne figure dans le Lalande[58] ; on n'y trouve que le terme « appréhension » référé directement à la pensée scolastique. Car les philo-

---

56. Une enquête de l'I.N.R.P. auprès des formateurs d'enseignants, des étudiants inscrits en Sciences de l'Éducation, des enseignants associés à l'I.N.R.P. et de ceux qui fréquentent les universités d'été, fait apparaître que, dans tous les cas, le thème des apprentissages occupe la première place dans la hiérarchie de leurs préoccupations ; les auteurs cités, dans ce cadre, sont Philippe MEIRIEU, Antoine de La GARANDERIE, Daniel HAMELINE, Britt-Mari BARTH... Les approches psychanalytiques, sociologiques ou politiques arrivent très loin derrière (Christiane ETEVE, Jean HASSENDORFER, Odile LAMBERT-CHESNOT, *Pour une « bibliothèque idéale » des enseignants,* I.N.R.P., Paris, 1990).

57. C'est le cas de Guy COQ qui, dans un article de la Revue Esprit intitulé « Les impasses de la raison pédagogiste » (décembre 1991, pages 158 à 166), écrit : « Quand l'éducation se limite à la relation duelle, elle sombre dans les perversions que sont fascination, séduction, excès de pouvoir. (...) La tâche décisive à laquelle est vouée l'éducation est bien définie par deux finalités : devenir soi dans et par une culture. C'est seulement dans cette double finalité que le mot éducation cesse de s'appauvrir en de simples conditionnements. Dira-t-on : « Oui, il y a des contenus ! » Là est l'usure inacceptable des mots. Une culture, ce ne sont pas des contenus. Ce terme désigne exactement ce qu'il reste quand la notion de culture a été brisée. » (page 162).

58. Le « Lalande » est le *Vocabulaire technique et critique de la Philosophie,* rédigé sous la direction d'André LALANDE, amandé par la Société Française de Philosophie, édité pour la première fois en 1926 et sans cesse réédité depuis (P.U.F., Paris).

sophes, on le sait bien, préfèrent les « théories de la connaissance » aux « théories de l'apprentissage » ; ils s'intéressent à ce qui permet de connaître le vrai plutôt qu'aux histoires individuelles par lesquelles chacun y accède. Si l'esclave du *Ménon* se contente, dans son dialogue avec Socrate, de formules d'assentiment, c'est que, peut-être, l'important est qu'il reconnaisse comme vrai ce que dit le maître et non qu'il construise un savoir selon un cheminement qui lui serait propre. Comment peut s'opérer cette « reconnaissance » ? On sait que l'originalité de la « solution » platonicienne est d'en faire une « réminiscence »... On connaît aussi d'autres « solutions » dans l'histoire de la philosophie. Toutes s'efforcent de fonder le rapport au vrai ailleurs que dans un apprentissage toujours suspecté de privilégier le processus au détriment du produit, de négliger les valeurs de vérité au nom du primat du « sujet apprenant ».

Avouons que le problème est difficile et qu'il serait bien présomptueux de prétendre le régler ici en quelques lignes. Peut-on réconcilier le souci du vrai et celui de la personne qui y accède[59] ? Peut-on assumer à la fois, d'une part, l'impérieuse nécessité philosophique de fonder la valeur du connaître et d'assigner les limites à notre connaissance, et, d'autre part, le projet pédagogique de travailler à faciliter la transmission localisée de connaissances déterminées ? N'y a-t-il pas dans la philosophie et ce qu'elle nous enseigne quelque chose comme une irréductibilité de la question et dans la pédagogie quelque chose comme l'impossibilité de traiter d'autre chose que de réponses ? Comment faire cohabiter une intention qui ne trouve son sens qu'à l'épreuve de l'absolu et des activités qui travaillent nécessairement dans le relatif ? Y a-t-il compatibilité entre une exigence et des procédés, une exigence qui renvoie à l'adhésion personnelle et des procédés dont l'existence laisse supposer que l'on peut conduire n'importe qui n'importe où ? N'y a-t-il pas une rupture radicale entre tout ce qui est du registre de l'accompagnement – les mauvaises langues parleront de « mise en condition » – et ce qui reste du registre de la prise de position – que les mauvaises langues mettront sur le compte d'une complicité culturelle avec le maître ? En d'autres termes, à trop insister sur les apprentissages et la genèse des savoirs, la pédagogie n'est-elle pas amenée *de facto* à se couper de la possibilité de penser la fonction essentielle de la culture en tant que celle-ci est adhésion à une collectivité qui se pense elle-même dans sa globalité, assume son passé, désigne les œuvres où elle se reconnaît, définit les valeurs qu'elle se donne ? Les travaux sur les apprentissages ne nous mènent-ils pas à l'atomisation de la culture elle-même et la pédagogie, en ce sens, ne participe-t-elle pas à cette « crise de la culture » que, depuis Hannah Arendt, chacun s'accorde à reconnaître ?

---

59. Ou, en d'autres termes, comme l'explique bien Jean-Pierre Astolfi, il s'agit de savoir comment résoudre la contradiction fondamentale de l'apprentissage qui fait de l'élève « le centre incontournable d'un savoir qui lui est radicalement hétérogène » (« L'émergence de la didactique de la biologie », Revue *Aster,* n° 11, I.N.R.P., Paris, 1990, page 203).

Unifier ou individualiser ?

Avouons que l'inquiétude est légitime. Avouons aussi qu'elle est particulièrement forte au regard de l'histoire de l'institution scolaire française et de ses rapports avec la République. Le projet de l'École républicaine, en effet, tel que Condorcet a pu le formaliser, est bien d'« offrir à tous les individus de l'espèce humaine les moyens de pourvoir à leurs besoins, d'assurer leur bien-être, de connaître et d'exercer leurs droits, d'entendre et de remplir leurs devoirs » ; mais elle est aussi d'« assurer à chacun la facilité de perfectionner son industrie, de se rendre capable des fonctions sociales auxquelles il a droit d'être appelé, de développer toute l'étendue des talents qu'il a reçus de la nature ; et, par là, établir entre les citoyens une égalité de fait, et rendre réelle l'égalité politique reconnue par la loi[60] ». Ainsi, dans la perspective ouverte par Les Lumières, la Révolution française insiste sur le fait que l'instruction est la condition absolue de l'exercice de la liberté et de la citoyenneté ; l'ignorance, dit-on, fait le lit des tyrans et la connaissance permet de déjouer les manipulations des politiques démagogues. L'instruction doit donc développer la lucidité et l'esprit critique, mais elle doit aussi donner à chacun les moyens de s'exprimer dans sa compétence propre : elle a ainsi une fonction que l'on pourrait définir comme d'« individualisation ». Mais, simultanément, et pour des raisons historiques que l'on comprend bien, le projet de l'École républicaine est un projet d'« unification ». Sur ce point, d'ailleurs, Robespierre est plus clair que Condorcet : « Ainsi, depuis cinq ans jusqu'à douze, tout ce qui doit composer la République sera jeté dans un moule républicain. Là, traités tous également, nourris également, vêtus également, enseignés également, l'égalité sera pour les jeunes élèves non une spécieuse théorie mais une pratique continuellement effective[61]. » Il s'agit de réaliser l'unité nationale en s'opposant à tous les particularismes, qu'ils soient linguistiques, culturels, religieux, familiaux ou corporatistes[62].

---

60. « Rapport et projet de décret sur l'organisation générale de l'instruction publique » (20 avril 1792), cité dans *La République et l'école* (sous la direction de Charles COUTEL, Agora, Presses-Pocket, Paris, 1991).

61. Cette citation de ROBESPIERRE est utilisée dans l'ouvrage coordonné par B. PIERRE-HUMBERT, *L'échec à l'école, échec de l'école* (Delachaux et Niestlé, Neuchâtel et Paris, 1992, page 11) pour souligner le projet de « suppression des différences » de l'idéal républicain auquel va s'opposer une « revendication du droit à la différence » qui s'exprime dans l'ouvrage par la voie d'Edouard CLAPARÈDE.

62. Cette double vocation de l'école républicaine est soulignée par de nombreux auteurs ; voir, parmi eux, les articles de Claude DURAND-PRINBORGNE dans le n° 249 des *Cahiers français* consacré au système éducatif (janvier-février 1991), pages 3 à 8 : « La citoyenneté, la Nation, le code civil, l'armée et l'école ont été des facteurs d'unification nationale. (...) Il est donc parfaitement compréhensible qu'en première analyse, l'obligation faite à l'école de respecter les différences apparaisse comme contradictoire avec sa mission d'intégration. » (page 8).

D'entrée de jeu, l'École de la République est donc porteuse d'une double mission impossible : unifier et différencier, éradiquer les différences et permettre l'expression de chacun[63]. Cette double mission va, sans aucun doute, se manifester par des tensions importantes mais celles-ci vont progressivement s'estomper dans l'opinion, d'une part parce que des mécanismes différenciateurs vont continuer à exister en dehors de l'École républicaine, paraissant laisser à celle-ci sa seule mission unificatrice[64], d'autre part parce que l'exercice de cette mission trouve un appui important dans une conception de la culture très largement dominante chez les intellectuels et que Catherine Kintzler résume bien dans l'expression suivante : « Pour s'intégrer à l'humanité, il faut s'arracher un moment à la société[65]. » Dans cette perspective, la mission de l'École n'est pas de s'attacher aux différences, de valoriser les personnes dans leur singularité psychologique, culturelle ou sociale ; elle est de traiter tous les élèves comme des « sujets de droit », capables d'accéder à une raison universelle qui les délivre de la préoccupation d'eux-mêmes, de leurs intérêts particuliers, de leurs problèmes personnels ou sociaux. Or, si l'on continue dans cette logique jusqu'au bout, il est clair que la notion d'apprentissage devient un obstacle puisque, par définition, elle impose la prise en compte des parcours individuels ; seul est légitime l'enseignement et l'« enseignement encyclopédique » tout particulièrement, celui qui « extrait » les savoirs des conjonctures particulières pour les présenter selon l'« ordre des raisons ». En ce sens, il est vain de critiquer l'encyclopédisme comme une perversion de l'« enseignement traditionnel » sans voir que cet encyclopédisme est particulièrement cohérent avec une conception universaliste de la culture, elle-même articulée à une conception très précise des rapports de l'École et de l'État. Si l'on charge l'École de réaliser l'unité nationale autour d'une « culture universelle », on a parfaitement le droit de croire que toute attention à la personne de l'élève dans son individualité apprenante est une atteinte à l'intégrité de l'État[66]. Si l'on croit que, en partant de ce que l'élève

---

63. Christian Nique montre très bien cette difficulté dans son très intéressant ouvrage sur l'histoire des écoles normales d'instituteurs, *L'impossible gouvernement des esprits* (Nathan, Paris, 1992).

64. Ces mécanismes différenciateurs comportent, bien sûr, l'enseignement privé mais aussi toute une série de transmissions culturelles et matérielles qui s'effectuent par la médiation des familles, des classes sociales, des localisations territoriales.

65. « Aux fondements de la laïcité scolaire », Revue *Les temps modernes,* juin 1990, repris dans *La République et l'école* (*op. cit.*, pages 228 à 238, page 234).

66. Ainsi, Bernard Bourgeois dénonce-t-il le « pédagogisme » qu'il décrit comme une « idéologie du mépris » : « mépris du savoir en son contenu objectif exigeant, mépris des disciplines, et, par là-même mépris du maître dont elles fondent l'autorité ». Il souligne que « si l'École est liée de fait intimement à la société, ce lien doit d'abord être négatif »... tenir compte des élèves tels qu'ils sont revient, à ses yeux, à les mépriser. Le projet de l'École Républicaine est bien de suspendre l'ordre social et personnel dans la classe pour s'adonner à une distribution strictement égalitaire des savoirs (*Libération,* 20 mars 1992).

sait déjà, de ses intérêts et de ses désirs, et quoique l'on proteste par ailleurs d'une volonté de le faire évoluer, on entérine *de facto* ce qu'il conviendrait de nier, rien ne s'oppose à ce que l'on se détermine pour un enseignement qui soit simplement chargé de mettre en scène le savoir encyclopédique[67]. Et, s'il en est ainsi, on peut effectivement dire que la pédagogie, en insistant toujours sur les apprentissages, sous-estime la fonction culturelle, et donc politique de l'École.

Unifier et individualiser

Mais peut-on vraiment en rester là ? Peut-on accepter l'idée qu'il puisse exister des modalités d'enseignement qui ne s'adressent qu'aux « sujets de droit » et imposent aux élèves de laisser à la porte de la classe toute appartenance et toute adhérence au particulier[68] ? Certes, nous comprenons bien que l'enseignant soit tenté parfois par cette situation idéale : c'est que, tous les jours, à chaque instant presque, il sent la résistance de ses

67. Certes, Catherine Kintzler admet que le savoir encyclopédique est une reconstruction *a posteriori* et qu'il ne doit pas être confondu avec le « savoir en acte, celui qui se construit avec des obstacles et des ruptures », mais elle ajoute que « le savoir scolaire doit prendre modèle sur le dispositif encyclopédique issu de l'ordre cartésien des raisons »... tout en disant : « Il s'en inspire, mais il ne lui est pas identique ». En quoi le savoir scolaire est-il différent ? En ce qu'il tient compte de l'âge de l'enfant et s'efforce d'aller du plus simple au plus complexe. Mais, ajoute-t-elle, « les éléments varient en degré selon l'âge et le niveau, ils ne peuvent varier en nature, sous prétexte de s'adapter à la « psychologie de l'enfant » : la raison de l'enfant est homogène à celle de l'adulte » (« Eléments », texte d'une note dans le premier volume des *Écrits de Condorcet sur l'instruction publique,* Edilig, Paris, 1989, pages 253 à 256). L'encyclopédisme et l'ordre des raisons restent bien le principe organisateur du savoir scolaire ; la situation scolaire présente simplement une « miniaturisation » (« une scène d'exposition », dit C. Kintzler), elle ne peut être organisée autour du « savoir en actes ».

68. Ce serait, d'ailleurs, une grossière erreur que de considérer que les grands fondateurs de l'École Républicaine s'en sont tenus à des considérations aussi négatives sur la pédagogie. Jacques Georges rappelle, dans un éditorial des *Cahiers pédagogiques* (n° 302, mars 1992), que le député Challamet, auteur du projet de l'École Normale Supérieure de Fontenay réalisé par Jules Ferry, est aussi l'auteur d'un vibrant hommage à la pédagogie ; il cite un texte superbe de Breal, nommé à Fontenay par Jules Ferry, et qui déclare : « Dans les pays où l'enseignement est ce qu'il doit être, les questions de direction et de méthodes sont jugées les plus importantes de toutes et c'est au progrès de la science pédagogique qu'on y attribue, avec raison, les effets de plus en plus sensibles de l'instruction primaire. » Et, enfin, Ernest Lavisse dresse un programme étonnamment moderne des exigences de la formation des maîtres (très proche, au demeurant, du « Rapport Bancel ») qui se conclut ainsi : « L'éducation n'est pas une chose en soi, identique à elle-même toujours, et les pédagogues abstraits et théoriques, qui légifèrent pour les âmes idéales, lesquelles ne se rencontrent jamais nulle part, sont de beaux mais inutiles personnages »... Puisse-t-il être entendu aujourd'hui par ceux qui nous exhortent à ne considérer l'élève que comme un « sujet de droit » !

élèves ; il perçoit à quel point ce qu'il dit et ce qu'il fait entrent en contradiction avec ce qu'ils sont ; il est frappé du caractère dérisoire de ces situations dans lesquelles il s'efforce de révéler les enjeux d'une culture universelle pendant que ses élèves songent à leur petite amie ou au prochain épisode d'un feuilleton télévisé. Grande alors est la tentation de proclamer l'abolition de droit de toutes ces appartenances et adhérences. On ne parle plus, à ce moment-là, qu'à un « sujet de droit » que l'on exhorte à l'exercice de la raison... Mais rien n'est plus abstrait que cette réduction. On isole artificiellement une fonction chez un individu, en faisant comme si elle pouvait « tourner à vide ». On frappe d'interdit toutes préoccupations de contexte alors qu'il faudrait précisément apprendre à exercer sa raison sur elles. Paul Ricœur nomme cela une « stratégie d'épuration » qui prolonge, explique-t-il, la théorie kantienne en affirmant la nécessité pour le sujet de se défaire de toute inclination afin d'accéder à l'exercice de la raison. Et Ricœur montre très bien que, dans la réalité, il n'existe aucune argumentation qui ne soit associée à un contexte précis et enserrée dans une conviction ; de plus, dit-il, toute argumentation utilise des jeux de langage dont on ne peut que très difficilement la dégager ; et il ajoute : « L'argumentation ne se pose pas seulement comme antagoniste de la tradition et de la convention, mais comme instance critique opérant au sein de convictions qu'elle a pour tâche, non d'éliminer, mais de porter au rang de « convictions bien pesées » dans ce que Rawls appelle un équilibre réfléchi[69]. ». Il en est de même, pensons-nous, de l'activité pédagogique : elle ne peut nier les contextes et les conditionnements, les problèmes personnels et sociaux des élèves, leurs représentations des savoirs ; on doit, bien plutôt, permettre à la raison de s'exercer sur cet ensemble d'éléments, permettre à l'intelligence de les comprendre et à la liberté de décider s'il convient de les assumer ou de lutter contre eux[70]. Si l'on s'en tient, au contraire, à des énoncés formels, volontairement déconnectés des préoccupations et des réalités des élèves, au mieux, on forme chez eux quelques capacités argumentaires qui les aideront le jour de l'examen sans jamais leur permettre d'interroger leur expérience ; au pis, on laisse jouer massivement la complicité sociale en favorisant les élèves pour lesquels le plaisir esthétique et la satisfaction de « se distinguer » sont les moteurs principaux de l'activité scolaire[71].

---

69. *Soi-même comme un autre,* Seuil, Paris, 1990, page 334.

70. C'est ce que Jean Bauberot nomme « une laïcité délibératrice » qui, ayant dépassé les vieux clivages, permet la confrontation progressive des hommes et des cultures (*Vers un nouveau pacte laïc,* Seuil, Paris, 1991).

71. Bernard Charlot, commentant une série d'études sur les mathématiques, souligne que « dans les classes populaires, le savoir est valorisé en tant qu'il permet de répondre à des questions utiles, de résoudre des problèmes qui ont un sens précis, d'améliorer des pratiques effectives : le savoir vaut en tant qu'instrument. (...) Pour la bourgeoisie, au contraire, le savoir est valorisé en tant qu'il permet ce que Bourdieu appelle la distinction, c'est-à-dire en tant qu'il me place au-dessus des autres : le savoir vaut en tant que signe

Nous avons bien conscience que notre discours, s'il s'arrêtait là, pourrait apparaître extrêmement relativiste : on glisse facilement de la prise en compte des contextes à la rétention de chacun dans son contexte, du droit à la différence au culte de la différence, du refus d'imposer une culture universelle formelle à la négation de l'existence de cette culture[72]. Or la pédagogie, en elle-même, ne nous paraît pas contraindre à de tels glissements. Elle ne nie aucunement que toute culture s'inscrive dans un projet d'universalité ; elle sait parfaitement que, sans cet horizon d'universalité entre les hommes et les peuples, nous serions condamnés à la loi de la jungle et finirions dans la barbarie. Nuls plus que les pédagogues n'ont été sensibles à cette dimension-là, même quand, comme Édouard Claparède, ils s'étaient faits les chantres de la prise en compte des différences[73]. Ce que souligne la pédagogie, ce qu'elle manifeste à travers toutes ses tentatives, c'est le caractère modeste de l'universalité pour autant qu'elle assume le statut de l'humain. Que veut-on dire, en effet, quand on affirme qu'il faut transmettre aux enfants les grands acquis de la « culture universelle » ? Veut-on indiquer par là qu'il existe des auteurs et des œuvres qui ont été définis une bonne fois pour toutes comme ayant valeur universelle et que c'est cela qu'il faut imposer aux élèves quoi qu'il en coûte ? Ou bien veut-on dire que c'est au pédagogue, par son action pédagogique, par son inventivité didactique, à tenter de faire partager la valeur de certaines œuvres, l'émotion, la joie, la lucidité qu'elles procurent... et à établir, par là, leur valeur universelle ? Veut-on soumettre les autres à un universel défini *a priori* ou soumettre aux autres ce que l'on estime pouvoir être universel, pour en vérifier précisément la portée par notre capacité à le faire partager ? Victor Hugo a-t-il une portée universelle parce que son nom figure dans les manuels, les anthologies et les encyclopédies... ou son nom y figure-t-il parce que, précisément, des pédagogues ont su faire partager les valeurs dont ses œuvres sont porteuses ?

---

social. Dès lors, il ne suffit pas de savoir, il faut aussi savoir plus, mieux et autrement que les autres, et surtout il faut savoir montrer que l'on sait » (*Faire des mathématiques : le plaisir du sens,* Rudolf Bkouche, Bernard Charlot, Nicolas Rouche, Armand Colin, Paris, 1991, page 236). Dans cette perspective, le « sujet de droit » de l'École républicaine est bien, en réalité, un « sujet de fait ».

72. C'est le procès que Martine Verlhac fait à Philippe Meirieu dans l'ouvrage déjà cité *Main basse sur l'éducation* (page 64).

73. Édouard Claparède, l'auteur de la célèbre formule « l'école sur mesure » (qui lui fournira le titre d'un livre paru en 1921), défenseur acharné de l'individualisation de l'enseignement, est aussi l'auteur d'un ouvrage intitulé *Morale et politique ou les vacances de la probité* (La Baconnière, Neuchâtel, 1947) où il affirme : « Tandis que la doctrine de la Force est fondée sur l'affirmation inconditionnée du Moi, et pousse constamment à l'extension de sa puissance – puissance personnelle (égoïsme), ou puissance symbolisée dans celle de l'extension de la collectivité (égoïsme sacré, impérialisme), – la doctrine de l'Esprit, au contraire, expose constamment le Moi à une limitation de sa puissance : limitation dans l'ordre intellectuel, c'est la Vérité, limitation en faveur de la puissance des autres, c'est le Droit » (pages 24 et 25).

L'universel ne préexiste pas à l'Éducation, mais c'est bien l'Éducation qui permet de construire l'universel. C'est pourquoi l'instituteur de banlieue, le professeur de collège, quand ils réussissent, à force de travail pédagogique, à force de chercher des moyens de toutes sortes pour faire découvrir à leurs élèves le plaisir qu'il y a à comprendre comment fonctionne le système solaire, la joie que l'on éprouve quand on peut communiquer vraiment par l'écriture, le bonheur que l'on ressent à se « retrouver » dans un poème de Rimbaud, sont de véritables « constructeurs d'universalité »... tout autant que le professeur de philosophie des classes préparatoires aux grandes écoles ou le professeur de littérature ancienne au Collège de France ! En ce sens, la « pédagogie » et l'« universalité de la culture » sont profondément solidaires : seule la première peut empêcher que la seconde se mue en imposition de contenus culturels à des sujets réduits à l'acceptation ou au rejet aveugles. La pédagogie, en d'autres termes, c'est bien l'« universel en actes », mais un « universel modeste », se construisant en permanence par l'interpellation de la liberté d'autrui... car toute Éducation qui cherche à imposer des valeurs les discrédite dans la mesure, précisément, où elle avoue par là son incapacité à susciter l'adhésion de l'autre.

Ainsi, peuvent s'articuler les deux vocations premières de l'École républicaine : d'une part, unifier et permettre l'accès de tous à un horizon d'universalité, d'autre part, différencier en reconnaissant chacun dans son identité. Unifier pour que la reconnaissance des différences ne se transforme pas en résignation aux séparations, différencier pour que l'unification nécessaire ne dérive pas vers quelque forme sournoise de colonialisme. Unifier et différencier : deux tâches apparemment inconciliables et contradictoires mais dont la contradiction se dénoue dès lors que l'on quitte les débats théoriques pour s'engager dans l'action éducative[74]. A notre sens, même, « le pédagogique » pourrait bien être défini ici comme l'effort des hommes pour surmonter dans leur histoire cette contradiction, pour concilier le projet de vivre ensemble avec celui de vivre avec, l'unité de l'ordre social nécessaire à sa reproduction et la diversité des hommes nécessaire à leur survie. C'est pourquoi nous ne pouvons que souscrire à la belle formule d'Olivier Reboul et plaider, comme lui, pour une « éducation de la rencontre ; par et pour la rencontre[75] ». Pourquoi éduquons-nous nos enfants ? Et si c'était simplement pour ne pas mourir solitaires ?

---

74. C'est l'hypothèse que développe très bien Michel SOETARD en décrivant et analysant l'œuvre de PESTALOZZI : *Pestalozzi ou la naissance de l'éducateur* (Peter Lang, Berne et Francfort, 1981).

75. Ainsi, explique Olivier REBOUL, « on admettra que la rencontre met en jeu d'autres valeurs que celles que chacun doit à sa tradition, d'autres valeurs comme l'honnêteté envers quiconque. On admettra surtout que la rencontre elle-même est une valeur, car par elle la conscience morale devient réellement une conscience, par elle on accède à l'universel » (« Nos valeurs sont-elles universelles ? », *Revue française de pédagogie*, n° 97, octobre-novembre-décembre 1991, pages 5 à 11, page 11).

Allégation n° 5 : La pédagogie est source d'illusions ; en laissant supposer que tout échec est dépassable, elle nie le principe de réalité.

Peu de temps après les événements de Mai 1968, deux psychanalystes publiaient, sous un pseudonyme, une analyse sans concession de la crise étudiante et, plus généralement, de la contestation adolescente[76]. A leurs yeux, les contestataires de mai étaient particulièrement représentatifs d'une attitude de fuite devant le réel, d'un « évitement de l'Œdipe » abolissant par magie l'« ordre du père » et tout ce qui s'y rattachait, pour vivre, à l'écart des adultes, une relation imaginaire d'égalité ; ils étaient ainsi condamnés à traîner de fausses fêtes en vrais psychodrames, incapables de créer quoi que ce soit de nouveau : « Le vrai révolutionnaire incorpore le passé, c'est-à-dire l'univers parental, et le dépasse. Le contestataire, lui, se coupe de toute racine et ne peut que créer des œuvres inauthentiques. Le nouveau n'est véritablement nouveau que lorsqu'il contient l'ancien et le dépasse[77]. » Avec le recul, cette analyse apparaît étrangement prophétique, tant la description faite ici des contestataires est proche de ce qui sert à discréditer aujourd'hui la pédagogie dans les discours de ses adversaires.

Et il est vrai que les pédagogues peuvent parfois prêter le flanc à ce type de critiques ; on n'a pas manqué d'ailleurs, en leur propre sein, de le leur faire remarquer très tôt, dénonçant les illusions de ce déni de paternité qui autorise, en réalité, de graves manipulations psychologiques[78]. Mais ce qui n'était qu'un reproche interne, une sorte de dénonciation amicale de ceux qui se savaient menacés par les mêmes dérives, est devenu maintenant un argumentaire implacable : il y aurait ainsi, dans le projet pédagogique lui-même, une sorte de velléité adolescente, un obscur désir de nier l'existence du réel et de ses limites, de faire comme si tout était possible, si tous les obstacles pouvaient être levés avec de bons sentiments et quelques

76. *L'univers contestationnaire,* Petite Bibliothèque Payot, Paris, 1969.

77. Page 299.

78. Ainsi Janine Filloux dans *Le contrat pédagogique* (Dunod, Paris, 1974), J.P. Bijeault et C. Terrier dans *L'illusion psychanalytique en éducation* (PUF, Paris, 1978) ou M.C. Baietto dans *Le désir d'enseigner* (ESF éditeur, Paris).

outils[79]... Le pédagogue serait alors une sorte de « grand frère », s'alliant à ses élèves dans un enthousiasme naïf, les trompant plus ou moins délibérément sur leurs possibilités, toujours prêt à désigner un responsable dans l'institution quand il ne parvient pas à ses fins. D'abord étroitement circonscrit dans quelques enclaves « non directives », il aurait réussi aujourd'hui à s'allier une partie des parents d'élèves et même de l'administration de l'Éducation nationale, les convainquant que, selon la formule d'un célèbre animateur radiophonique, « il y a toujours quelque chose à faire » pour lutter contre l'échec scolaire.

Dans ces conditions, le politique lui-même se voit déchargé de ses responsabilités en matière sociale, dédouané de ses défaillances économiques, pardonné de ses réformes inefficaces et de sa gestion défaillante : si l'échec scolaire subsiste, c'est à cause de la résistance des enseignants à la pédagogie, de leur refus de se former et de travailler en équipe. Au passage, on peut récuser les exigences matérielles ou les minimiser ; on peut même faire apparaître les partenaires traditionnellement les plus agressifs sur ce plan comme d'obscurs conservateurs. Le tour de passe-passe est génial : ceux qui demandent des « moyens pour le changement » deviennent les adversaires du changement et ceux qui prétendent pouvoir agir sans en avoir les moyens deviennent les apôtres du « vrai changement ». Au total, cependant, tout le monde est floué, les élèves, les parents, la société tout entière, qui se retrouvent avec une sélection implacable et dont le retour sur terre est d'autant plus difficile que les illusions ont été plus grandes[80]...

Il faut bien reconnaître qu'une telle analyse n'est pas sans quelque pertinence et que les pédagogues auraient, sans doute, dû s'en inquiéter les premiers : les multiples soutiens et gages de sympathie à leur égard de la part de l'appareil de l'Éducation nationale, les emprunts systématiques à leur discours dans les textes les plus officiels, tout cela aurait dû les alerter... La surestimation du pédagogique a pu servir objectivement l'immobilisme institutionnel ou permettre d'esquiver certaines responsabilités ; elle a pu entretenir l'illusion d'un changement à faible coût et même contribuer à affaiblir les enseignants en les divisant aux yeux des parents entre « corporatistes » et « vrais pédagogues ». Elle a même pu permettre d'écarter d'intéressantes analyses et contribuer ainsi à entretenir, dans le public, de dangereuses illusions.

---

79. Or, cette attitude, si l'on en croit toujours certains psychanalystes, serait le contraire même de l'exigence éducative : ainsi, n'est-ce pas FREUD lui-même qui affirmait que « l'éducation peut être considérée sans hésitation comme stimulation à surmonter le principe de plaisir et à remplacer celui-ci par le principe de réalité » (« Formulations concernant les deux principes du fonctionnement psychique », texte non traduit à ce jour en français et cité par Mireille CIFALI dans *Freud pédagogue* ?, InterEditions, Paris, 1982, page 79).

80. C'est là ce qu'affirme Guy COQ dans l'article déjà cité sur « les impasses de la raison pédagogiste ».

Le pédagogique fait partie du « réel »

Mais, *a contrario,* la récusation de la pédagogie n'est-elle pas elle-même une grave illusion ? Quelle valeur peuvent avoir des analyses de l'École qui évacuent systématiquement tout ce qui se passe dans la classe ? Faut-il, pour récuser la toute-puissance du pédagogue, décréter son impuissance ? Et que signifie décréter l'impuissance de l'enseignant dès lors que sa seule présence devant des élèves est déjà une forme d'action ? N'est-ce pas le mettre à l'abri de toute interrogation critique, légitimer *a priori* tous ses actes et lui rendre, en réalité, une bien réelle toute-puissance ? Le paradoxe est à son comble, et pourtant bien réel : ceux qui dénoncent les illusions démiurgiques du pédagogue laissent, en réalité, le terrain libre aux enseignants « non pédagogues » qui, quoi qu'ils fassent, se trouvent mis à couvert. Alors que le véritable pédagogue connaît le caractère heuristique du pari de l'éducabilité, sait que son pouvoir est limité mais qu'il doit perpétuellement faire comme si tous ses élèves pouvaient réussir afin d'inventer des procédés didactiques toujours plus adaptés[81]... celui qui récuse la pédagogie se décrète impuissant pour mieux faire ce qu'il veut et ne rendre de compte à personne. Il procède en fait comme le politique qu'il dénonce : en projetant la responsabilité sur d'autres que lui, il préserve l'ordre établi et sa « liberté d'action » qui pourrait bien ressembler ici à la revendication de son irresponsabilité[82].

C'est pourquoi, en dépit des apparences, les véritables complices ne sont pas les pédagogues irresponsables et les politiques qui utilisent leur parti pris pédagogique pour se dénier toute responsabilité ; les véritables complices sont ceux qui, de tous les bords, investissent l'essentiel de leur énergie à se déclarer irresponsables pour pouvoir ensuite agir à leur guise. En revanche, les véritables alliés, ceux qui peuvent contribuer efficacement à la transformation du système éducatif, ce sont ceux qui s'interrogent, chacun à leur place, sur le pouvoir dont ils disposent et qui engagent entre eux une collaboration sur cette base. Contrairement à ce que l'on pourrait croire, aucun angélisme ne les habite ; ils savent bien qu'il n'y aura ni consensus immédiat, ni accord parfait, ni solution miracle. Ils savent même que ce n'est pas parce que l'on découvre un problème qu'il y a nécessairement un coupable et que ce n'est pas parce qu'on se trouve face à des difficultés pour le résoudre que l'on doit supposer l'existence d'un grand manipulateur qui a placé volontairement des embûches sur notre route. Ils ont compris que la réalité n'était pas à l'image de ces exercices de

---

81. Le sens du pari de l'éducabilité est développé par Philippe MEIRIEU dans son ouvrage *Le choix d'éduquer* (ESF éditeur, Paris, 2e édition, 1991).

82. Ainsi, explique Bernard CHARLOT, « si l'on ne s'attaque pas à l'inégalité sociale dans l'école sous prétexte qu'elle n'est pas « imputable à l'école », l'élitisme est-il encore républicain ? » (*L'école en mutation,* Payot, Paris, 1987, page 235).

mathématiques qu'on leur donnait à faire quand ils étaient petits et qui venaient tout droit d'une imagination scolaire bien caractéristique : ces exercices, en effet, devaient tous, à la fois, avoir une solution et comporter assez d'obstacles pour que la majorité des élèves ne la trouve pas... Or, dans la réalité, il n'y a pas de « grand instituteur » qui a fabriqué le problème, connaît la solution à l'avance et a disposé les chausse-trapes nécessaires ; il n'y a pas de « grand instituteur » et, pourtant, beaucoup de nos contemporains continuent à trembler devant son fantôme, retrouvant régulièrement leurs terreurs enfantines quand une difficulté se présente, craignant d'être mal jugés s'ils ne trouvent pas la solution immédiatement, attendant avec impatience la récréation où ils pourront se rassurer en médisant du « coupable » et exorciser leurs craintes à son égard par un grand chahut collectif.

Certes, les alliés dont nous avons parlé, cherchant chacun à identifier les espaces où ils peuvent exercer du pouvoir, ne sont-ils pas à l'abri de conflits, bien au contraire. En réalité, contrairement à ce que l'on croit, ils ne cherchent pas à esquiver les contraintes et à nier les contradictions. Il n'« évitent pas systématiquement l'Œdipe » pour se réfugier dans un espace douillet de réconciliation affective. Car leurs conflits sont parfois très durs, mais ils portent sur l'objet sur lequel ils travaillent et non sur les représentations de leur propre impuissance. Il s'agit de conflits clarificateurs qui les contraignent à s'interroger sur leurs fins et leur permettent d'inventer des moyens[83]. Ce sont des conflits grâce auxquels on découvre petit à petit tous les phénomènes de « ricochet » qui marquent la réalité scolaire : on s'aperçoit que l'on peut finalement agir sur la majorité des phénomènes à condition de le faire dans sa sphère de compétence et de choisir la bonne entrée ; le pédagogique peut, alors, avoir des répercussions sur le familial, sur le social, sur l'institutionnel et même sur le politique. En améliorant l'apprentissage de la lecture, en proposant des méthodes d'apprentissages cohérentes avec ce que l'on sait de l'acte de lire, on contribue, à sa place, à l'équilibre familial, à la mobilité sociale, à la formation du citoyen et à une meilleure gestion du politique. De la même manière, dans le registre scientifique, en valorisant l'émission d'hypothèses et l'analyse de protocoles expérimentaux, en développant l'esprit critique face aux apparentes éviden-

---

83. Un travail de ce type a été mené dans les établissements scolaires à l'occasion de la « rénovation des collèges » et de l'élaboration des projets d'établissements. Malheureusement, les formateurs chargés d'aider à ce travail ne disposaient pas tous des outils nécessaires et ont parfois basculé dans une caricature de psychosociologie, procédant à des « analyses de besoin » sans fin, refusant tout apport aux groupes sous prétexte de « respecter leur démarche ». Pour notre part, nous avons toujours condamné de telles dérives et proposé des méthodes partant des problèmes professionnels rencontrés par les personnes mais ne récusant pas les apports, pour autant que ceux-ci leur permettent de les résoudre (Philippe MEIRIEU, *Enseigner, scénario pour un métier nouveau,* ESF éditeur, Paris, 4e édition, 1992, pages 101 à 115 et « Une méthode pour la résolution de problème en établissement », *Cahiers pédagogiques,* n° 251, février 1987, pages 32 et 33).

ces de l'observation, la science n'est pas enseignée comme un dogme, mais comme une interrogation critique de l'opinion toute faite, conduisant à l'émergence d'une citoyenneté en actes. Là encore, on n'entérine pas l'absence de moyens ou les gros effectifs des classes, on montre ce que le pédagogique peut faire et l'on contribue ainsi à ce que ses revendications matérielles soient prises au sérieux.

Une telle attitude est, d'ailleurs, tout à fait cohérente avec ce que la sociologie de l'éducation nous apprend de la réalité de la classe. Comme le montre, en effet, Philippe Perrenoud, la classe est un univers où il est absolument impossible de traiter tous les élèves à égalité[84] ; il existe une différenciation objective dans le mode de relation que l'enseignant entretient avec chacun d'eux, une différenciation considérable qui s'effectue, le plus souvent à son insu, par l'intermédiaire du temps passé avec chacun, de la façon dont le contact s'établit, du niveau d'exigence, des comportements physiques et des attitudes psychologiques... En ce sens, la perspective d'un traitement égalitaire est une absolue illusion que démentent toutes les observations. La « pédagogie différenciée » existe bel et bien dans toutes les classes et à tous les instants ; il ne suffit donc pas de décréter son éradication pour s'en débarrasser. D'autant plus que ceux-là mêmes qui raisonnent ainsi et cherchent à garantir un traitement absolument égalitaire d'« élèves de droit » ne sont nullement prêts à assumer les conséquences de leur projet : inquiets des perspectives qu'ils ont eux-mêmes ouvertes, ils se récrient qu'il n'est pas question de « dépersonnaliser » l'enseignement et de basculer dans ce qui ressemblerait par trop au projet totalitaire du *Meilleur des mondes.* Ils doivent donc admettre, comme l'écrit Philippe Perrenoud, que « l'action pédagogique est bien loin d'être indifférenciée. Elle est, au contraire, constamment ajustée, plus ou moins équitablement, à la diversité des personnalités et des comportements. Cela ne veut pas dire, bien sûr, que cette différenciation est ordonnée à la logique de la démocratisation de l'enseignement et de l'égalité des acquis scolaires. Elle est beaucoup plus simplement ordonnée à la logique de l'action de maintien de l'ordre[85] ». Nous n'avons donc pas à choisir de différencier ou non la pédagogie. Elle est, de fait, toujours différenciée. En revanche, nous pouvons choisir de laisser fonctionner une différenciation sauvage ou de tenter de la contrôler afin de la faire servir aux objectifs scolaires et sociaux que l'on s'est explicitement donnés. Nous n'avons pas à choisir entre l'inaction et l'action, mais entre une action improvisée ou assujettie à des logiques que nous ne contrôlons pas et une action réfléchie qui ne sera jamais totalement contrôlée mais que nous pouvons tenter de réguler.

84. « De l'inégalité quotidienne devant le système d'enseignement. L'action pédagogique et la différence », *Revue européenne des sciences sociales,* Droz, Genève, Tome XX, 1982, n° 63, pages 87 à 142.

85. Ibid., page 113.

Ainsi, le pédagogue est-il « condamné à l'action » et l'illusion, pour lui, est bien de croire à la transparence d'une transmission qui n'est jamais aussi simple qu'il le décrète. Le pédagogue agit et apprend par l'action. En effet, parce qu'elle travaille toujours avec des sujets dont on ne peut, sous peine de les transformer en objets, prescrire à l'avance le comportement, il est de la nature même de l'activité éducative d'« apprendre par l'action ». Nous ne savons jamais exactement ce que fera un élève dans telle ou telle situation avant de la lui avoir proposée[86]. Et la différenciation pédagogique, telle que nous l'avons proposée[87], ne consiste pas à produire une analyse préalable des besoins des élèves pour leur appliquer ensuite des méthodes ou des objectifs différents. Elle consiste à introduire une régulation commune du choix des méthodes et des objectifs, à la lumière de ce que chacun peut savoir de lui-même et de l'autre, mais aussi en explorant systématiquement de nouveaux possibles. Une telle perspective est d'ailleurs parfaitement en cohérence avec une lecture, maintenant, très largement partagée, de l'histoire de la pédagogie : on y voit, en effet, que c'est bien toujours l'inventivité des pédagogues qui ouvre de nouveaux champs à la recherche des psychologues et contribue ainsi, dans une logique interactive et non linéaire, à rendre possibles de nouvelles actions[88]. En ce sens, loin d'être une source d'illusions et une fuite du réel, la pédagogie est, bien plutôt, nous semble-t-il, une source de connaissances et de transformation du monde. N'y aurait-il, dans ces conditions, quelque obscurantisme dans sa systématique remise en question ?

---

86. Ainsi, explique Charles Hadji reprenant un propos d'Alain (« C'est en le formant à chanter que je saurai s'il est musicien... ») : « Les limites de l'individu restent inconnues tant qu'on n'a pas tout essayé pour lui donner l'occasion de montrer jusqu'où il peut aller » (*Penser et agir l'éducation,* ESF éditeur, Paris, 1992, page 81). Mais quand peut-on savoir que l'on a vraiment « tout essayé » ?

87. Voir, en particulier, Philippe Meirieu dans *L'école, mode d'emploi : des « méthodes actives » à la pédagogie différenciée* (ESF éditeur, Paris, 6e édition, 1991).

88. C'est ce que montre très bien, à partir du remarquable exemple d'Itard, Guy Avanzini : « La place de Jean-Marc Itard dans la pédagogie » (*Lieux de l'enfance,* Privat, Toulouse nos 14-15, avril à septembre 1988, pages 57 à 84).

Allégation n° 6 : La pédagogie a contribué à la massification de l'enseignement ; celle-ci a abouti au triomphe de la médiocrité dans le système éducatif.

La reconnaissance de la pédagogie comme pratique sociale devant donner lieu à des recherches et susceptible de permettre l'amélioration locale de situations scolaires bien identifiées ne garantit en rien contre les effets structurels négatifs que peut produire l'« idéologie pédagogiste » dans l'institution scolaire. On peut parfaitement, en effet, considérer le travail du pédagogue comme tout à fait légitime pour autant qu'il reste circonscrit dans les limites de sa classe et s'effectue dans des structures scolaires qui lui sont imposées. En d'autres termes, certains de nos interlocuteurs ne s'opposeraient nullement à la pédagogie si celle-ci se contentait d'améliorer le fonctionnement d'un système sélectif et n'avait pas contribué à la massification qui marque fortement notre École aujourd'hui.

Certes, on pourrait répondre que c'est faire beaucoup d'honneur aux pédagogues que de les considérer comme responsables d'un mouvement social qui semble, depuis 1945, être une véritable lame de fond de l'évolution de la société française. L'entrée massive dans l'école moyenne (aujourd'hui les collèges et la classe de seconde des lycées) d'une population scolaire qui, jusque-là, était orientée très tôt vers la « vie active » ou vers des formations professionnelles courtes, la constitution progressive d'une filière unique et la disparition annoncée des filières de relégation, tout cela semble bien correspondre à une évolution de la société elle-même, indépendante des choix politiques. Depuis le plan Langevin-Wallon, qui demeurera longtemps la référence obligée de la gauche, en passant par l'ordonnance du Général de Gaulle prolongeant, en 1959, la scolarité obligatoire, jusqu'à la Loi d'orientation de Lionel Jospin qui prévoit que 80 % des jeunes parviendront au niveau du baccalauréat en l'an 2000, on peut observer un mouvement qui semble bien irréversible. Dans cette histoire, deux événements paraissent particulièrement décisifs : la suppression effective de l'examen d'entrée en sixième, prévue par la réforme Berthoin, en 1967, et la mise en application de la loi Haby du 11 juillet 1975 qui met fin à la ventilation des élèves à la sortie de l'école primaire entre plusieurs établissements ou filières du collège. Au regard de cette évolution, les clivages politiques apparaissent bien mineurs, tant il semble qu'un très large consensus social se soit manifesté pour la soutenir. Ainsi, les protestations des syndicats réclamant chaque fois plus de postes et dénonçant un volontarisme qui refuse de se donner les moyens de sa réussite sont-elles progressivement apparues, aux yeux de l'opinion publique, comme une sorte de rituel, utile à bien des égards pour rappeler à un peu de réalisme mais qui ne remettait pas en question le mouvement général.

La pédagogie a-t-elle été impliquée dans ce mouvement de massification de l'enseignement ? Certes, mais bien modestement. Au regard d'autres facteurs comme la modification de la structure professionnelle de la société française, la diminution de la population ouvrière ou le gonflement des classes moyennes, le rôle de la pédagogie pourrait être considéré comme négligeable. Il nous paraît cependant juste de souligner que, si son rôle n'a pas été déterminant, elle a, toutefois, eu « partie liée » avec cette massification. Parce que, dans sa démarche même, elle constitue un effort pour inventer des médiations nouvelles et ne pas se résigner à l'échec, elle est apparue comme condamnant toute procédure de sélection qui pouvait être suspectée de cette résignation. Parce que, dans ses recherches, elle n'a cessé de proposer des modèles susceptibles de faire échapper les apprentissages à l'aléatoire des situations sociales inégalitaires, elle a été utilisée pour condamner les regroupements d'élèves sur des critères scolaires qui s'avéraient vite être des critères sociaux. Parce qu'elle était sensible à un ensemble de facteurs relationnels et didactiques dont elle montrait l'impact sur la réussite scolaire, elle a pu laisser penser qu'en jouant sur ces seuls facteurs on pouvait éradiquer l'échec... Doit-elle rougir de ce qui serait de graves mésalliances ? Certainement pas. Il lui faut plutôt répondre aux trois reproches importants qui lui sont faits aujourd'hui par ses adversaires : d'une part, la massification de l'École serait liée à une **étatisation qui paralyserait son évolution** ; d'autre part, ce mouvement aurait abouti à une **unification du système éducatif** compromettant la possibilité d'une formation de qualité pour les meilleurs élèves et organisant, pour les autres, la sélection par l'échec ; et, enfin, en supprimant les filières, nous nous condamnerions à **un enseignement au rabais** compromettant gravement les exigences intellectuelles et culturelles qui sont fondatrices du système scolaire français.

Faut-il privatiser le système éducatif pour déjouer les effets pervers de la massification ?

L'analyse de Philippe Némo[89], très largement diffusée par les médias, s'articule sur un paradoxe : la création de l'École de Jules Ferry s'est

89. *Pourquoi ont-ils tué Jules Ferry ?* (Grasset, Paris, 1991). Cet ouvrage comporte, outre les propositions et les analyses dont nous allons parler, des attaques personnelles et des insultes graves à l'égard de plusieurs personnalités du monde éducatif. Il est dommage que Philippe Nemo se soit ainsi laissé aller sur un terrain où, bien évidemment, nous ne le suivrons pas.

effectuée pour libérer l'instruction de l'influence obscurantiste de l'Église et permettre aux citoyens d'accéder à une pensée critique ; aujourd'hui, l'École est passée sous la tutelle complète de l'État qui diffuse lui-même une idéologie obscurantiste, impose à tous les jeunes Français un corps de programmes monolithique et valorise les techniques de manipulation au détriment des vrais savoirs ; il convient donc, pour être fidèle à l'« esprit des Lumières », de « libérer l'éducation de la tutelle de l'État[90] » ; cette libération est du même ordre que celle qui a permis aux peuples de l'Est de s'émanciper du joug soviétique ; il s'agit, tout à la fois, d'une « libération spirituelle[91] » et d'une libération administrative « afin de faciliter l'apparition, en parallèle aux systèmes existants, de réalités éducatives nouvelles[92] » ; dans ces conditions, l'on pourra « recréer d'urgence des établissements primaires d'excellence. (...) Ces établissements devront être en continuité avec les études secondaires[93] », et « dès que possible, à titre expérimental, de grandes villes devraient ouvrir des écoles et des lycées d'élite : financés par la municipalité, ils seraient accessibles sur concours aux enfants des habitants de la ville[94] ». Certes, Philippe Némo n'est pas naïf et il voit bien l'objection principale que l'on peut lui faire : la libération spirituelle qu'il réclame est-elle compatible avec le fait de livrer l'école aux initiatives privées et d'autoriser ainsi toutes les vassalisations locales bien plus fortes et pernicieuses que la tutelle de l'État ? Pour éviter une telle dérive, l'auteur compte sur une sorte de régulation interne du pluralisme éducatif qui devrait permettre une convergence progressive vers les valeurs de vérité ; il propose aussi, pour ce qui concerne la scolarité obligatoire, dont il admet la nécessité, la formule classique qui consiste à séparer le financement collectif de la gestion par la collectivité : il lui semble possible que l'État continue à être le financeur tout en se dégageant des tâches d'exécution et de contrôle dont il a la charge actuellement. La formule du « chèque éducatif » apparaît, dans cette perspective, comme susceptible de réconcilier la justice sociale (chaque famille disposerait d'un chèque par enfant) et l'initiative privée (les établissements seraient financés par ces chèques éducatifs en fonction des décisions des familles ; ils auraient le libre choix de leurs contenus d'enseignement et de leurs méthodes).

La formule est, sans nul doute, séduisante. Elle se présente bien comme une réconciliation apparente des exigences de l'instruction obliga-

---

90. Page 23.

91. « L'École doit être spirituellement autonome. (...) L'école est vouée à la transmission des connaissances et des valeurs. Les unes et les autres appartiennent à un monde ontologiquement décalé du monde politique comme du monde économique » (pages 255 et 256).

92. Page 288.

93. Page 281.

94. Page 289.

toire et de la liberté d'entreprendre en matière éducative ; peut-être même, sur le plan économique, les propositions de Philippe Némo sont-elles tenables ? Peut-on les accepter, pour autant, avec toutes leurs conséquences ? Est-il acceptable de laisser se développer, en matière éducative, des circuits parallèles qui, même s'ils sont largement ouverts par concours aux élèves des milieux défavorisés, même s'ils bénéficient d'un système de « chèque éducatif », risquent de laisser se créer des clivages sociaux moralement intolérables ? Pouvons-nous accepter le risque d'une privatisation systématique du système éducatif qui permettrait à chaque établissement d'afficher clairement une identité idéologique, pédagogique ou politique ? De quelles garanties disposerait-on pour éviter qu'au sein de ces établissements l'on assiste à un dressage intellectuel, n'offrant aucune possibilité à l'enfant de se dégager de l'influence que l'on exerce sur lui ? A quoi ressemblerait une éducation qui prendrait l'enfant en tenaille entre les options de ses parents et celles d'un corps enseignant homogène ?

On dira : « Mais cela existe déjà aujourd'hui, de manière plus ou moins officielle ; l'enseignement privé représente déjà un circuit parallèle ; au sein même de l'enseignement public, chacun sait qu'il y a des établissements d'excellence où les enfants d'enseignants sont particulièrement nombreux, chacun sait aussi qu'il existe des filières très inégalitaires reconstituées par le jeu des options et des langues vivantes ; la notion même de « projet d'établissement » n'est-elle pas une reconnaissance de fait de ce mouvement vers une privatisation » ? Certes, tout cela est vrai. Mais n'a-t-on pas le droit de résister à ce mouvement ? N'a-t-on pas le devoir de s'inquiéter de son accélération ? Imagine-t-on ce que produirait sur le tissu scolaire la suppression de toute cohérence nationale, tant dans les programmes que dans les objectifs ? Imagine-t-on qu'une privatisation plus ou moins officielle de l'enseignement public mettrait le seul enseignement catholique en position de pouvoir s'opposer ou, au moins, résister à la pression des familles ? L'enseignement catholique pourrait, en effet, au moins exhiber ses références à l'Évangile quand la poussée vers la sélection et l'exclusion deviendrait trop forte... mais que pourrait faire un enseignement public privatisé sans aucun autre référent que la demande des familles ? On assisterait à une atomisation de l'enseignement en une multitude de réseaux s'ignorant réciproquement les uns les autres, répondant à des demandes locales spécifiques et qui, très vite, seraient hiérarchisés. Les passages d'un établissement à un autre deviendraient extrêmement difficiles et c'est la société tout entière qui se retrouverait gravement clivée. Même dans l'hypothèse la plus favorable où la sélection ne s'effectuerait pas sur des appartenances sociales, nous risquerions de voir notre société plurielle devenir une société mosaïque, les enfants très tôt destinés à des tâches de conception perdant tout contact avec ceux qui deviendront les exécutants. Enfin, il faut souligner le caractère extrêmement paradoxal des propositions de Philippe Némo : une privatisation radicale qui autoriserait chaque établissement à suivre les programmes de son choix aboutirait *de facto* à interdire tout changement d'établissement ; elle produirait les effets inverses de ceux qu'elles annoncent, liant une fois pour toutes les familles et les élèves à des établissements déterminés, figeant, dès l'entrée à l'école primaire, la trajectoire scolaire de chacun.

Il reste que, si les solutions proposées par Philippe Némo sont particulièrement dangereuses, un certain nombre de problèmes que soulève son analyse doivent être résolus d'urgence : d'abord, il n'est pas possible d'accepter **les formules d'exclusion** proposées pour l'avenir et de fermer les yeux sur celles qui existent dans le présent : il existe bien des « ghettos scolaires » et rejeter le mot n'abolit pas la réalité. Or ces ghettos ne seront pas supprimés par une régionalisation brutale, contrairement à ce que quelques propos démagogiques de certains politiques affirment. Ils ne peuvent être progressivement éradiqués que par une politique volontariste nationale qui consisterait, par exemple, à créer dans les secteurs scolaires les plus défavorisés les sections les plus prestigieuses. Les banlieues grondent ; il n'est plus temps de tergiverser : il faut donner aujourd'hui, et très vite, ce que l'on a de mieux à ceux qui sont les plus défavorisés. Le traitement local des problèmes ne peut, ici, qu'accroître les inégalités : les plus démunis, qui sont aussi les moins influents, seront encore plus démunis, les plus à l'aise, qui détiennent tous les leviers de commande, seront de plus en plus à l'aise.

Et, en même temps que l'on « inverse ici la vapeur », il faut absolument régler le problème de **l'évaluation des établissements :** c'est là, en effet, une pierre d'achoppement de tout le système. Quoi que l'on en dise, tous les établissements sont évalués, si ce n'est pas par un hebdomadaire, c'est par la rumeur publique qui colporte, selon des circuits téléphoniques tout à fait identifiables, des évaluations sauvages : on sait que tel établissement a de bons résultats en mathématiques et que, dans tel autre, il faut prendre l'italien pour se trouver dans une bonne classe ; on sait qu'en CM1, dans telle école, l'instituteur n'est pas très bon mais qu'il va partir à la retraite l'an prochain et que l'on pourra y remettre sa fille... Tout cela se sait et se dit[95]. La chose ne serait pas grave si les indicateurs d'évaluation ainsi colportés étaient à peu près rigoureux, mais on en est loin! Pourquoi les hebdomadaires et les mensuels s'obstinent-ils à publier les résultats au baccalauréat des

95. Ainsi Robert Balion explique-t-il, dans *La bonne école* (Hatier, Paris, 1991) que nous assistons à un mouvemement sociologique d'une très grande importance et qui réduit l'école à « être un fournisseur apprécié en fonction de la qualité de ses services » (page 250). Certes, Robert Balion voit dans ce phénomène une chance possible dans la mesure où « l'école-institution » pourrait devenir une « école-communauté » dans laquelle les différents partenaires pourront nouer un dialogue constructif. Mais, il ajoute cependant que l'État ne doit pas démissionner pour autant, bien au contraire : c'est à lui à « fixer les règles du jeu, équilibrer les forces en présence, exercer des régulations et imposer la réalisation d'objectifs qui ne peuvent résulter de la poursuite par chacun de son intérêt privé » (page 251). Comme on l'aura noté, c'est là aussi notre position.

établissements en pourcentage par rapport au nombre d'élèves qui s'y sont présentés ? Tous les analystes du système éducatif savent bien qu'il existe un autre chiffre tout aussi facile à calculer et jamais publié, c'est le pourcentage d'élèves entrés en seconde et qui obtiennent le baccalauréat en trois ans[96]. Et ce chiffre lui-même ne doit-il pas être relativisé en faisant intervenir le niveau des élèves à l'entrée ? Et les chiffres eux-mêmes ne doivent-ils pas être tempérés par des indicateurs plus qualitatifs ? N'est-il pas extrêmement important pour l'avenir de notre société qu'un collège apprenne aux élèves à surseoir à la violence et à discuter avant de frapper ? Ne doit-on pas intégrer ce type d'objectifs dans l'évaluation des établissements scolaires ? Ne doit-on pas s'efforcer de clarifier un domaine où règne la plus grande confusion ? Là aussi, il y a urgence et urgence d'intervention de l'État. Là aussi, on ne peut s'en remettre au local, au risque de voir les choix des familles dictés par des logiques publicitaires.

Enfin, il reste une question essentielle ouverte par les analyses de Philippe Némo et qui doit être impérativement examinée, c'est celle du système qui préside à **la nomination et à la mutation des enseignants** ; certes, nous avons bien conscience du fait qu'il s'agit là d'une question particulièrement délicate puisqu'elle touche à la grille de la fonction publique et concerne les équilibres régionaux à l'intérieur du pays ; nous sommes convaincus que l'on ne peut casser brutalement le dispositif existant sans mettre en péril l'existence même de l'institution scolaire. Mais, par ailleurs, il n'est pas admissible que le travail au sein des établissements soit compromis par des décisions bureaucratiques qui ne tiennent aucun compte des dynamiques locales et découragent souvent les personnes ; il est inadmissible que des enseignants qui ont à faire face à des situations particulièrement difficiles ne soient pas reconnus et valorisés ; il est inadmissible que la promotion, au sein du corps enseignant, ne consiste qu'à aller enseigner vers des élèves toujours plus âgés et toujours plus favorisés ; il est inadmissible que les enseignants les moins formés aient à assumer les conditions de travail les plus précaires et parfois les plus dramatiques[97]. Mais on ne peut régler ces problèmes brutalement et sans concertation... C'est pourquoi nous croyons à l'urgence d'un « Grenelle de la carrière enseignante » où l'ensemble des partenaires puisse mettre sur la table ces questions et construire en commun un mode de fonctionnement qui prenne en compte à la fois la sécurité de l'emploi des personnels, les équilibres régionaux, la reconnaissance des compétences acquises et de la difficulté des tâches assumées, la possibilité de constituer des équipes capables de fonctionner, dans la diversité mais autour d'un projet commun. Là, comme sur les deux

96. Il faut lire, à ce sujet, la remarquable étude de Sylviane Gasquet et Marcel Ruffieux, *Lycées : peut mieux faire* (Syros, Paris, 1990).

97. Le cas le plus scandaleux concerne le recrutement des instituteurs par la « liste complémentaire » : ceux qui ne sont pas jugés dignes d'entrer en formation en raison de leur niveau insuffisant sont envoyés directement devant des classes.

premiers points, il y a urgence, une urgence toute particulière que rappelle, à chaque rentrée, la situation difficile de beaucoup d'établissements.

Entendons-nous bien. Nous ne prétendons pas que Philippe Némo a raison, nous ne partageons en rien ses finalités éducatives. Mais nous prenons au sérieux ses analyses et croyons que si nous ne nous attachons pas à résoudre les problèmes qu'il soulève dans le cadre même du service public, les solutions radicales qu'il propose risquent de devenir inévitables. Ceux qui s'opposent à une telle réflexion ou crient au scandale parce que nous osons toucher à quelques vaches sacrées feraient donc bien d'y réfléchir à deux fois.

Faut-il reconstituer des filières afin de promouvoir la qualité et d'éviter la sélection par l'échec ?

Pour Philippe Raynaud et Paul Thibaud, la richesse du système scolaire français tient à ce qu'il était parvenu, au début du XXe siècle, à trouver un équilibre relatif entre ses deux vocations historiques : l'enseignement de masse, assuré par l'école primaire et garantissant l'unité nationale, et l'enseignement secondaire, prolongeant la tradition « humaniste » et permettant la formation des élites[98]. Or le dualisme primaire/secondaire a été remis en question, expliquent ces deux auteurs, essentiellement depuis la réforme Haby et la création du « collège unique ». Nous nous sommes donc engagés dans un processus d'homogénéisation du système : puisque tous les enfants accèdent en sixième, le secondaire a dû progressivement se primariser et a abandonné sa spécificité et ses exigences. L'alliance des « pédagogues », constituée, selon Philippe Raynaud, par « les théoriciens de la psychologie de l'enfant, les spécialistes des « sciences de l'éducation » et la hiérarchie de l'enseignement primaire[99] » a réussi à prendre le pouvoir, à imposer un « enseignement primaire prolongé » — où règne une pédagogie démagogue et infantilisante — à la place de l'enseignement secondaire authentique qui « se fondait sur la logique immanente de la culture scolaire[100] ». Ils ont été soutenus dans leur entreprise par « une partie du milieu universitaire, qui souhaitait être libérée de ses liens avec le secondaire pour se consacrer entièrement à la recherche[101] ». De plus, la dévalorisation de fait des sections techniques et professionnelles a accentué ce phénomène et contribué à pousser les familles à réclamer une scolarité générale toujours

98. *La fin de l'école républicaine,* Calmann-Lévy, Paris, 1990.

99. « Plaidoyer pour les profs », *L'histoire,* n° 152, février 1992, page 83.

100. *La fin de l'école républicaine,* page 86.

101. Philippe RAYNAUD, *op. cit.*, page 83.

plus longue[102]. En conséquence, nous n'avons plus de filières hiérarchisées mais une école générale médiocre où « la qualité est devenue introuvable »[103] ; l'absence de « bonnes classes » où pourraient être accueillis les élèves les plus brillants, quelle que soit leur origine sociale, est un frein à une véritable démocratisation ; elle contribue même à accentuer les phénomènes de ghettos. On précipite ainsi des milliers d'élèves dans les sections générales où ils échouent massivement, alors que, dans des filières adaptées, ils auraient eu plus de chance de déboucher sur des qualifications sociales favorisant leur intégration.

Le point sur lequel l'analyse de Paul Thibaud et Philippe Raynaud nous paraît la plus pertinente concerne les procédures d'orientation dans cette « école égalitaire » : ils soulignent, en effet, que, dans la mesure où l'on ne sélectionne plus à l'entrée des filières comme on le faisait jadis, l'enseignement, et particulièrement le collège qui en est le pilier central, doivent sélectionner par l'échec. Puisque l'on accepte tout le monde en sixième mais qu'il reste entendu qu'une partie des élèves doit chuter avant le baccalauréat, il faut organiser leur chute en disposant sur leur route les difficultés requises. « En réalité, disent-ils, un système unitaire est implicitement un système binaire : il n'évite la différenciation des filières qu'au prix d'une alternative entre ceux qui poursuivent et ceux qui arrêtent[104] » : l'homogénéisation aurait pour corollaire inévitable la sélection par l'échec et la dégradation de l'image de marque des instituteurs et des professeurs... Alors que l'enseignant avait jadis la noble tâche de repérer les meilleurs enfants du peuple pour les promouvoir dans des filières nobles, alors qu'il était « béni par les familles comme celui qui pouvait briser les fatalités sociales[105] », il est aujourd'hui perçu comme celui qui vient briser les espérances sociales et condamner les élèves qu'il n'a pas su faire réussir à la marginalité ou à l'exclusion[106].

---

102. Paul Thibaud insiste sur le poids des familles dans « l'homogénéisation du système » (« La démocratisation est à refaire », *Vie pédagogique,* Québec, n° 75, novembre-décembre 1991, pages 4 à 7).

103. *La fin de l'École républicaine,* page 164.

104. Ibid., page 151.

105. Paul Thibaud, *op. cit.,* page 6.

106. Ainsi, explique Louis Dumont, se référant à l'appui de Paul Thibaud, « il y a deux voies pour reconnaître en quelque façon l'Autre : la hiérarchie et le conflit. (...) Le conflit a le mérite de la simplicité, alors que la hiérarchie entraîne une complication semblable à l'étiquette chinoise. Cela d'autant plus qu'il lui faudrait ici être englobée à son tour dans la valeur suprême de l'individualisme égalitaire. Je confesse pourtant ma préférence irénique pour elle » (*Essais sur l'individualisme,* Seuil, coll. Points, Paris, 1991, page 298). Dans le domaine scolaire, « la hiérarchie » signifierait sans doute une sélection à l'entrée de filières aux valeurs hiérarchisées, « le conflit » la compétition pour survivre à l'intérieur d'une filière unique. Nous croyons, pour notre part, que l'on peut échapper à l'alternative.

Avouons que l'argumentation est particulièrement solide. Elle peut même être prolongée en soulignant l'extrême paradoxe des attentes des parents à l'égard de l'institution scolaire : ces derniers souhaitent, en effet, que leurs propres enfants réussissent à l'école mais ils ne considèrent la réussite de ceux-ci comme significative que dans la mesure où elle s'accompagne de l'échec d'un nombre substantiel d'autres élèves. Or, comme tous les parents raisonnent ainsi, ils mettent les enseignants dans une situation de double contrainte infernale : soit ces enseignants satisfont la demande globale de réussite et cette dernière est dévalorisée, soit ils satisfont la demande individuelle de réussite et ils mécontentent le corps social dans son ensemble. En d'autres termes, soit ils sélectionnent insuffisamment et ils ne sont plus crédibles, soit ils sélectionnent trop et ils sont incompétents : dans tous les cas, ils sont coupables et complices de la « faillite de l'enseignement ».

Il reste que l'analyse de Philippe Raynaud et Paul Thibaud, comme les attentes des parents et les représentations des élèves eux-mêmes, fonctionne sur un même présupposé. Ce dernier est formulé au détour d'une phrase de *La fin de l'école républicaine,* quand les auteurs affirment : « Dès lors que l'on enseigne vraiment quelque chose, rien ne garantit que tous les élèves s'intéressent à cet enseignement et sont capables de le suivre[107] ». Comment faut-il entendre une telle affirmation ? Faut-il comprendre que, « quand on n'enseigne rien », on dispose de la garantie que tous les élèves s'y intéresseront et seront capables de réussir ? Ou, plus vraisemblablement, faut-il y voir la conviction que, dès qu'interviennent les contraintes d'un contenu d'enseignement, l'échec d'une partie des élèves est inévitable ? Et sur quoi se fonde une telle assertion ? Serait-ce sur la certitude que les savoirs et la culture constituent une « quantité constante » et que, dans ces conditions, si certains en prennent beaucoup, il n'y en aura plus guère pour les autres ? Nous ne pouvons pas le croire : les auteurs savent bien que, précisément, les savoirs s'augmentent quand ils se transmettent puisqu'en les donnant on les maîtrise encore mieux. Se fonderaient-ils alors sur la croyance en une sorte de répartition immanente des goûts et des aptitudes ? Cela ne nous semble guère possible : ils savent trop, comme nous, que ces goûts et ces aptitudes sont très largement des produits sociaux et que Jules Ferry lui-même a dû se battre pour imposer l'idée que tout le monde pouvait et devait apprendre à lire... même ceux qui, précisément, n'en manifestaient pas le goût ? Renverraient-ils, alors, à une fatalité génétique imprescriptible ? Ils savent trop, nous semble-t-il, aux côtés de quels alliés ils se trouveraient pour prendre un tel risque[108]. C'est pourquoi, tout bien pesé, il n'y a peut-être

---

107. Page 116.

108. Un des derniers à soutenir une explication strictement génétique de l'intelligence fut Cyril Burt (« Class Differences in General Intelligence », *Brit. J. stat. psychology,* 1959, 12, pages 15 à 53). Il alla d'ailleurs jusqu'à falsifier de soi-disant observations sur des vrais

simplement, dans la remarque des auteurs, que l'empreinte ineffaçable de la courbe de Gauss... cette courbe de répartition des notes que l'on retrouve à tous les niveaux et dans toutes les situations d'évaluation de l'institution scolaire, cette courbe « en cloche » qui semble prescrire infailliblement le même résultat : un petit nombre d'élèves réussiront très bien, un petit nombre échoueront complètement et leur nombre augmentera naturellement quand on se rapprochera de la moyenne.

Certes, personne ne peut nier que la courbe de Gauss décrive assez bien l'état actuel des résultats des pratiques éducatives. Mais a-t-elle, pour autant, une valeur prescriptive ? La lui donner serait oublier que, dans ce qui relève de l'activité humaine, les « faits » n'entrent dans l'analyse qu'après coup, une fois que les actes ont été posés, quand les choses sont déjà faites ; supposer que ce que l'on a observé va se reproduire c'est supposer que la situation sera exactement identique... ce qui, à strictement parler, est impossible puisque la connaissance des situations initiales modifie immanquablement les situations nouvelles... ce qui, surtout, ignore, par une sorte de cécité méthodologique, le poids des hommes sur les choses. Or, s'agissant de la courbe de Gauss, il est assez facile de montrer que si l'on obtient celle-ci dans la plupart des évaluations scolaires, c'est parce qu'on le décide et que l'on agit en conséquence : il suffit, en effet, de donner à des enseignants des élèves de niveau relativement homogène (une élite triée sur le volet aussi bien qu'une classe d'élèves en grande difficulté) pour voir se reconstituer immanquablement une répartition gaussienne au terme de laquelle un tiers des élèves environ sera évacué vers une filière inférieure, un tiers promu vers la classe supérieure et un tiers fera l'objet de discussions serrées dans les diverses instances chargées de l'orientation[109]. On peut se demander, d'ailleurs si, ainsi, la répartition gaussienne, avec sa part importante d'élèves « tangents », au niveau relativement incertain et qui frôlent la moyenne, ne contribue pas à légitimer un pouvoir décisionnaire des enseignants dont on sait bien qu'il risque toujours de basculer vers un pouvoir discrétionnaire : quand les résultats ne diffèrent que très légèrement et qu'il faut néanmoins distinguer ceux qui ont réussi de ceux qui ont échoué, on peut toujours craindre que les complicités affectives ou sociales soient déterminantes à l'insu même des acteurs. En réalité, on peut même

jumeaux pour démontrer la primauté des facteurs génétiques. Il est du reste étonnant de voir que les premiers à jeter le doute sur le bien-fondé des résultats avancés par BURT furent A. JENSEN et H. EYSENCK (*L'inégalité de l'homme,* Copernic, Paris, 1977) qui s'employèrent par la suite à montrer l'infériorité intellectuelle de certaines races ou classes sociales. Ils tentèrent ainsi de montrer que les Noirs étaient dotés d'un faible Q.I. en raison d'une hérédité passive inhérente à leur situation d'esclaves. On connaît, depuis, les travaux d'Albert JACQUARD (par exemple, *Au péril de la science,* Seuil, Paris, coll. Points, 1984) qui montrent le caractère fantaisiste de telles allégations.

109. Sylviane GASQUET et Maurice RUFFIEUX montrent très bien cela dans leur ouvrage *Lycées : peut mieux faire, op. cit.*

se demander si les résultats gaussiens ne sont pas produits par le système d'évaluation lui-même : ne choisit-on pas des sujets, des exercices, dont on sait précisément qu'ils produiront cette répartition, au détriment d'autres sujets ou d'autres exercices qui produiraient d'autres types de répartition ?

Ainsi, l'analyse qui souligne le caractère inéluctable de la sélection par l'échec dans un système scolaire homogénéisé s'appuie sur l'affirmation péremptoire de la nécessité de cette sélection, et donc sur l'obligation d'écarter certains élèves en cours de cursus. On peut alors, en effet, préférer une sélection à l'entrée qui semble, tout à la fois, moins coûteuse financièrement pour l'État et psychologiquement pour les enseignants. On peut aussi souhaiter que, jusqu'à la fin de la scolarité obligatoire, ou, au moins, du collège, on n'écarte aucun élève des savoirs fondamentaux qui lui permettent de comprendre et de maîtriser les situations dans lesquelles il sera inséré. On peut le souhaiter sans, pour autant, sacrifier les exigences intellectuelles et culturelles auxquelles nos adversaires tiennent tout à fait légitimement.

La démocratisation est-elle synonyme d'enseignement au rabais ?

Rappelant les conditions dans lesquelles l'École de Jules Ferry a été construite, Antoine Prost rappelle que « pour les républicains positivistes comme Jules Ferry, l'école primaire gratuite, obligatoire et laïque était d'abord l'école du peuple. Au singulier mais dans un double sens : pour eux, en effet, il n'y avait d'école autre ni à côté, ni par la suite. (...) L'enseignement primaire ne constitue donc pas un premier niveau d'enseignement par lequel tous les enfants passeraient. C'est un enseignement autonome qui débouche sur la vie active[110] ». Mais, contrairement à ce qui est souvent affirmé, il ne semble pas que l'intention de Jules Ferry et des fondateurs de la Ligue de l'enseignement était de répondre aux besoins de l'économie en fournissant une main-d'œuvre adaptée à de nouvelles exigences. Les arguments qu'ils développaient étaient toujours, en effet, d'ordre politique et moral alors qu'ils n'auraient pas eu à rougir, à l'époque, de se poser en défenseurs de l'industrie. L'économie d'alors n'avait pas vraiment besoin, en effet, d'une main-d'œuvre sachant lire et écrire : la population active, que ce soit dans l'agriculture, les mines, le textile ou le bâtiment, pouvait parfaitement se passer d'une quelconque instruction[111]. Enfin, les représen-

110. *Éducation, société et politiques*, Seuil, Paris, 1992, pages 47 et 49.

111. Ces éléments sont issus d'une étude non publiée effectuée par Georges PASCAL et qui s'appuie sur des statistiques de 1906 (il ne semble pas qu'il existe de chiffres précis pour les années antérieures). Georges PASCAL montre bien que la population active était encore, au début du XXe siècle, essentiellement constituée de métiers qui ne requéraient aucunement un quelconque savoir scolaire.

tants du patronat au Parlement, alliés avec ceux de l'Eglise, étaient farouchement hostiles au projet de Jules Ferry : ils ne souhaitaient aucunement des ouvriers instruits qui sachent lire et puissent représenter un danger pour leur pouvoir. C'est que la lecture, on l'oublie trop souvent, est bien d'abord une prise de pouvoir : apprendre à lire, c'est prendre du pouvoir sur ceux qui détiennent l'écrit et cultivent le secret pour mieux exercer leur autorité et en éviter la contestation. Savoir lire c'est ainsi, et peut-être d'abord, prendre du pouvoir sur le maître, sur tous ceux qui se prétendent des « maîtres » ; c'est pouvoir vérifier ce qu'ils disent, le comparer, le critiquer... Et il a donc fallu une très étrange perversion pour que cet acte, par lequel celui qui apprend se donne la possibilité de la contestation, soit vécu aujourd'hui, par l'immense majorité des enfants, comme une soumission à l'autorité des adultes.

Le pari de Jules Ferry était bel et bien un pari politique et peut-être même, un pari éthique. Il ne s'agissait pas de proposer une quelconque formation professionnelle, il s'agissait de « former des citoyens » ; il s'agissait, en réalité, de ne pas permettre à quiconque d'entrer dans la vie adulte sans qu'il maîtrise les données élémentaires lui permettant de ne pas y être trop manipulé. Certes, nous ne sommes pas naïfs : la laïcité n'était pas la neutralité que l'on a parfois présentée et la lutte contre l'influence de l'Église n'était pas dénuée de quelque arrière-pensée récupératrice. Pouvait-il d'ailleurs en être autrement ? Nous avons déjà dit que toute éducation était exercice d'une influence et que le problème n'était pas de tenter de suspendre cet exercice mais bien de fournir aux personnes les moyens d'y résister. L'école de Jules Ferry a-t-elle, sur ce plan, réussi dans la mission qu'elle s'était fixée ? Il nous est, sans doute, difficile de le dire. Mais, ce que l'on peut affirmer sans crainte de se tromper c'est que l'école d'aujourd'hui n'y parvient pas. En effet, une enquête effectuée au début de l'année 1992 auprès d'un échantillon de quatre cents élèves de troisième montre que plus des deux tiers d'entre eux ne peuvent accéder à plus du quart des articles d'un quotidien régional[112]... ce qui veut dire, en d'autres termes, qu'à la fin de la classe qui marque aujourd'hui, de fait, la fin de la scolarité obligatoire, moins de 25 % de l'information qui constitue l'environnement immédiat des

---

112. Cette enquête a été effectuée, en mars 1992, sur des classes de troisième de Lyon et de la banlieue de Saint-Etienne représentant, sinon un échantillon représentatif, du moins un groupe assez divers et significatif pour que ces résultats puissent être pris au sérieux. Nous ne fournissons ici qu'un chiffre moyen, mais il conviendrait de le nuancer : en effet, dans la classe la plus faible et sur un exercice de reformulation, le score atteint n'est que de 16 %. En revanche, dans la classe la plus forte et sur un exercice de recherche d'informations, le score le plus haut atteint 40 %. Globalement, sur tous les exercices concernant la presse quotidienne, les garçons, qui sont par ailleurs plus faibles en français, ont un score un peu meilleur que les filles. Les difficultés rencontrées par les élèves sont extrêmement nombreuses : elles tiennent au vocabulaire non maîtrisé, aux allusions de toutes sortes qu'ils sont incapables de percevoir, aux abréviations, aux ruptures temporelles, à l'incapacité à situer les événements dans leur contexte, etc.

jeunes peut être compris et intégré. Cela ne signifie nullement que le niveau ait baissé[113] ; mais cela signifie, en revanche, que la complexité de notre univers s'est développée beaucoup plus vite que les possibilités de notre système éducatif. Cela signifie aussi que, si nos élèves de troisième savent lire, ils ne savent guère déchiffrer le monde qui les entoure. Sans doute beaucoup apprendront-ils à le faire dans leurs études ultérieures, mais est-il admissible qu'à l'issue de ce qui constitue le dernier maillon obligatoire de l'École, alors que certains n'auront peut-être plus jamais de contacts avec elle, on se satisfasse d'un tel résultat et que l'on tolère des exclus ?

Cet objectif, dira-t-on, manque d'ambition culturelle. Les mauvaises langues iront même jusqu'à laisser entendre que nous souhaitons déléguer à Robert Hersant le soin de faire les programmes d'enseignement. Il n'en est rien, évidemment. L'exemple du quotidien régional est là pour faire image ; l'essentiel est de déterminer les concepts et les capacités intellectuelles sans lesquels toute orientation professionnelle est aléatoire et tout exercice d'un métier hasardeux, les notions nécessaires pour saisir les enjeux économiques, politiques et sociaux de notre temps, les œuvres, également, qui nous permettent de nous comprendre et de nous dépasser. N'est-ce pas là l'inspiration même du projet de Jules Ferry adapté aux exigences de notre temps ? Et, à se crisper sur les modalités d'organisation structurelle dont il a été l'initiateur, ne risque-t-on pas de perdre le sens même de son entreprise et sa dimension historique ? En d'autres termes, la fidélité à Jules Ferry est-elle le fait de ceux qui se crispent sur l'existence du seul tronc commun de l'école primaire, ou bien de ceux qui, prenant acte des évolutions sociales, tentent de pousser au-delà, jusqu'à la fin de la scolarité obligatoire, le pari sur l'intelligence du fondateur de l'« école du peuple » ?

Nous voici au cœur du débat. Car le cœur du débat est, en effet, le collège. Tout le monde s'accorde, en effet, plus ou moins, sur la vocation de l'école primaire : il s'agit essentiellement d'amener la totalité des élèves à la maîtrise du « lire, écrire et compter[114] ». Il y a également un consensus assez général pour définir la finalité des lycées : il s'agit de permettre aux jeunes, tout en confortant leur « culture générale » et en développant leurs

---

113. Sur ce point, il faut consulter l'enquête (plus nuancée que les comptes rendus qui en ont souvent été faits) de Christian BAUDELOT et Roger ESTABLET, *Le niveau monte* (Seuil, Paris, 1990). Les auteurs soulignent que, sur de nombreux plans (comme l'orthographe) le niveau global moyen des élèves monte ; ce qui ne signifie pas que tous les élèves profitent également de cette hausse (les élèves les plus favorisés ont un niveau qui monte plus vite que les autres), ni que cette relative hausse du niveau soit suffisante pour faire face aux exigences d'intelligibilité de notre monde.

114. Évidemment, il reste beaucoup à faire pour y parvenir et cela suffit bien à montrer que le consensus, s'il n'est pas accompagné d'inventivité didactique et institutionnelle, reste inopérant.

capacités de réflexion, de découvrir progressivement un champ disciplinaire ou professionnel dans lequel ils vont être amenés à se spécialiser[115]. En revanche, le collège est l'objet d'un véritable débat de société : doit-il être une sorte de prolongation de l'école primaire, ouverte à tous, visant des objectifs intellectuels devant être atteints dans le cadre d'un enseignement « de masse » ou doit-il être une anticipation du lycée, préfigurant les orientations futures et permettant d'offrir à chacun la « filière » correspondant à ses « aptitudes » ? En d'autres termes, doit-on encore travailler à la réalisation d'un « collège pour tous[116] » ou doit-on organiser une sélection précoce, dès la fin de l'école primaire, permettant de dégager des élites ? Le « collège pour tous » est-il condamné à la médiocrité dans ses ambitions, ses méthodes et ses résultats ou bien est-ce la sélection précoce qui constituerait de fait une baisse du niveau général pour la société ?

Nous croyons, pour notre part, à l'impérieuse nécessité d'un « collège pour tous ». Nous croyons que, si, de toute évidence, la démocratisation de l'enseignement n'est pas allée de pair avec sa massification, cette démocratisation reste un horizon essentiel qui ne s'accommode d'aucune formule d'exclusion ou de relégation. Nous le croyons pour des raisons qui sont à la fois heuristiques, pédagogiques, sociales et éthiques...

Tout d'abord, en effet, nous sommes convaincus que ce n'est pas en traitant l'échec par l'exclusion que l'on fera progresser l'institution scolaire dans son ensemble. Où a-t-on vu qu'une institution quelconque progresse en rejetant ce qui lui pose un problème ? N'est-ce pas, bien plutôt, le contraire ? La qualité générale de l'École et de l'enseignement ne peut que se trouver améliorée par la nécessité de réduire les échecs. Cette nécessité a une fonction heuristique indispensable : elle empêche les acteurs de s'enkyster, invite à la recherche, suscite l'inventivité didactique. Qui peut croire que cela ne bénéficie pas aussi aux bons élèves ? Plus encore, la

115. Nous ne sous-estimons pas la difficulté considérable due au fait qu'il n'y a pas adéquation entre le champ disciplinaire et le champ professionnel : on sait d'ailleurs qu'il existe en France deux réseaux d'enseignement secondaire (au niveau des lycées) et, également, deux réseaux d'enseignement supérieur : l'un structuré autour des champs disciplinaires (les universités), l'autre structuré autour des champs professionnels (« les grandes écoles ») ; même si chacun de ces deux réseaux intègre partiellement la logique de l'autre (en particulier dans le cadre d'une « logique concurrentielle »), il reste spécifique dans le mode d'organisation de ses enseignements : l'université est organisée autour des systèmes épistémologiques de validation, les « grandes écoles » autour des « problèmes professionnels à résoudre ».

116. La réforme HABY parlait de « collège unique » ; le rapport du Conseil National des Programmes sur l'évolution des collèges, remis au Ministre en novembre 1991, parle de « collège pour tous ». Le glissement sémantique n'est pas de l'ordre du détail ; il marque un changement de perspective et, en particulier, la conviction que pour que tous atteignent les objectifs du collège il ne faut pas, précisément, tenter de construire des collèges « uniques ». Nous développerons longuement ce point à l'occasion de la discussion de l'allégation suivante.

qualité d'une école et de l'éducation qui y est dispensée n'est-elle pas liée à l'effort permanent pour intégrer ceux qui, précisément, y sont en difficulté ? Ne peut-on pas voir là l'expression même de ce qui fait qu'une institution est éducative, c'est-à-dire parie sur l'homme et ne désespère jamais de lui[117] ?

Une telle proposition pourrait apparaître cependant comme un vœu pieux si, par ailleurs, nous ne savions tous les bénéfices qu'un enfant peut tirer du contact avec la diversité. Les recherches des psychologues sur le conflit socio-cognitif soulignent, en effet, que la confrontation avec les « pairs » profite tout aussi bien aux sujets « performants » qu'aux sujets moins « performants » : les uns comme les autres progressent plus quand ils se parlent et travaillent en commun que quand ils sont séparés pour recevoir des informations adaptées à leur niveau[118]. On sait mieux aussi, aujourd'hui, à quel point la confrontation avec la différence est féconde pour le développement de l'imaginaire et de la créativité[119]. On mesure, enfin, tout l'appauvrissement que cela représente pour des enfants d'être séparés de ceux et de celles qui ne vivent pas dans le même rapport au savoir qu'eux[120]. C'est pourquoi il n'y a aucune raison d'associer la sélection et la qualité, bien au contraire. Sélectionner prématurément, c'est appauvrir le collège, limiter délibérément le champ des interactions sociales, former des individus aux personnalités homogènes qui, n'ayant pas grand-chose à échanger, passeront l'essentiel de leur temps et utiliseront la plus grande part de leur énergie à rivaliser entre eux. Quand on diminue la possibilité des échanges, il ne reste plus guère, pour se situer par rapport aux autres, que la compétition.

---

117. Andrea CANEVARO, dans son ouvrage *Enfants perdus, enfants exclus* (ESF éditeur, Paris, 1992) souligne parfaitement que l'intégration dans l'école de l'enfant « atypique » est une chance inespérée pour elle. Grâce à cette intégration, les enseignants sont amenés à abandonner un discours homogène s'adressant à un collectif indifférencié ; ils adoptent donc progressivement des attitudes différenciées qui leur permettent de reconnaître et de valoriser tous les élèves (y compris les meilleurs) dans leur personnalité propre : « L'intégration de l'anormal rend service à l'élève normal puisqu'elle entraîne une transformation de toute la pédagogie dans le sens d'une attention aux différences » (page 88). Dans le même esprit mais dans un tout autre domaine, Sylviane GASQUET explique que l'arrivée au lycée d'élèves incapables d'absorber l'enseignement actuel a représenté une chance extraordinaire pour les professeurs de mathématiques et, plus généralement, pour le développement de cette discipline (*Les mathématiques au lycée,* ESF éditeur, Paris, 1991).

118. Cela a été particulièrement bien montré par A.N. PERRET-CLERMONT dans *La construction de l'intelligence dans l'interaction sociale* (Peter Lang, Berne et Francfort, 1979). Philippe MEIRIEU a opérationalisé ces recherches en termes de dispositifs didactiques dans *Apprendre en groupe ?,* tome 2 (Chronique sociale, Lyon, 4e édition, 1991).

119. Il faut consulter, à ce sujet, Gianni RODARI, *Grammaire de l'imagination* (E.F.R., Paris, 1979).

120. On peut lire, à ce sujet, la très pertinente analyse de Louis CADOR, *Étudiant ou apprenti* (PUF, Paris, 1982). L'auteur montre bien tout l'intérêt qu'il peut y avoir à confronter et à découvrir différentes stratégies d'approche d'un même objet ou d'un même savoir.

Enfin, et c'est sans doute l'argument essentiel, nous ne pouvons accepter que le collège institue, dès l'âge de 10 ans, une société duale. Certes, la société duale est déjà dans la rue. Mais le rôle de l'École n'est-il pas de résister contre la tentation d'une humanité à deux vitesses ? Ne peut-on convenir que, si les élèves doivent se déterminer progressivement au lycée pour une orientation professionnelle, ils doivent tous, au collège, faire l'apprentissage ensemble de ce qui rend possible une citoyenneté lucide ? Ne voit-on pas que les clivages scolaires prématurés produisent inévitablement des clivages sociaux et risquent de nous engager dans des violences inévitables ? Ne doit-on pas considérer comme un progrès essentiel que tous les enfants puissent accéder ensemble aux concepts et aux outils qui leur permettent de penser le monde et de se penser dans le monde ? Nous sommes convaincus, pour notre part, que, à l'échelle de la société, un tel projet est beaucoup plus ambitieux que celui des partisans de la sélection. Car la véritable ambition est de tenter d'aller ensemble vers un monde où nul ne soit privé, quelle que soit sa profession, du pouvoir de comprendre. La véritable ambition est de tenter de faire se rencontrer des êtres différents dans un apprentissage commun d'une culture qui les libère ensemble. Le reste – et en particulier la perspective d'une société irrémédiablement clivée en concepteurs démiurges, exécutants passifs et chômeurs chroniques – n'est que véritable médiocrité[121].

---

121. Les objectifs assignés au collège par le Conseil national des programmes sont les suivants :
« – Améliorer la maîtrise de la langue française, comme outil de la communication écrite et orale ;
– assurer à tous les élèves un niveau de formation leur permettant de poursuivre des études dans une voie professionnelle, technique ou générale ;
– poursuivre le développement des capacités à observer, à raisonner et à réaliser ;
– initier aux grands domaines de la vie artistique et culturelle ;
– développer l'autonomie, la solidarité et la créativité indispensables pour une vie personnelle et sociale responsable ;
– faire prendre conscience à l'élève de ses capacités physiques et le rendre à même de les développer ;
– faire découvrir les différents moyens d'accès à l'information ; permettre d'exercer une attitude critique à l'égard de cette information ;
– amener les élèves à décider le plus objectivement possible de leur orientation, en tenant compte du niveau qu'ils ont atteint, de leurs motivations et des contraintes scolaires et professionnelles » (*op. cit.*, pages 13 et 14).
On avouera qu'il n'y a là aucune médiocrité, mais bien une ambition susceptible de permettre une mobilisation sociale aussi forte que celle suscitée par le projet de Jules Ferry. Sans doute, cependant, avons-nous un handicap majeur par rapport au XIXe siècle, c'est le discrédit implicite dans lequel notre époque tient toute « mystique sociale ». Il nous faudra donc apprendre à être tenace sans être lyrique, obstiné sans trouver toujours des occasions de fortifier notre enthousiasme. La chose est difficile mais c'est, sans doute, un apprentissage essentiel qu'il nous faut faire.

Allégation n° 7 :
La démocratisation du système éducatif a, jusqu'à présent, été un échec complet. Toutes les tentatives volontaristes d'une organisation démocratisante du système scolaire ont échoué. Il ne semble pas y avoir d'issue dans cette direction.

Il ne suffit pas, évidemment, d'affirmer la nécessité de conduire ensemble tous les élèves à des connaissances communes pour que la chose soit possible. Et, en dernier ressort, c'est même sur cette impossibilité que la proposition de mettre en place des filières sélectives se fonde, « la pédagogie unifiante-différentialiste qui tiendrait compte de toutes les spécificités des élèves en gardant ceux-ci ensemble et en les conduisant au même niveau s'étant révélée, expliquent Philippe Raynaud et Paul Thibaud, un cercle carré[122] ». Et, en effet, il semble bien que nous nous trouvions là devant un problème fondamental que révèle particulièrement bien l'histoire du collège. Car, comme le montre Antoine Prost[123], l'accès des enfants d'ouvriers au lycée n'a cessé de progresser tant qu'il existait des filières différentes dans lesquelles ils pouvaient être scolarisés et où l'on avait à cœur de les mener vers un degré toujours plus haut de scolarisation. Ainsi, sur la ville d'Orléans, les fils d'ouvriers représentaient 8,7 % des élèves de seconde d'enseignement général en 1947 et 21,7 % en 1967... et il ajoute : « Ni les experts gouvernementaux, ni les sociologues, ni les syndicats d'enseignants ne percevaient qu'une démocratisation effective était en train de se produire[124]. » Or, paradoxalement, c'est au nom de la démocratisation que l'on a interrompu cette évolution en provoquant la fusion progressive de toutes les filières dans un collège unique. Loin d'accroître les chances des élèves des milieux populaires, cette fusion a eu pour effet de les écarter : « *Les statistiques nationales prouvent que, de 1973 à 1980, le recrutement des classes les plus prestigieuses des lycées, les secondes C, est devenu socialement plus sélectif, ainsi qu'à un moindre degré toutes les sections d'enseignement général. (...) Contrairement aux intentions qui avaient présidé à sa création, le collège unique n'est pas l'instrument d'une démocratisation, mais un filtre*

122. La fin de *l'École républicaine, op. cit.*, page 221.

123. *L'enseignement s'est-il démocratisé ?* (PUF, Paris, 1986) et *Éducation, société et politiques* (Seuil, Paris, 1992, en particulier pages 68 à 97).

124. *Éducation, société et politiques*, page 76.

efficace qui réserve en fait aux élèves originaires des milieux sociaux favorisés une place privilégiée dans les filières les plus prestigieuses du système scolaire[125]. »

Quelle est l'origine de ce phénomène ? Comment se fait-il que le projet généreux d'une ouverture toujours plus grande du système éducatif ait été à ce point dévoyé ? Antoine Prost considère, pour sa part, que « les politiques « volontaristes », celles qui entreprennent de contrarier l'évolution sociale dans sa dynamique autonome aboutissent à l'échec[126] ». Nous ne pouvons pas, pour notre part, nous rallier à un tel argument : l'évolution sociale vers une société duale où l'on traite systématiquement l'échec par l'exclusion ne nous paraît aucunement inéluctable et, quoi qu'il en soit, il nous paraît possible que l'École tente, autant que faire se peut et en collaboration avec tous les partenaires qui partagent la même finalité, de s'opposer à une telle évolution. Il reste qu'Antoine Prost a raison sur un point : on ne s'oppose pas à une dynamique sociale en l'ignorant. On ne peut s'y opposer qu'après l'avoir identifiée et en affichant clairement les finalités que l'on poursuit. On ne peut s'y opposer qu'en mesurant les obstacles qu'il faudra surmonter, en identifiant les stratégies possibles, les points de consensus probables et les contradictions à dépasser. Or, l'on n'a sans doute pas procédé ainsi, bien au contraire. On a agi sans percevoir à quel point les « fusions » décrétées par les décideurs entre des filières inégalement valorisées dans le champ social aboutissaient à une homogénéisation des pratiques pédagogiques qui venaient toutes, progressivement, se caler sur celles des filières les plus prestigieuses. On a ignoré une dynamique interne du corps enseignant qui a tendance à considérer comme plus efficaces les méthodes qui réussissent avec les meilleurs élèves, sont pratiquées par les enseignants les plus formés, les mieux payés et qui ont le service le plus allégé. Et comment en serait-il autrement ? Tant que la structure du corps enseignant sera calquée sur une hiérarchie sociale implicite (les meilleurs enseignants doivent enseigner aux élèves les plus favorisés), on ne fera que conforter cette hiérarchie sociale. La structure même du corps enseignant modélise les résultats scolaires et légitime la hiérarchisation de ceux-ci. De plus, cette structure désigne implicitement les pratiques pédagogiques qui doivent s'imposer à tous, ou, au moins, auxquelles il convient que tous parviennent s'ils veulent être promus. Puisqu'il n'y a de promotion possible dans l'enseignement qu'en enseignant à des élèves de niveau « supérieur », autant adopter tout de suite le comportement qui convient à ces élèves... Et c'est ainsi que tout le système éducatif est aspiré par le modèle des classes préparatoires aux grandes écoles ; c'est ainsi que chaque enseignant, rêvant légitimement d'une promotion qui le valoriserait socialement, instaure dans sa classe ces « petites Sorbonnes » que dénonçait déjà Alain.

---

125. Ibid., pages 91 et 92.

126. Ibid., page 209.

En réalité, ce que l'on a pris pour une démocratisation n'était donc que la conjonction particulièrement inopportune de deux phénomènes : une hétérogénéisation de plus en plus grande des élèves et une homogénéisation de plus en plus grande des pratiques. Au moment où l'on a fait entrer au collège des élèves qui étaient de moins en moins préparés et motivés pour y réussir, on y a généralisé des pratiques qui n'avaient fait leur preuve qu'avec des élèves particulièrement bien préparés et motivés, des pratiques qui, sans doute, étaient plus ou moins faites pour sélectionner précisément les élèves déjà préparés et motivés. Pouvait-on aller ailleurs qu'à l'échec ? Et peut-on prétendre que cet échec est l'échec de la démocratisation[127] ?

De vrais efforts pour une véritable démocratisation

Mais, en fait, il serait injuste de considérer que tous les réformateurs ont été aveugles sur ce point. Déjà, la réforme Haby avait proposé de mettre en place des heures de soutien pour compenser les déficits de certains élèves et permettre le fonctionnement de classes de référence hétérogènes. Plus tard, la rénovation des collèges, dans les perspectives du rapport de Louis Legrand, avait insisté sur les groupes de niveau-matière provisoires, gérés par une équipe d'enseignants travaillant avec un ensemble relativement restreint de classes, susceptibles de remédier à des handicaps dans telle ou telle discipline sans, pour autant, enfermer définitivement les élèves dans une filière. Dans le même sens, de nombreuses équipes pédagogiques ont mis en place des systèmes d'aide au travail personnel des élèves qui devaient

127. Ainsi, Guy Avanzini, dans une analyse du rapport du Conseil national des programmes sur les collèges, explique-t-il que « le vrai problème est de savoir s'il est culturellement bénéfique de maintenir au collège, contre leur gré, ceux qui, à un moment donné de leur évolution personnelle le rejettent sans nuances. Il est de savoir si cette contrainte constitue un moyen de réussite ou l'inverse : une manière de les braquer contre la culture et de les en détourner. » (« Quelques observations sur les propositions du Conseil national des programmes pour l'évolution des collèges », *Lettre du CLERSE,* n° 13, mai 1992, page 4). Pour notre part, nous n'avons jamais dit – pas plus que le Conseil national des programmes – qu'il fallait continuer à scolariser tous les élèves dans le collège *tel qu'il est aujourd'hui.* Il convient, de toute évidence, d'en changer fondamentalement les structures et les pratiques. Mais nous ne pouvons nous résigner à ce que le système scolaire installe, dès l'âge de 11 ans, une ségrégation entre les enfants. Si les finalités du collège étaient purement scolaires, on pourrait, peut-être, discuter de la proposition de plusieurs structures différenciées et adaptées aux différents élèves ; mais, parce que la finalité du collège est, pour nous, indissociablement scolaire, sociale et politique, nous ne voulons pas abandonner l'utopie d'en faire un « creuset social » où se fonde une socialité solidaire.

Par ailleurs, il ne nous est pas possible de nous résigner à ce que la pédagogie dominante au Collège reste strictement informative et que les savoirs n'y soient distribués qu'à ceux qui désirent se les approprier ; il ressort de la responsabilité des enseignants de « rendre les savoirs désirables » et de constituer leurs élèves en « demandeurs de savoirs ». C'est d'ailleurs la difficulté de l'entreprise qui nous semble susceptible de mobiliser les enseignants des collèges aujourd'hui.

permettre de suppléer à l'absence de préparation sociale et d'environnement familial favorable de certains élèves... Toutes ces initiatives avaient pour objectif de conserver les classes hétérogènes et, dans le même temps, de pallier les difficultés de l'hétérogénéité par des aides spécifiques.

Est-ce l'insuffisance de ces aides spécifiques ou leur manque de rigueur pédagogique qui est responsable ?... Mais il apparaît qu'elles ne parviennent pas à compenser suffisamment les handicaps, que les classes hétérogènes sont devenues de plus en plus difficiles à gérer et que des voix se font régulièrement entendre qui affirment : « Il n'est pas possible de traiter les élèves en difficulté dans des classes hétérogènes, il faut leur fournir une pédagogie très particulière, adaptée à leurs besoins et à leur manière d'apprendre. » C'est ainsi que se sont mises en place des expériences de classes « lentes » où le programme de sixième et de cinquième s'effectue en trois années ; c'est ainsi, également, que l'on a créé les quatrièmes et les troisièmes technologiques qui avaient pour originalité de chercher à articuler les connaissances abstraites à un projet technologique susceptible de leur donner du sens et de permettre de se les approprier plus facilement. Ces tentatives ont-elles été couronnées de plus de succès que les précédentes ? Guère. Si nous ne disposons pas de statistiques précises sur l'efficacité des cycles en trois ans, on sait, en revanche, que, en dépit de ce qui était annoncé, en dépit même du remarquable travail pédagogique des enseignants qui ont accepté de les prendre en charge, les classes technologiques n'ont permis qu'à un tout petit nombre d'élèves de rattraper un niveau de fin de troisième et d'intégrer une classe de seconde[128]. Tout se passe comme si nous ne savions pas, en France, créer des cursus spécifiques, adaptés à des profils d'élèves particuliers, sans que ceux-ci soient utilisés comme des structures de relégation. La seule existence de ces cursus joue même une sorte de rôle « attracteur » par rapport aux classes normales : on y envoie systématiquement les élèves en difficulté, non point en espérant leur remise à niveau et leur retour dans le système « normal », mais en sachant qu'il s'agit toujours là, à peu de chose près, d'une orientation définitive.

Ainsi, si l'on observe l'histoire des collèges depuis une quarantaine d'années, on peut y discerner une sorte d'oscillation permanente entre des formules de regroupements d'élèves où l'hétérogénéité est dominante et des formules où l'homogénéité est mise en avant. Dans chaque cas, bien sûr, on tente d'instiller une dose suffisante de contre-poison pour que la formule soit viable : les classes hétérogènes se voient accompagnées de quelques heures de « soutien », les classes homogènes disposent de quelques plages d'activités communes avec le reste de l'établissement pour ne pas être totalement isolées. Il reste que ces éléments sont trop précaires pour

128. La moyenne nationale, dans ce domaine, est de moins de 5 %. Certaines académies, comme celle de Lyon, sont à 1,6 %. Il faut cependant nuancer un peu ces chiffres en soulignant que les quatrièmes et troisièmes technologiques ont permis à certains élèves qui, jadis, s'arrêtaient au C.A.P., de continuer jusqu'au B.E.P.

permettre d'échapper aux dérives qui menacent chacune des deux formules : les classes hétérogènes finissent, en donnant à tous à peu près le même enseignement, par creuser les écarts ; les classes homogènes se referment sur elles-mêmes, sécrètent des processus de conformité aux attentes institutionnelles et ne permettent guère le rattrapage prévu. Aussi, chaque fois que l'on met en place une de ces formules, un pédagogue ne tarde pas à surgir pour en souligner les dangers et proposer de passer à l'autre. Les enseignants, les élèves et les parents ne comprennent alors qu'une chose : les classes hétérogènes sont un échec, les classes homogènes aussi... nous sommes condamnés à naviguer sans fin des unes aux autres en accumulant leurs inconvénients respectifs.

Ne faut-il pas, alors, pour sortir de l'oscillation, se dégager de ce qui fonde aussi bien les deux systèmes : l'idée que l'enseignement est consubstantiel de la notion même de « classe » ? N'est-il pas temps d'inventer une formule qui soit, pour le XXIe siècle, aussi originale et efficace que la classe le fut au XVIIIe siècle, quand elle fut créée ? Car, il ne faudrait pas confondre les moyens et les fins ; les structures scolaires sont des moyens qui doivent être au service d'une fin : la formation des jeunes. Quand on découvre que les structures existantes deviennent un obstacle à la poursuite de la fin que l'on s'est donnée, le bon sens commande d'en changer.

Le « groupe de besoin » : un opérateur institutionnel décisif

C'est pourquoi les propositions faites par le Conseil national des programmes, et reprises par le ministère, d'organiser dans les lycées, à côté d'un tronc commun obligatoire, des « modules différenciés » représentent, à notre sens, une intéressante ouverture. C'est pourquoi, également, la formule proposée par le Conseil national des programmes pour les collèges nous apparaît aller dans la bonne voie : « Le principe général proposé pour l'organisation du Collège est de combiner, pour chaque élève, l'appartenance à sa classe (hétérogène) et sa participation à des regroupements temporaires sur des critères de besoin. Ce principe est fondamental, les formes d'organisation sont secondes[129] ». Certes, on pourrait voir, dans cette proposition, une nouvelle formulation du principe de la « pédagogie de soutien » ou des « groupes de niveaux-matière »... et il ne fait aucun doute que de tels dévoiements sont toujours possibles. Toutefois, il existe, dans le projet du Conseil national des programmes, une série de mesures d'accompagnement significatives : la proposition d'un référentiel de fin de troisième indiquant les objectifs qu'il convient que tous les élèves atteignent au sortir du collège et qui seront évalués sous forme d'unités capitalisables ; la transformation complète du brevet des collèges ; la mise en place de

129. *Op. cit.*, page 23.

« mini-collèges » de trois à quatre classes permettant l'organisation souple de regroupements temporaires de besoin ; la constitution d'une équipe de suivi pour les élèves en difficulté, etc. Mais, surtout, ces propositions nous semblent essentielles pour deux raisons...

D'abord, parce qu'en introduisant le concept pédagogique de besoin, elles placent, au cœur de la vie du collège, un **opérateur institutionnel** susceptible de faire basculer les pratiques pédagogiques d'une tradition hiérarchisante à une perspective diagnostique. La nécessité de regrouper les élèves selon les besoins pédagogiques que l'on peut déceler à travers les tâches qu'ils exécutent et leurs comportements au travail amènera inévitablement les enseignants à penser en termes de propositions pédagogiques diversifiées et non plus seulement en termes de classement et d'exclusion. Il ne suffira plus de dire qu'un élève est « faible en anglais », il faudra préciser exactement pourquoi et lui proposer des groupes de besoin adaptés à son type de problèmes : ne retient-il pas ce qu'il entend en classe ? Ne sait-il pas apprendre ses leçons ? Est-il incapable de prendre la parole devant un grand groupe ? Ne sait-il pas construire une phrase ? etc. De même, il ne suffira plus de dire qu'un élève est « moyen en français », il faudra préciser s'il a plutôt besoin de travailler en orthographe ou en grammaire, s'il ne sait pas faire le plan d'une dissertation ou utiliser les exemples, s'il ignore l'art de l'introduction ou manque de vocabulaire, etc. Et, également, il ne suffira plus de féliciter un élève parce qu'il a de bons résultats en histoire, il faudra lui permettre de les améliorer encore par des activités appropriées. La notion de « besoin » utilisée ici ne renvoie donc pas à une typologie psychologique établie *a priori,* c'est un outil de transformation des pratiques ou, pour dire les choses en d'autres termes, un concept proprement pédagogique.

Mais il y a une deuxième raison qui nous fait considérer les propositions du Conseil national des programmes comme une avancée essentielle : c'est qu'elles préfigurent un modèle de société particulièrement conforme à nos finalités. En associant les classes hétérogènes de référence et des regroupements temporaires sur des besoins identifiés, on peut, en effet, espérer concilier les exigences de l'apprentissage d'une socialité solidaire et celles d'un meilleur service de chaque personne. Il y a là une perspective qui permet d'imaginer un système où les élèves soient amenés, à la fois, à vivre ensemble pour se connaître et s'enrichir de leurs différences et à se regrouper, à d'autres moments, en fonction de leurs besoins spécifiques. L'École trouverait ainsi un équilibre entre sa fonction unificatrice et sa fonction différenciatrice ; ou, plus exactement, elle retrouverait sa véritable vocation qui est de chercher à inscrire dans l'histoire des configurations institutionnelles qui tentent d'articuler, autrement qu'en des rapports de force, unification et différenciation[130].

---

130. Guy Avanzini, dans son commentaire déjà cité du rapport du C.N.P. sur les collèges (*Lettre du CLERSE*, n° 13, mai 1992, pages 2 à 8), reconnaît à ce texte le courage

Derrière les critiques des Sciences de l'Éducation et du « pédagogisme », se profile donc un enjeu de toute première importance, un enjeu de société, un choix décisif pour notre histoire : il s'agit, au fond, de savoir si nous acceptons de faire du système éducatif une réplique, voire une anticipation d'une société duale ou si nous voulons encore porter l'espérance d'une société fraternelle où la reconnaissance des différences n'interdise pas la conquête progressive d'une culture commune permettant de les penser[131]. Il s'agit de savoir si nous voulons sanctionner l'échec, sous toutes ses formes, par l'exclusion ou si nous voulons en faire un défi pour l'intelligence des hommes, de tous les hommes. Si l'on choisissait cette dernière perspective, si l'on ne décidait pas de ranger l'idée de démocratisation au magasin des accessoires, alors il se pourrait bien que les Sciences de l'Éducation puissent encore être utiles à quelque chose.

---

d'annoncer des finalités éducatives claires ; mais il ajoute : « Affirmer que l'adoption de finalités communes est prioritaire c'est incontestable, mais à condition d'ajouter aussitôt que c'est aujourd'hui chimérique » (page 4). Une telle affirmation nous paraît étrange et témoigne, à notre sens, d'une sorte d'illusion rétrospective : y a-t-il eu jamais une société totalement consensuelle sur les finalités de l'éducation ? Certes, on connaît des sociétés totalitaires ou des sociétés dans lesquelles un pouvoir politique, économique ou religieux a pu imposer un système éducatif et museler les oppositions... Mais s'agit-il vraiment de cela dont on parle quand on demande de s'entendre sur des finalités avant de passer à l'action ? Pour notre part, nous croyons que le caractère « éclaté » de notre société — que dénonce Guy Avanzini — est finalement une chance : si nous savons la saisir et si l'éducation parvient à former les jeunes à une acceptation sereine des différences, nous pourrions peut-être accéder à une société vraiment démocratique. Il s'agit là, pour nous, d'une finalité essentielle et nous croyons que le fait de la traiter de chimérique ou de la discréditer encourage inutilement l'immobilisme que l'auteur dénonce par ailleurs (cf. *L'École d'hier à demain : des illusions d'une politique à la politique des illusions*, Éres, Toulouse, 1991).

131. C'est là la thèse soutenue par Louis Legrand dans son ouvrage *Les politiques de l'éducation* (P.U.F., Paris, 1988). Il montre, en effet, que les clivages éducatifs sont de véritables clivages idéologiques de fond qui ne recoupent pas les positions politiques traditionnelles. C'est aussi notre conviction mais nous souhaitons que la nouvelle donne en matière de choix de société puisse trouver le plus vite possible une expression politique. Dans le cas contraire, les risques sont majeurs d'un obscurcissement encore plus grand du débat et, par l'immobilisme qui s'en suivra, d'explosions sociales incontrôlables.

DEUXIÈME PARTIE

Vers une question centrale :
de l'exaltation de l'enfant-roi à la gestion de l'anticipation en éducation

Pour qui se penche rapidement sur l'histoire des doctrines pédagogiques, il apparaît très vite que, derrière les différences de sensibilité, les querelles de chapelles et de personnes, il existe une sorte de principe fondateur, rarement explicité et pourtant toujours présent, c'est la confiance dans les possibilités de l'enfant. Nous avons fait partie de ceux qui, d'abord dans leurs pratiques, puis, plus tard, en tentant de l'argumenter, ont défendu cette confiance sous le nom de « postulat d'éducabilité[1] ». Nous avons tenté de montrer qu'il s'agissait là d'un postulat fondateur dont il est impossible de se passer, quoiqu'il soit constamment démenti par les faits. Nous croyons encore aujourd'hui que c'est ce postulat qui a permis la plupart des grandes avancées éducatives, chaque fois que des éducateurs, considérés toujours comme plus ou moins fous par leurs semblables, se sont attachés à éduquer des enfants réputés jusque-là inéducables. Et nous ne voyons pas comment la recherche pédagogique pourrait progresser encore si elle n'était pas en permanence aiguillonnée par quelques-uns de ces éducateurs qui croient, en face d'une difficulté ou d'un échec, qu'il reste bien un moyen que l'on n'a pas encore essayé et qu'il faut à tout prix l'inventer.

Toute la difficulté – nous en sommes bien conscients aujourd'hui – tient à ce que, comme la plupart des pédagogues, nous n'avons pas toujours été capables d'élucider clairement le statut épistémologique de ce postulat d'éducabilité. Nous clamions haut et fort qu'il s'agissait d'un principe heuristique, que nous savions bien que nous n'étions pas tout-puissants et que nous ne pouvions pas combler à nous seuls les handicaps de toutes natures... mais, dans le concret des situations pédagogiques quotidiennes, nous nous obstinions à attribuer toujours, méthodologiquement, l'échec d'un élève à l'insuffisance ou à l'inadéquation de l'activité pédagogique. Quand un enfant ne réussissait pas, nous récusions *a priori* toutes les interprétations sociologiques ou psychologiques que nous considérions

1. Philippe MEIRIEU, *Le choix d'éduquer*, 2e éd., ESF éditeur, Paris, 1991.

comme fatalistes ; quand il refusait de travailler, nous mettions en question notre propre capacité à le motiver ; quand il éprouvait des difficultés importantes, nous le présentions comme la victime d'un environnement défavorable. Bref, comme le signale Elizabeth Altschull dans un texte qui dénonce « le pédagogisme à l'américaine » « nous vivions dans un système où ce n'était jamais l'élève qui n'avait pas compris le professeur, mais le professeur qui n'avait pas compris l'enfant[2] ».

Ainsi touchons-nous une difficulté fondamentale de l'attitude pédagogique : cette attitude, en effet, n'est féconde et ne débouche sur la création de dispositifs ou de méthodes que si l'éducateur se questionne sans cesse sur son activité, s'il se considère comme responsable des difficultés et des échecs de l'élève, capable de cette confiance active qui communique à chaque enfant les moyens de réussir et la force de les mettre en œuvre. Or, en agissant ainsi, le pédagogue ne prend-il pas le risque de déresponsabiliser complètement l'enfant ? Certes, nous savons bien qu'il existe contre ce soupçon un argument particulièrement convaincant : la responsabilité, en effet, n'est pas une quantité constante et un sujet qui se sent totalement responsable d'une chose ne spolie pas l'autre de sa propre responsabilité... En théorie, donc, l'enseignant qui endosse la responsabilité de l'échec de l'élève ne prive pas ce dernier de sa propre responsabilité, mais, au contraire, par son action même, il lui communique la conviction du possible et lui restitue une responsabilité bien plus grande encore : « Puisque j'agis de toutes mes forces pour que tu réussisses, c'est que tu peux réussir... je te délivre ainsi de toutes les fatalités qui pèsent sur toi, je te rends ta liberté ! » En théorie, effectivement, les choses pourraient se passer ainsi. Elles se passeraient certainement ainsi si les élèves étaient déjà éduqués quand ils entrent dans la classe, s'ils étaient capables d'entendre un discours que, précisément, toute l'activité éducative cherche à leur rendre progressivement accessible. Or, il n'en est rien, et le postulat heuristique de l'éducabilité de l'élève finit par basculer dans l'affirmation de l'enfant-roi, voire de l'« enfant-dieu[3] ».

Croire en l'éducabilité des élèves, c'est donc toujours, de fait, faire de l'élève en échec la victime de circonstances et de pratiques qui lui ont été défavorables. Puisqu'on croit que tout être est éducable et peut réussir dans toutes les disciplines, puisqu'on affirme que c'est l'activité éducative à son

---

2. « Le pédagogisme à l'américaine », *L'enseignement philosophique*, 42 (1), septembre-octobre 1991, pages 44 à 55, (page 47).

3. Ainsi, Dina Dreyfus, dans son étude « De quelques notions à la mode » (*Les préaux de la République*, Minerve, Paris, 1991, pages 57-68), dénonce-t-elle l'usage abusif de la notion de « créativité » : d'origine religieuse, explique-t-elle, cette notion renvoie à une sorte de « libération » de potentialités créatrices qui ne demanderaient qu'à s'exprimer naturellement dès que l'enseignant serait capable de lever les contraintes et les interdits qui pèsent sur les enfants : « Tout produit de la " spontanéité créatrice " sera, de ce seul fait, considéré comme ayant une valeur en soi » (page 61).

égard qui a été défaillante, puisqu'on fait de cette affirmation le postulat logique et méthodologique de toute l'action pédagogique, on place l'enfant sur un piédestal théorique où sa propre responsabilité n'est plus questionnable. Ainsi, sans doute, faut-il comprendre le caractère particulièrement rémanent du rousseauisme en pédagogie : chacun se défend *a priori* d'être rousseauiste – « nous ne sommes pas si naïfs, nous savons bien que les enfants ne sont pas naturellement bons, nous avons lu Marx et Freud... » – mais beaucoup de pédagogues se trouvent néanmoins acculés, dans la pratique, à camper sur des positions rousseauistes radicales : « L'enfant a toujours raison... ou, tout au moins, quoi qu'il fasse, il faut entendre dans ses paroles et ses actes la remise en question de nos attitudes d'adultes. A travers ce qu'il dit et fait, il nous interpelle et il ne sert à rien de le sanctionner. On peut, bien sûr, tenter de le bâillonner, mais on s'interdit, alors, de l'éduquer, on se condamne à n'agir qu'au hasard ou à basculer dans l'embrigadement. Plutôt que de lui imposer autoritairement des règles, regardons nos propres responsabilités d'adultes, demandons-nous si nous appliquons vraiment pour nous les règles que nous voulons lui imposer, interrogeons-nous sur les exemples que nous lui donnons, sur les exemples que la société tout entière lui donne... » Et, l'on aurait tort de railler trop vite ce discours : il est, à bien des égards, le ressort de toute évolution pédagogique et sociale ; il fonctionne comme un « opérateur d'ouverture » par rapport à nos tentations permanentes d'auto-justification ; il fonctionne en dépit de son schématisme, ou, peut-être même, en raison de son schématisme. C'est par son refus catégorique d'accepter la plus petite exception par où le fatalisme pourrait s'infiltrer qu'il remet perpétuellement l'adulte en jeu dans la relation éducative et lui permet d'espérer avoir un peu de poids sur les choses.

C'est pourquoi, contrairement à ce qu'affirment Laurence Cornu, Jean-Claude Pompougnac et Joël Roman dans *Le barbare et l'écolier*[4], on ne pourra guère se débarrasser si facilement que cela des « utopies scolaires » : celles-ci ne sont pas un moyen de « réduire les contraintes et d'assumer fictivement les aspérités du réel », elles ne sont pas seulement l'expression de l'« imaginaire des adultes[5] », un moyen d'« étancher leurs rêves[6] » en cherchant à panser toutes les blessures sociales... Pour notre part, nous ne pensons pas vraiment qu'à travers ces utopies le pédagogue veuille créer un monde de perfection, clos sur lui-même, à l'abri des malversations des hommes et capable, à terme, de faire de la société tout entière un havre de bonheur et de justice. Nous croyons plutôt qu'il cherche simplement à éviter ce « verrouillage » inacceptable qui démobilise tant les enseignants en les réduisant à n'être que les instruments d'une reproduction

4. Calmann-Lévy, Paris, 1990.

5. Ibid., page 59.

6. Ibid., page 67.

sociale inéluctable. Mais nous acceptons bien volontiers la critique : en rejetant toujours la responsabilité de l'échec de l'enfant sur l'activité éducative, le pédagogue prend le risque terrible de confondre un « principe régulateur » avec un « principe constitutif[7] ». Il peut faire de l'« enfant-roi » non plus une règle méthodologique d'examen des pratiques, susceptible de faire plus facilement ressortir les responsabilités – et donc les possibilités éducatives – des adultes, mais une affirmation ontologique plaçant la responsabilité de l'élève hors du champ même de l'éducation. Il peut culpabiliser systématiquement les adultes sans faire, pour autant, progresser les enfants.

Or, nous voudrions tenter de montrer, dans cette deuxième partie, que, s'il ne peut être question de renoncer au principe d'éducabilité, il ne peut être question, non plus, de le laisser dériver vers une idéologie de l'enfant-roi où l'éducation serait en quelque sorte postulée comme étant déjà faite. C'est pourquoi **tout se joue**, nous semble-t-il, **autour de la gestion de ce que nous nommons l'« anticipation »** : qu'est-ce que le pédagogue doit anticiper chez l'enfant ? Qu'est-ce qu'il peut anticiper qui ne soit pas prématuré pour l'enfant et ne lui interdise pas, en fait, d'accéder aux buts qu'il lui a fixés ?

---

7. Nous empruntons ces expressions à KANT : on sait que, pour lui, les principes de l'entendement sont constitutifs en ce qu'ils permettent de construire des connaissances ayant une valeur « objective » ; en revanche, les principes de la raison sont « régulateurs » en ce qu'ils dirigent son activité et l'empêchent d'être jamais satisfaite ; ils servent de règles de comportement à l'esprit et constituent des « maximes » : « Tous les principes subjectifs qui ne sont pas dérivés de la nature de l'objet, mais de l'intérêt de la raison par rapport à une certaine perfection possible de la connaissance de cet objet, je les appelle « maximes de la raison », ou « principes régulateurs » (*Critique de la raison pure,* PUF, Paris, 1950, page 465).

Objection n° 1 : L'enfant n'est pas un être achevé ; on ne peut donc lui donner les mêmes droits que ceux donnés à un adulte entré dans la maturité.

De toute évidence, les pédagogues sont impliqués dans la Convention des droits de l'enfant. On sait, en effet, que l'on attribue l'idée même de « droits de l'enfant » à trois « fondateurs » : Jean-Jacques Rousseau, Janusz Korczak[8] et Françoise Dolto. Or, si cette dernière s'est plutôt intéressée à l'enfance sous un angle psychanalytique, les deux premiers restent, en matière pédagogique, des références majeures. On sait, également, qu'une première Déclaration des droits de l'enfant fut adoptée en 1924 par la Société des Nations à Genève : réduite à cinq articles, cette déclaration défendait le droit de l'enfant à une existence matérielle décente et se terminait par une invitation à éduquer l'enfant « dans le sentiment que ses meilleures qualités doivent être mises au service de ses frères et sœurs ». Tout autre est la Convention des droits de l'enfant dont une première mouture fut approuvée le 20 novembre 1959 par les soixante-dix-huit membres de l'O.N.U. et dont la version définitive est votée à l'unanimité par les cent soixante membres de l'Assemblée générale de l'O.N.U. le 20 novembre 1989 : en effet, à côté de très nombreux articles portant sur les droits matériels et sociaux de l'enfant, on trouve, à l'article 13, le texte suivant : « *L'enfant a droit à la liberté d'expression. Ce droit comprend la liberté de rechercher, de recevoir et de répandre des informations, des idées de toutes espèces, sans considération de frontière, sous une forme orale, écrite, imprimée ou artistique, ou par tous les moyens de choix de l'enfant. L'exercice de ce droit ne peut faire l'objet que des seules restrictions qui sont prévues par la loi et qui sont nécessaires : a) au respect des droits et de la réputation d'autrui, ou b) à la sauvegarde de l'unité nationale, de l'ordre public, de la santé ou de la moralité publique.* »

A côté de cette déclaration sur la liberté d'expression, on trouve l'affirmation de la liberté de pensée, de conscience et de religion des enfants (art. 14), ainsi que l'affirmation du droit d'association (art. 15) et du droit

8. Il faut lire, à ce sujet, les deux très beaux livres de Janusz KORCZAK : *Comment aimer un enfant,* Robert Laffont, Paris, 1983, et *Le droit de l'enfant au respect,* Robert Laffont, Paris, 1979. A bien des égards, les deux livres, comme leurs titres, se répondent : l'amour de l'enfant y est présenté comme une composante essentielle de la relation pédagogique... mais à condition qu'il soit accompagné du respect qui évite la captation et l'appropriation ; réciproquement, le respect est considéré comme indispensable, à condition qu'il ne couvre pas une indifférence affective, voire une méfiance, qui interdirait toute communication authentique.

au respect de la vie privée (art. 16). Plus loin, la Convention affirme que l'enfant doit avoir le droit aux loisirs, au jeu et à la participation à des activités culturelles de son choix (art. 31).

On comprend que ce texte ait soulevé, chez certains intellectuels, de très vives protestations : ainsi, Alain Finkielkraut affirme-t-il que « cette convention est soit ridicule, soit scandaleuse ; et, à son avis, les deux à la fois[9] ». En effet, explique-t-il, outre le fait que cette Convention ne changera rien aux situations concrètes des enfants dans le monde, elle ignore la spécificité de l'éducation ; elle ignore qu'il est un temps pour apprendre les choses avant de les mettre en pratique, un temps dans lequel l'enfant doit être protégé de responsabilités sociales et politiques trop lourdes pour lui, un temps dans lequel il doit se construire avant d'accéder à la véritable maturité, le moment où il pourra enfin agir en citoyen. En affirmant le droit de l'enfant à l'expression, à la liberté d'association, au libre choix de sa religion, on confond les buts avec les moyens, on écrase l'enfant sous des charges trop lourdes pour lui et on ne lui permet pas de se former vraiment pour pouvoir les porter plus tard. Car, expliquent les adversaires de la Convention des droits de l'enfant, l'éducation n'est pas la vie, elle est la préparation à la vie. L'enfance n'est pas l'âge mûr mais la préparation à la maturité, à ce passage dans l'ordre des responsabilités qui donne sens à la notion même d'éducation.

On pourrait ajouter bien d'autres objections à l'idéologie qui soustend la Convention des droits de l'enfant ; on pourrait montrer, par exemple, qu'elle pose, de manière permanente, une question de « frontière » insoluble : à quel âge l'enfant a-t-il le droit de choisir sa religion ? à 2, 4, 7 ou 10 ans ? Et qui définit cet âge, lui-même ou l'adulte ? Or on voit mal comment il pourrait le définir lui-même – cela supposerait que son éducation est déjà faite. Et, si cet âge était défini par l'adulte, la notion de Droit de l'enfant se prêterait alors à toutes les manipulations ; elle se dissoudrait même dans l'arbitraire de verdicts d'experts – psychologues, sociologues, hommes politiques, représentants des parents – qui se disputeraient le droit de décider à la place des enfants du moment exact où il convient de prendre leur parole au sérieux.

De plus, il faut souligner à quel point les droits de l'enfant, tels qu'ils sont définis par la Convention, apparaissent formels, tellement formels que l'on peut craindre qu'ils laissent jouer massivement les inégalités entre les enfants et permettent, au sein d'un groupe de pairs, la prise de pouvoir par un leader ou le gouvernement démagogique par la « majorité ». La liberté d'association ne serait ainsi que la liberté de choisir son oppresseur ; à proprement parler, elle ne serait qu'un leurre. Ce danger a été souligné par Hannah Arendt, dans un texte célèbre que nous avons déjà cité à plusieurs

---

9. Entretien avec Alain Finkielkraut aux journées du Carrefour A.E.M.O. à Toulouse le 15 octobre 1991 (texte polycopié, page 1).

reprises et qui a pris aujourd'hui une sorte de caractère emblématique pour les adversaires du « pédagogisme » : « Affranchi de l'autorité des adultes, l'enfant n'a donc pas été libéré, mais soumis à une autorité bien plus effrayante et vraiment tyrannique : la tyrannie de la majorité[10]. »

Certes. Et nous avons nous-même passé au crible toutes les pédagogies qui suggèrent de créer des « communautés d'enfants-citoyens », pour y débusquer la moindre trace de « darwinisme éducatif », les moindres signes qui permettent de s'inquiéter d'une prise de pouvoir sur le groupe par un individu qui lui imposerait ses vues ou par une majorité qui stériliserait toute initiative originale[11]. Nous avons montré que, sans aucun doute, les pédagogues n'ont pas été assez vigilants sur ce point et qu'ils ont parfois proposé des formules tout à fait ambiguës ; en particulier, ils n'ont pas su clairement distinguer les deux « logiques » qui sont à l'œuvre dans toute « pédagogie du projet » : il y a, en effet, d'une part, la « logique de la production » — dans laquelle l'essentiel est d'utiliser les capacités préexistantes des individus pour obtenir, dans le moins de temps possible, un produit qui soit le plus parfait possible — et, d'autre part, la « logique de la formation » — dans laquelle l'essentiel n'est pas le résultat de la fabrication collective mais le progrès individuel de chacun des membres du groupe dans les domaines où, précisément, il était le moins compétent. Ainsi, beaucoup de pédagogues, adeptes des « méthodes actives », ont-ils cru que la « production » (le « projet » comme on dit souvent aujourd'hui), parce qu'elle motivait les élèves, leur permettait d'apprendre, alors que, tout au plus, elle leur permet d'identifier ce qu'ils ne parviennent pas à faire et, donc, ce qu'ils devraient apprendre... mais l'urgence de voir le produit terminé et de pouvoir en tirer quelques gratifications narcissiques les engage souvent à aller chercher ailleurs, sans avoir à apprendre, les éléments qui leur manquent. On a ainsi confondu trop souvent **le désir de savoir** — qui, lui, sans doute, peut être considéré comme constitutif de l'homme cherchant à percer le mystère de ses origines — avec **le désir d'apprendre** — qui suppose que l'on suspende, un temps, l'impatience du désir de savoir pour prendre, précisément, le temps d'apprendre... Et l'éducation scolaire, jusqu'à l'entrée dans la « maturité », serait précisément ce « temps pour apprendre ».

Des droits formels aux droits réels

Faut-il donc, alors, considérer la Convention des droits de l'enfant comme une imposture anti-éducative et ceux qui s'en réclament comme de dangereux inconscients, déniant leur responsabilité d'éducateur et condam-

10. *Op. cit.*, page 233.

11. *Apprendre en groupe ? Itinéraire des pédagogies de groupe,* 4e éd., Chronique sociale, Lyon, 1991, en particulier pages 57 à 82.

nant les enfants, en les faisant singer les adultes trop tôt, à rester définitivement dans l'immaturité ? La chose serait tentante mais, peut-être, trop facile. Car, à regarder de près l'argumentation d'Hannah Arendt ou d'Alain Finkielkraut, on est frappé par la difficulté qu'ils ont à définir précisément les conditions du « passage » dans la maturité. Ainsi, Hannah Arendt explique-t-elle que la fin du processus éducatif est marquée par le début d'une formation spécialisée débouchant directement sur la vie professionnelle : « L'éducation ne vise plus désormais à introduire le jeune dans le monde comme tout, mais plutôt dans un secteur limité bien particulier »[12]. En d'autres termes, la maturité serait marquée par la maîtrise suffisante d'un certain nombre de connaissances générales sur le monde qui permettraient de l'appréhender intellectuellement et, arrivé à un certain palier, de pouvoir agir sur lui. Le jeune serait d'abord un être « sans droit », voué à « prendre connaissance des choses », jusqu'au jour où l'ensemble de ces connaissances serait suffisant pour faire de lui un citoyen capable d'exercer un rôle dans la cité. Il existerait, en quelque sorte, un point de rupture où le quantitatif basculerait dans le qualitatif et d'où émergerait, à un instant précis, une citoyenneté lucide.

Or on peut s'interroger sur le bien-fondé d'une telle thèse : ne présuppose-t-elle pas une séparation radicale entre les savoirs scolaires et les savoirs sociaux, ou, plus exactement, n'implique-t-elle pas que les savoirs scolaires constituent des acquis coupés de toute pratique sociale jusqu'à ce que la quantité de leur accumulation donne le droit d'en « faire quelque chose » ? Que sont donc ces « savoirs scolaires » ? De quels objets mystérieux s'agit-il ? Comment peuvent-ils être acquis sans que rien ne les relie à des situations précises et comment peuvent-ils devenir un jour, tout à coup, des moyens particulièrement efficaces garantissant la maturité et donnant droit à la citoyenneté ? Comment les mêmes « objets » peuvent-ils ainsi bénéficier d'un « double statut » ? On voit trop bien la logique d'un tel système : les connaissances devraient être acquises avec pour seule référence le fait qu'elles contribuent à « présenter le monde », comme des objets qui s'imposent à la conscience de celui qui apprend en vertu du seul fait qu'ils sont là ; c'est ensuite que, ayant fait la preuve de sa maîtrise intellectuelle de ces objets, l'enfant, devenu adulte, pourrait exercer sur eux un pouvoir, voire un esprit critique. Il y aurait d'abord des « connaissances sans intérêt » et, ensuite seulement, la possibilité d'avoir des intérêts et de les poursuivre en s'appuyant sur les connaissances antérieurement acquises.

Mais, pour nous, les choses ne peuvent pas se passer ainsi : toute connaissance est prise dans un contexte, une histoire, un « intérêt », qui lui permettent tout d'abord d'apparaître et dont elle devra ensuite, progressivement, s'échapper. Pour dire les choses autrement, il n'existe pas de savoir désincarné qui puisse faire l'objet d'une appropriation *in abstracto* : tout

---

12. *Op. cit.*, page 251.

apprentissage est indissociablement réponse à une question et écho d'une passion, trace d'une vieille histoire et contre-coup d'un événement récent. Tout apprentissage est comme « pris en écharpe » dans un faisceau complexe de phénomènes concrets... et prétendre enseigner à l'école une « culture générale » coupée de tous ces phénomènes, c'est, en réalité, laisser jouer les complicités affectives et sociales d'histoires communes ; c'est donc, par la même occasion, exclure du cercle de l'apprentissage ceux qui n'ont pas eu la chance de vivre cette histoire. C'est pourquoi, à notre sens, s'il y a bien, dans le processus éducatif, construction d'une « maturité », celle-ci ne peut d'aucune manière s'effectuer par une mise en quarantaine des intérêts et des situations que vivent les élèves, mais bien à partir de cet ensemble de relations pour en dégager progressivement des « savoirs de vérité ». On ne peut suspendre par décret toutes les influences qui s'exercent sur l'enfant, tous les jeux de pouvoir qui existent entre eux, le plus souvent, à l'insu des adultes ; on ne peut imaginer qu'ils vont accumuler des connaissances par seul souci d'accéder à une vision encyclopédique du monde ; on ne peut les délier miraculeusement de toute attache culturelle et de toute empreinte affective... on ne peut que travailler avec tout cela, « pétrir toute cette terre », comme le disait Albert Thierry[13], dans une quotidienneté difficile où les confrontations, les oppositions, les expériences permettent parfois que se dégage quelque éphémère certitude.

Ainsi se précise le rôle de la pédagogie : c'est à elle de transformer des droits formels en droits réels, de permettre le passage d'activités « spontanées », très largement déterminées par les affects et les influences sociales, à des activités réfléchies où peut jouer progressivement l'instance critique d'une raison en construction. Et elle ne peut y parvenir en accumulant des connaissances abstraites, attendant que survienne, un jour, le miracle d'une transsubstantiation. Elle n'y parvient qu'en associant toujours très étroitement les connaissances avec les problèmes que se posent les élèves, les savoirs avec les situations qu'ils vivent ; elle n'y parvient qu'en mettant l'élève dans un statut tel qu'il puisse interroger, comprendre, critiquer, résister... non pas dans un avenir plus ou moins proche, mais ici et maintenant, dans la classe et sur ce qui se passe en classe.

Aussi faut-il permettre à l'élève de « se mettre en jeu » et d'analyser, avec les outils intellectuels qu'il a pu s'approprier, son rapport au savoir, son rapport au pouvoir, son rapport aux autres... Et l'on se trouve ici, en réalité, aussi loin d'une « dynamique de groupe », qui entretiendrait un narcissisme collectif et ferait des processus groupaux les seuls objets dignes de connaissance, que du « cours de citoyenneté » où l'on enseignerait magistralement le respect d'autrui et les règles de fonctionnement d'une collectivité démocratique. Car, ce que suggère la réflexion pédagogique c'est de faire de tous les enseignements des occasions de formation de la maturité ; non point en

13. *L'homme en proie aux enfants,* Magnard, Paris, 1986, page 70.

esquivant leurs contraintes intellectuelles propres mais, au contraire, en les exprimant avec assez de rigueur pour mettre en route une intelligence qui s'interroge sur son propre fonctionnement, découvre ses préjugés, confronte ses points de vue avec ceux d'autrui et se départit progressivement ainsi des contraintes de sa seule subjectivité. Ainsi, explique Guy Brousseau, spécialiste de la didactique des mathématiques, la construction du nombre, dès l'école maternelle, est-elle occasion pour l'enfant de se dégager des pièges de sa subjectivité et de se confronter à autrui avec la médiation d'un référent qui rend possible l'élaboration d'un autre rapport à lui que le rapport de forces[14]. Ainsi, explique Jean Baubérot, en analysant l'« affaire du foulard islamique », le fait d'interdire l'entrée de la classe aux trois jeunes filles de Creil et de ne leur permettre que d'accéder au Centre de documentation est-il, peut-être, et à l'insu même des acteurs de cette histoire, plus significatif qu'on ne l'a cru : la salle de cours devient, en effet, un lieu sacré qui exige de n'y entrer que dépouillé de ses caractéristiques propres tandis que le Centre de documentation est « *un lieu profane où il est possible, sans blasphémer, de garder son foulard, de conserver sa particularité. Là, l'adolescent choisit tel ou tel livre, il l'emprunte, il ne le lira peut-être pas. Ou alors il va le lire dans d'autres lieux profanes, la maison, le métro. Il sautera tel chapitre qui l'embête. Il relira deux fois tel passage qui l'intéresse. Il recopiera peut-être une phrase sur son carnet intime. Bref, avec ou sans foulard, il aura un ensemble d'activités qui sont précisément ce qui, historiquement, est le libre examen : un rapport direct au texte, avec peu ou pas de médiations sacrales, une façon d'accéder à l'universel où l'institution est instrumentalisée... Et bien sûr, si le foulard est ressenti comme un signe d'inégalité, peut-être sera-t-il enlevé au bout du compte. Peut-être perdra-t-il peu à peu sa signification sexiste pour devenir une mode avec laquelle on joue, ou autre chose encore ? Qui sait ? Le libre examen c'est l'aventure. C'est le texte, consistant mais fragile, livré à l'interprétation*[15] ».

Où donc se forme la véritable maturité ? Dans la classe indifférenciée, lieu sacré où l'on écoute les injonctions du maître ou bien dans cette confrontation aux textes qui est une véritable aventure de la raison[16] ? Certes, on fera remarquer que ce qui se passe dans le Centre de documentation est bien aléatoire et que l'on peut parfaitement imaginer que les trois

14. « Transmission des savoirs, recherche et démocratisation », (*Options*, 32, octobre 1990, pages 18-21).

15. *Vers un nouveau pacte laïc ?*, Seuil, Paris, 1990, pages 188 et 189.

16. Il faut souligner ici que le caractère « sacré » de la transmission des savoirs est circonscrit aux limites de la « classe » traditionnelle. Ainsi, dans les structures qui tentent de former les jeunes exclus du système scolaire (« dispositif-jeunes », stages d'insertion ou de remise à niveau, ateliers pédagogiques personnalisés, etc.) aucune des questions « philosophiques » sur le statut du savoir n'a plus cours. A quoi faut-il attribuer ce phénomène ? Au fait que ces jeunes n'intéressent pas les « philosophes » ? Au fait qu'ils ne sont pas dignes d'être traités en « sujets de droit » ? Ou au fait qu'ici un tel langage et de telles injonctions provoqueraient, selon les jours, révolte ou hilarité ?

jeunes filles s'y contentent de feuilleter le Coran ou, bien pis encore, quelques bandes dessinées ineptes. C'est là, précisément, qu'intervient ce que nous nommons la « didactique » : celle-ci a pour objectif de créer des dispositifs permettant de réaliser un peu d'« économie d'histoire » et de faire échapper à l'aléatoire, autant que cela se peut, l'émergence d'une instance critique de réflexion. En ce sens, la didactique se présente, en reprenant l'expression de Jean Baubérot, comme une « instrumentalisation du passage à l'universel » : elle organise des situations d'exercice de la raison, des situations où tous les élèves peuvent s'engager – ce qui suppose bien de les accepter tels qu'ils sont et de prendre en compte leur histoire personnelle, sociale et intellectuelle – et d'où tout élève puisse se dégager – ce qui suppose également une évaluation rigoureuse des acquis[17].

Ainsi, affirmer l'existence des « droits de l'enfant » c'est peut-être d'abord, tout simplement, affirmer **l'existence des enfants**, d'enfants de chair et de sang, de passions et d'illusions, de soumissions et de révoltes[18]. C'est affirmer que, si les enfants ne sont pas des êtres achevés – existe-t-il d'ailleurs des « êtres achevés » ? –, ils n'en sont pas moins des êtres complets. Fallait-il écrire, alors, comme l'ont fait les rédacteurs de la Convention des droits de l'enfant, que « l'enfant a le droit à la liberté d'expression » ? Peut-être aurait-il mieux valu formuler les choses autrement et dire que, puisque l'enfant s'exprime dès sa naissance et pas seulement par la voix et la parole, il a « le droit d'être entendu » ? Pas le droit d'être approuvé systématiquement, mais bien le « droit d'être entendu » et son corollaire essentiel : « le droit d'être contredit ». Sans doute, les choses auraient été ainsi plus claires. Fallait-il dire que l'enfant a « le droit d'association » ou n'aurait-il pas mieux valu reconnaître que les enfants, partout, s'associent en groupes et en bandes, et que chacun d'entre eux a le droit de recevoir l'éducation qui lui permettra peut-être d'échapper à l'emprise de ses chefs ? Fallait-il parler de liberté de conscience et de religion ou, plus simplement, souligner que tous les enfants se posent des questions sur le sens de leur existence et qu'ils ont le droit d'être pris au sérieux dans ce domaine-là aussi ?... Peut-être a-t-on été maladroit en

---

17. Nous avons développé très longuement ce point dans nos différents ouvrages ; voir, en particulier, Michel DEVELAY, *De l'apprentissage à l'enseignement,* ESF éditeur, Paris, 1992, et Philippe MEIRIEU, *Outils pour apprendre en groupe,* 4e éd., Lyon, Chronique sociale, 1991, *Apprendre, oui... mais comment,* 9e éd., ESF éditeur, Paris, 1992 et *Enseigner, scénario pour un métier nouveau,* 4e éd., ESF éditeur, Paris, 1992.

18. « Médecins, pédagogues ou, tout simplement, parents, nous nous croyons convaincus que les enfants sont des êtres humains ; cependant nous ne cessons de les traiter en choses, sous prétexte que leur humanité est pour demain. Nous ne cessons de les soumettre à des jugements de fait qui, sous des formes diverses, constituent autant de verdicts écrasants », écrit Colette AUDRY dans la préface de l'ouvrage de Maud MANNONI, *L'enfant arriéré et sa mère,* Seuil, Paris, 1964, page 8.

élaborant un texte semblable à celui de la Déclaration universelle des droits de l'homme ? Mais, peu importe. En réalité, les « droits des enfants » sont simplement les devoirs éducatifs des adultes et ce qu'annonce la Convention des droits de l'enfant c'est en quelque sorte le niveau d'exigence auquel, nous autres adultes, nous devons tenter de nous tenir. La Convention ne fait pas crouler l'enfant sous le poids de responsabilités trop lourdes comme l'affirment ses détracteurs ; elle prend acte de la vie matérielle, sociale, personnelle des enfants et s'efforce d'introduire dans ces différentes dimensions les exigences qui devraient permettre à l'enfant d'atteindre la maturité, ou, au moins – ce qui est pour nous un projet plus modeste mais qui nous suffit amplement – de la chercher.

Objection n° 2 : L'enfant n'a pas que des droits, il a aussi des devoirs ; une pédagogie qui le considère comme ayant toujours des excuses ne contribue pas à son éducation.

A en croire Élisabeth Badinter, les éducateurs d'aujourd'hui se caractériseraient par leur « haine de la loi[19] ». Ayant mal assimilé Marx, Foucault et Lévi-Strauss, n'ayant guère compris Freud, ils voient dans la loi une forme d'oppression des individus, un dispositif de normalisation empêchant la libre expression et l'épanouissement de chacun. C'est pourquoi ils ne supportent pas l'idée de punir et renoncent progressivement à toute sanction. Dans ces conditions, explique Élisabeth Badinter, les enfants n'ont donc plus de devoirs, ils n'ont que des droits ; ils ne commettent plus de fautes, tout juste quelques erreurs dues à un conditionnement éducatif défaillant. Au total, cela ressemble bien à une démission de l'adulte qui s'articule à deux phénomènes : d'une part, la vision de l'enfance et d'eux-mêmes qu'ont les éducateurs, car, « faute d'une distance suffisante entre l'enfance et l'âge adulte, punir nos enfants, c'est se punir soi-même. (...) Ainsi notre répugnance à faire mal est peut-être plus égoïste qu'altruiste[20] ». Et, d'autre part, si nous ne voulons pas punir, c'est que nous ignorons le véritable statut de la loi qui « met en lumière ce que nous avons de commun, c'est-à-dire nos ressemblances, au détriment de nos différences », nous garantit contre le droit du plus fort et reste la condition *sine qua non* de la survie de toute société humaine[21].

Dans ces conditions, l'« éducation libérale », en laissant jouer les pulsions et les intérêts individuels, ferait le lit de la violence, entraînerait la dissolution des liens sociaux et mettrait en danger l'intégrité de l'État. Très concrètement, elle rendrait impossible l'acte même d'enseigner, les professeurs ne disposant plus des moyens pour faire respecter les règles nécessaires à la transmission des savoirs. L'École, jadis à l'abri de la violence sociale, y serait livrée aujourd'hui, compromettant ainsi sa mission propre. Plus grave encore, cette « éducation sans loi » interdirait toute véritable formation des personnes qui requiert, elle, une prise de conscience des contraintes imposées par la vie collective ainsi que la renonciation à la toute-puissance individuelle. D'ailleurs, cette attitude de démission, qui

19. « Éloge de la loi », *Les préaux de la République,* Paris, Minerve, 1991, pages 97 à 105.

20. Ibid., page 102.

21. Ibid., pages 104 et 105.

tente toujours, plus ou moins, de se justifier par le respect de l'enfant et des problèmes particuliers de chacun, serait, en réalité, l'expression d'un profond mépris à son égard : en lui cherchant des excuses, on lui ôterait sa responsabilité ; en refusant de le punir, on s'interdirait de prendre au sérieux sa liberté ; en écartant toute sanction taillée à sa mesure, on le contraindrait à chercher toujours plus loin les limites de son pouvoir et à basculer dans de terribles violences.

Certes, il est possible que certains « éducateurs » aient eu la tentation de se faire les complices de leurs élèves contre « la loi » et l'institution qui l'avait édictée, et cela afin de s'attirer plus facilement leur affection. Il est possible, également, que beaucoup de pédagogues nourrissent une sorte de nostalgie d'un monde sans loi dans lequel on n'aurait plus à sanctionner quiconque et où nous seraient à jamais épargnées l'inquiétude de l'injustice et les affres du remords. Il est possible, enfin, que l'effort pour rechercher des explications psychologiques ou sociologiques à des comportements déviants soit apparu comme une manière de déresponsabiliser complètement leurs auteurs... Mais c'est bien mal connaître la littérature et les expériences pédagogiques de l'« Éducation Nouvelle » que de soupçonner tous les pédagogues qui s'y réfèrent d'avoir aboli les moindres règles de comportement et de tenir pour négligeables les codes sociaux qui permettent la vie collective. Pour un Neill – qui, d'ailleurs, à y regarder de près, impose à Summerhill des règles sociales relativement rigides – combien de Freinet, Montessori, Decroly, Cousinet, Oury et tant d'autres, qui font preuve sur la question de « la loi » d'une rigueur théorique et pratique particulièrement remarquable ? Pour quelques errances libertaires, combien d'efforts lents et difficiles pour instituer avec des élèves – et souvent ceux qui sont les moins « structurés » – une règle commune qui leur permette d'échapper à la violence sauvage de rapports non médiatisés ?

C'est que la pédagogie, quoi qu'en disent ses détracteurs, aime « la loi » ; c'est même là un de ses objets de travail et de recherche particulièrement privilégiés. Elle aime tellement la loi qu'elle suspecte un peu ceux qui, sous prétexte de la faire respecter, excluent les réfractaires du champ de son application. Elle trouve étrange, par exemple, que l'on mette à la porte de la classe ou de l'établissement les élèves dont on dit qu'ils n'ont pas intégré la loi : espère-t-on que c'est à l'extérieur qu'ils vont en apprendre l'importance ? Elle trouve curieux, également, que beaucoup de ceux qui invoquent « la loi » se satisfassent d'un dressage médiocre au terme duquel les élèves ont appris à développer des stratégies d'évitement des sanctions sans avoir véritablement intégré la nécessité de règles de vie collective[22]. Elle s'étonne

22. Ainsi, des recherches ethnographiques sur les comportements scolaires montrent-elles particulièrement bien à quel point les élèves apprennent à l'école à développer des stratégies leur permettant d'obtenir une relative tranquillité tout en violant constamment la loi officiellement annoncée. Il faut lire, à ce sujet, le très intéressant ouvrage de Peter Woods, *L'ethnographie de l'école,* Armand Colin, Paris, 1990.

que l'on ne voie pas à quel point des attitudes de soumission apparente peuvent coexister avec des comportements totalement asociaux. Pour tout dire, la pédagogie accorde tellement d'importance à la loi qu'elle considère comme particulièrement dommageable la parodie qui règne, à cet égard, dans beaucoup d'établissements scolaires.

L'éducation n'est pas l'imposition de la loi mais l'institution de la loi

Pour nous, en effet, « la loi » ne peut être confondue avec des règles arbitraires imposées à des enfants par des adultes pour assurer leur propre tranquillité[23]. Elle ne peut être, non plus, le simple fait d'une tradition qui se pérenniserait à l'abri de tout questionnement. Elle ne peut être, encore moins, l'application à tous de ce qui ne constitue que « des règles de bonne conduite » définies à l'intérieur d'un milieu social ou intellectuel donné, fût-il le milieu qui assume provisoirement le pouvoir[24]. La loi, à l'École, c'est l'instance structurante de la personnalité, ce qui se construit quand le sujet éprouve et régule ses affects, quand il découvre qu'il peut vivre ailleurs et autrement que dans la fusion affective, quand il cesse de jouer à « je t'aime, moi non plus » pour poser, en extériorité par rapport à lui et par rapport à l'autre, des règles qui leur permettront à tous deux d'exister[25]. Conçue ainsi, la loi, par définition, ne peut être imposée : on peut imposer des règles, imposer leur application par la sévérité des sanctions encourues, imposer le silence et même, parfois, la mort, mais on ne peut imposer la loi. La loi, on ne peut que la construire, péniblement, en assumant tous les renoncements narcissiques qu'elle impose, dans un travail d'interaction régulée avec le groupe auquel on appartient et en fonction des objectifs que l'on se donne[26].

---

23. Ce qui, après tout, peut, peut-être, être défendable pourvu qu'on le dise clairement et que l'on ne camoufle pas cela sous un prétendu « intérêt des enfants ».

24. Or, c'est bien souvent le cas, nous semble-t-il, pour ce qui concerne de nombreux comportements verbaux et non verbaux. De nombreuses recherches en attestent, en particulier celles de J.C. ZIMMERMANN, *La sélection non verbale à l'école,* ESF éditeur, Paris, 1986.

25. Ainsi, explique François TOSQUELLES, « la première fonction de l'école par rapport aux nouveaux enfants qu'elle reçoit n'est pas, comme on le croit, de faire accéder à la connaissance ou à la raison. Avant tout, il s'agit de procéder au décollage entre l'illusion maternelle, à laquelle l'enfant s'identifie, et l'imaginaire de cette même mère que l'enfant fait également sien. Paradoxalement, c'est à la démultiplication et à la variété des images que l'enfant s'engage. L'institutrice et les autres enfants participent activement à cette découverte qui décolle l'enfant de l'illusion fusionnelle avec sa mère. C'est dans la discontinuité des images et des fentes qui peuvent en faire la découpe que naît le récit langagier » (*L'enseignement de la folie,* Privat, Toulouse, 1992, page 165).

26. Il faut se méfier, quand on évoque la place de « la loi » dans la structuration de la personnalité, des interprétations trop rapides de la pensée de LACAN. Ainsi, Maud MANNONI

Car là se trame, effectivement, quelque chose qui permet d'**échapper à l'indifférenciation fusionnelle**, quand un sujet fait tellement corps avec un objet ou avec un groupe que plus aucune régulation n'est possible, qu'il s'y perd et perd tout moyen de contrôler tant soit peu ses affects : « J'adore la musique et je n'ai pas besoin de règles pour l'étudier, il suffit que je ne fasse que ça ! »... ou « Puisque nous sommes bien ensemble, nous n'avons pas besoin de lois ! ». Mais précisément, dans l'élaboration de la loi, émerge aussi ce qui permet de ne pas basculer de l'indifférenciation fusionnelle à **la rupture obsessionnelle**, quand l'indifférence se durcit en aveuglement, que le refus paralyse et interdit la moindre expérience d'où pourrait surgir l'ébauche d'une règle : « Je ne peux pas supporter les maths et c'est pas la peine que j'essaye, de toute façon je n'y arrive pas ! »... ou « Je refuse absolument de travailler avec ce groupe, entre nous ça ne peut pas marcher ! »... Ainsi se construit progressivement un sujet quand, échappant à la double gravitation de l'indifférenciation et de l'isolement, il se met à travailler vraiment sur des questions toutes simples : « Comment mettre en commun nos idées pour rédiger le journal de la classe ? », demandait Freinet ; ou bien : « Comment organiser le travail pour que chacun puisse s'exprimer dans la classe ? » ; ou encore, avec des élèves plus âgés : « Comment travailler ensemble à un commentaire de texte, nous qui sommes quatre, ne nous aimons pas forcément et n'avons ni les mêmes goûts, ni les mêmes compétences littéraires ? » La réponse n'est pas aisée. Mais la formation à la citoyenneté passe à notre sens, fondamentalement, par le fait de poser ces questions en classe, de les affronter dans leur complexité, d'expérimenter des règles de fonctionnement, de réfléchir avec les élèves sur ce qui se passe, bref de contribuer à « instituer de la loi entre des enfants » et non de les « soumettre à une loi[27] ».

Mais dire que l'éducation consiste à « instituer de la loi » avec des enfants ne signifie pas, évidemment, qu'aucune loi ne préexiste aux situations qu'elle régule. Le maître connaît à peu près les règles ; il a même intérêt à les avoir étudiées en vivant lui-même des situations analogues. Mais ces règles, tant qu'elles ne sont pas venues, dans un travail commun, comme

---

nous met-elle en garde : « Lorsque LACAN fait référence à la Loi et à l'ordre symbolique, il est influencé par les travaux de Marcel MAUSS et Claude LEVI-STRAUSS pour qui l'inconscient est un univers de règles vides de contenu, comparable à celles qui régissent le langage. La théorie lacanienne a subi, sur ce plan, de la part de certains, d'étranges distorsions. Ce que LACAN a cherché à privilégier (...) a été sacrifié à des conceptions juridiques utilisées au service du maintien de l'ordre dans les institutions. On parle de la « loi de Lacan » comme s'il s'agissait d'une loi juridique. C'est un contresens. » (*Éducation impossible,* Seuil, Paris, 1973, page 98).

27. Bien évidemment, il faudrait citer ici toutes les œuvres importantes de la « pédagogie institutionnelle », depuis la *Chronique de l'école caserne* (F. OURY et J. PAIN, Maspéro, Paris, 1978) jusqu'au volumineux « traité » *De la classe coopérative à la pédagogie institutionnelle* (F. OURY et A. VASQUEZ, Maspéro, Paris, 1971) et au très bel ouvrage *L'année dernière j'étais mort, signé Miloud* (F. OURY et C. POCHET, Matrice, Vigneux, 1986).

un moyen de sauvegarder l'intégrité des personnes, de poursuivre un but ensemble, de concilier des exigences contradictoires[28], ne sont que des coquilles vides, tout juste bonnes à fabriquer de vrais consommateurs et de faux citoyens, dociles et fraudeurs.

Dire que l'éducation consiste à « instituer de la loi » avec des enfants ne signifie pas, non plus, qu'on les place dans une situation sociale exactement identique à celle des adultes, tout au contraire. Le rôle du maître est d'inventer des situations et de les gérer de telle manière que les élèves puissent précisément « instituer de la loi ». Il n'est pas de créer artificiellement une micro-société reproduisant la société elle-même. En d'autres termes, il est de la responsabilité de l'enseignant de prendre en charge la genèse de la loi chez ses élèves, non de les en dispenser en leur fournissant une loi toute faite. Il n'y a rien là, on le voit, qui ressemble à une démission, rien, non plus, qui postule une sorte d'émergence naturelle de la loi dans le contact avec les objets et les êtres : l'institution de la loi requiert un retour réflexif, un questionnement sur ses actes, une capacité d'anticiper les conséquences de ses choix, de se souvenir de situations analogues, d'imaginer des situations nouvelles, de formaliser des intuitions, d'organiser des démonstrations... toutes choses qui sont bien des « objets de formation scolaires » dans toutes les disciplines. Toutes choses qui nécessitent, enfin, un minimum de cohérence pédagogique : on ne peut demander à un élève de surseoir à ses impulsions et de ne pas passer à la violence s'il n'existe pas un lieu et un temps où il pourra argumenter en sachant que sa parole sera entendue. On ne peut lui demander d'éviter l'insulte, les jugements sommaires, la moquerie qui blesse et les cris qui font mal si, par ailleurs, il sait que les adultes n'hésitent pas à l'évaluer sur son physique au premier regard, à le juger sommairement sur un travail raté, à confondre ce qu'il fait et ce qu'il est, à ne jamais écouter ce qu'il tente de dire, à se le « refiler » comme un paquet quand on ne sait plus qu'en faire. Car chacun sait bien qu'à force de donner à quelqu'un la place du mort, il finit toujours par prendre la place du fou et par faire voler en éclats les quelques bribes d'institution qui restent, aussi bien intentionnées soient-elles[29].

Qu'en est-il alors des « devoirs » de l'enfant dans une telle conception de la loi ? Rien de très différent, ici, de ce qui constitue la notion même de

---

28. Ainsi la plupart des règles de fonctionnement de la classe doivent-elles permettre de concilier le développement maximal de chacun et le service optimal de tous..., difficile tentative que l'on trouve à la base de toute entreprise démocratique mais qui peut être explorée dès l'école à l'occasion des événements scolaires les plus banals.

29. Jean Houssaye explique, dans *Le triangle pédagogique,* (Peter Lang, Berne et Francfort, 1988), que l'acte pédagogique est structuré autour de trois pôles : le savoir, l'élève, le formateur, et autour de trois « processus » : le processus-enseigner (reliant les pôles formateur et savoir), le processus-apprendre (reliant les pôles apprenant et savoir) et le processus-former (reliant les pôles formateur et apprenant). L'auteur montre bien que, quand on privilégie un processus, on exclut de fait un des trois pôles que l'on place dans le rôle du mort et qui revient toujours dans le rôle du fou.

« devoir » : l'enfant a des devoirs dans le cadre d'une loi qu'il a contribué à construire ou dans laquelle, tout au moins, il est partie prenante. Il a des devoirs mais il est seul à pouvoir légiférer sur ses devoirs et, surtout, seul à pouvoir décider de s'y soumettre. La notion de « devoir » se dissout si elle est assortie de la moindre contrainte[30]. Si je suis obligé de respecter mes devoirs, sont-ce encore des devoirs et quel sens peut avoir, pour moi, la loi ? Comment intégrer la notion même de loi si le sujet n'est pas considéré comme capable d'examiner lui-même ses devoirs et d'en décider librement ? On peut certes, argumenter de la nécessité de certaines contraintes requises par le développement même de l'enfant, mais, si l'on ne veut pas tout mélanger, il ne faut pas nommer ces contraintes « lois ». Une telle attitude aurait au moins le mérite de la clarté : on pourrait discuter clairement, entre adultes, des contraintes auxquelles il convient que les enfants se soumettent, comme, par exemple, l'obligation scolaire ou celle d'étudier telle ou telle discipline. Ces contraintes, une fois admises, devraient être élucidées avec les enfants mais ne seraient pas négociables. En revanche, dans le cadre de ces contraintes, « de la loi » serait progressivement construite, de la loi qui permettrait aux enfants d'engager leur liberté en décidant de faire ou de ne pas faire leur « devoir ».

30. Ainsi, explique V. JANKELEVITCH, « tu n'as sur moi que des droits sans avoir par rapport à moi des devoirs, du moins des devoirs dont je puisse moralement exiger le respect : tes devoirs envers moi ne me regardent pas. (...) Je ne suis pas le gendarme de tes devoirs mais je suis le défenseur de tes droits. » *Le paradoxe de la morale,* Seuil, Paris, 1981, pages 167 et 168.

Objection n° 3 : En prenant les élèves pour ce que l'on voudrait qu'ils soient on les empêche de le devenir.

Nous venons de prononcer le mot de « liberté » et d'affirmer que les élèves sont libres, dans une pédagogie qui s'attache à la construction de la loi, de faire ou de ne pas faire leur devoir... Et, déjà, nous entendons toutes les objections qui s'élèvent : comment peut-on affirmer que les élèves sont libres ? Le fait qu'ils soient « en formation », encore immatures, sans responsabilité sociale, sans disposer de toutes les connaissances requises pour effectuer le moindre choix lucide, ne condamne-t-il pas à l'avance toute pédagogie qui prétendrait s'appuyer sur leur liberté ? Et, plus grave encore, en supposant que les élèves sont déjà libres ne s'interdit-on pas d'œuvrer pour qu'ils le deviennent ? En laissant jouer leur prétendue liberté – qui risque bien de n'être que l'expression d'un caprice ou celle d'une délibération défaillante – ne laisse-t-on pas s'installer des situations qui appellent immanquablement le recours à la contrainte et ne risque-t-on pas de parvenir ainsi aux objectifs contraires à ceux que l'on s'était fixés ?

En effet, tout observateur attentif des pratiques pédagogiques est frappé par ces multiples convulsions dans lesquelles les enseignants perdent à la fois leur crédit auprès des élèves et le moindre plaisir d'enseigner. Ainsi voit-on, souvent, de jeunes instituteurs ou professeurs « idéalistes » s'engager dans une « pédagogie de l'autonomie », tenter de mettre en place des situations où leurs élèves puissent exercer des responsabilités, leur faire confiance en leur expliquant l'importance de l'enjeu institutionnel et personnel auquel ils sont confrontés : « Nous allons tenter de travailler autrement, affirment-ils, organiser de petits groupes, mettre en place des contrats, faire des débats, permettre à chaque élève d'aider ses camarades... Je compte sur vous pour me faciliter la tâche. Vous savez que ce n'est pas ainsi que l'on enseigne d'habitude, aussi il vous faudra être particulièrement rigoureux si vous ne voulez pas que l'on revienne très vite aux pratiques traditionnelles ». Mais bien souvent, malheureusement, la bonne volonté et l'exhortation ne suffisent guère et les élèves, soumis par ailleurs à des conditionnements scolaires contradictoires, mal ou peu formés à ce type de pédagogie, trahissent vite la confiance de l'enseignant. Tout dépend alors du degré d'obstination de ce dernier : si celui-ci n'est pas vraiment convaincu du bien-fondé de ce qu'il a tenté de mettre en place, il recourt rapidement à la batterie des sanctions traditionnelles et revient, sous l'œil satisfait de ses collègues, professionnels du « je-vous-l'avais-bien-dit », aux pratiques dominantes. Si l'enseignant est un peu plus convaincu et déterminé, il n'interrompt que provisoirement ses expériences, le temps de faire rentrer les choses dans l'ordre, puis fait une nouvelle tentative, le plus souvent tout aussi infructueuse que la première. Ainsi se déroulent bien des années scolaires, dans l'alternance de relâchements libertaires et de retours à l'ordre traditionnel, entre la souffrance de se sentir trahi par les élèves et la culpabilité de trahir soi-même ses propres convictions... et souvent, il faut bien le dire, dans une terrible solitude entretenue par le silence absolu qui règne sur ces questions-là dans le corps enseignant et jusque dans les stages de formation continue[31].

En réalité, ces convulsions pédagogiques sont particulièrement significatives de la difficulté de gérer, dans le rapport éducatif, ce que nous nommons l'« anticipation ». Ou bien, en effet, l'enseignant anticipe sur ce qu'il voudrait que ses élèves soient en espérant que cela va leur permettre de le devenir, mais il se trouve bien souvent obligé de reconnaître qu'il n'en est rien... ou bien il se cale sur ce qu'ils sont et risque, là encore, de les empêcher de progresser. Ou bien il anticipe en eux leur liberté, leur raison, leur capacité à se déterminer lucidement, en pensant par là les amener à se montrer dignes de cette attente et à agir comme il le souhaiterait. Ou bien, il prend acte du fait que ses élèves sont immatures, qu'ils apprécient plus que tout le fait d'« obéir par-devant et de râler par-derrière » et il s'organise en conséquence pour ne pas avoir de problèmes. Ou bien il s'appuie sur une image idéale de l'enfance dont il postule le pouvoir attracteur, ou bien il s'appuie sur une réalité concrète de l'enfant qu'il considère comme indépassable.

Or, d'une certaine manière, ces deux comportements sont aussi justifiés l'un que l'autre... tout en menant l'un et l'autre à des impasses, tout en étant l'un et l'autre une manière de nier la spécificité de l'« éduquer ».

De la nécessité de l'anticipation à ses dangers

Nous savons bien, en effet, qu'en parlant aux enfants « comme à des enfants » — c'est-à-dire, en réalité, en fonction de notre propre image de l'enfance, de cette représentation de « miniature » colorée et chatoyante qui nous fascine et nous amuse, nous permet de les traiter comme nos « jouets » —, nous faisons tout, en fait, pour qu'ils restent des enfants. De même qu'en parlant à un homme comme à un esclave nous savons bien que,

31. L'étude des Plans d'action de formation (P.A.F.) des académies ne fait guère apparaître de propositions permettant de traiter ce genre de difficultés ; tout juste y trouve-t-on, et dans quelques académies seulement, quelques stages, fort peu nombreux, sur ce que l'on nomme la « gestion de la classe ». En revanche, contrairement à ce que l'on laisse entendre souvent, l'immense majorité des formations porte sur les contenus disciplinaires.

à coup sûr, il nous répondra en esclave[32]. Se caler sur l'« être-là », sur le niveau de développement de l'autre, c'est prendre le double risque de le ramener à la représentation que l'on a de lui et de l'engager à nous répondre sur le mode le plus économique, c'est-à-dire en se mettant « en phase » avec cette représentation. Il y a, sans doute, beaucoup trop d'élèves qui ne sont cancres que par respect pour l'image que leurs professeurs ont d'eux : ils observent que des adultes sérieux et diplômés les traitent comme s'ils étaient des cancres et ne se donnent pas le droit de les démentir. Il y a, bien plus sûrement encore, trop d'élèves qui se comportent en « potaches » simplement pour ne pas rompre la communication avec l'enseignant : ils réagissent en conformité avec les attentes de l'adulte pour pouvoir tout bonnement continuer à parler avec lui... Ainsi, l'éducateur qui cherche à échapper à ce phénomène en anticipant chez ses élèves ce qu'ils ne sont pas encore a bien raison : il considère que cette anticipation est susceptible de faire advenir ce qu'elle postule parce que l'enfant va devoir se hausser au niveau de ce qui lui est demandé, ne serait-ce que pour pouvoir poursuivre la relation avec l'adulte. Plus fondamentalement encore, l'éducateur qui anticipe la liberté de l'enfant sait qu'en lui imputant tous ses actes, en refusant de les interpréter comme des signes d'immaturité ou comme les résultats d'un conditionnement, il convoque en quelque sorte sa liberté, interpelle sa conscience et l'aide à grandir. Car il est difficile d'être libre seul tant nous sommes enserrés, et comme englués, dans une infinité d'influences et de conditionnements ; et la tentation est grande, pour l'enfant comme pour l'adulte, de se laisser agir par les forces qui l'entourent. C'est pourquoi il

---

32. Philippe Meirieu a cité, déjà, dans *Le choix d'éduquer* (ESF éditeur, Paris, 2e édition, 1991) de nombreux exemples, choisis dans le champ littéraire, qui témoignent de l'importance de cette « anticipation ». Que l'on nous permette simplement ici d'en rajouter un dont la valeur symbolique nous paraît particulièrement importante aujourd'hui : Primo Levi raconte, en effet, dans *La trêve* (Grasset, Paris, 1989), l'histoire d'un jeune enfant, Hurbinek, né à Auschwitz... « Hurbinek n'était rien, c'était un enfant de la mort, un enfant d'Auschwitz. Il ne paraissait pas plus de trois ans, personne ne savait rien de lui, il ne savait pas parler et n'avait pas de nom... » Henek, un homme du camp, s'attache à cet enfant : « avec une obstination tranquille, il s'asseyait à côté du petit sphinx, protégé contre la puissance triste qui en émanait ; il lui portait à manger, arrangeait ses couvertures, le lavait avec des mains habiles, sans répugnance ; et il lui parlait en hongrois, naturellement, d'une voix lente et patiente. » Alors que de jeunes Polonaises traitent cet enfant de manière « tendre et futile », « en l'étourdissant de caresses et de baisers », Henek lui parle simplement comme il parle à tout un chacun et, ainsi, Hurbinek parvient à prononcer un mot. Peu importe qu'on ne puisse exactement le comprendre, Primo Levi note que « si la cohabitation précaire s'était prolongée au-delà d'un mois, Hurbinek, grâce à Henek, aurait appris à parler ». Et il conclut ces pages par ces mots : « Hurbinek mourut les premiers jours de mars 1945, libre mais non racheté. Il ne reste rien de lui : il témoigne à travers mes paroles. » (pages 25 à 27). Que dans cette situation limite, un homme parvienne, seul contre toute la violence faite à l'enfant, à lui rendre une dignité devrait nous inviter plus souvent, plus systématiquement, à parler aux enfants, aux plus démunis, aux plus arriérés, à ceux qu'écrase le « handicap socio-culturel », « naturellement, d'une voix lente et patiente ». Peut-être, ainsi, ébaucheront-ils, un jour, une réponse et surgira alors un peu d'humanité ?

a besoin que l'autre, en quelque sorte, l'appelle, sollicite sa liberté par son regard : il suffit, en effet, qu'il le regarde comme un être libre pour que, même s'il ne fait que céder aux influences, son regard lui impose d'assumer ce qu'il fait comme l'expression même de sa liberté. Le paradoxe de la liberté humaine c'est que celle-ci ne se construit comme détermination intérieure que dans la mesure où un regard extérieur en décide en la sommant d'assumer ses actes. Le regard de l'autre transforme ainsi une impulsion en décision ; loin d'être contraint de figer l'autre dans un état donné de son évolution, comme on l'a parfois cru en durcissant la pensée sartrienne[33], un sujet peut renvoyer son interlocuteur à sa propre liberté, contribuer à le constituer comme un être responsable. Et ce regard-là, pour nous, c'est bien, à proprement parler, un regard éducatif. Car, le « c'est bien toi qui as fait cela » n'est plus ici une manière de faire crouler quelqu'un sous des charges trop lourdes pour lui, c'est un moyen de lui imputer ses actes pour l'amener à les assumer, à reconnaître que, s'il s'est laissé déterminer par des influences extérieures, il pouvait tout aussi bien y résister. En d'autres termes, on ne peut pas croire que la liberté de l'enfant préexiste à l'anticipation éducative de cette liberté, pas plus que l'on ne peut croire qu'elle émerge miraculeusement un jour, toute constituée, au terme d'un parcours initiatique ; la liberté de l'enfant se construit dans son anticipation, progressivement, souvent laborieusement, et elle semble bien ne pas pouvoir se passer de cette anticipation.

Mais si l'« idéaliste » a raison, le « réaliste » a raison aussi. Il lui est facile, en effet, de montrer que les enfants, comme les adultes, ne se montrent que très rarement dignes de la confiance qu'on leur fait. Il peut mobiliser des milliers d'exemples où l'on voit à quel point une anticipation de la liberté et de la raison de sujets a produit des résultats catastrophiques et engendré des situations coercitives très dures que l'on aurait, sans doute, pu éviter si l'on avait été plus modeste dans ses ambitions premières. Plus fondamentalement encore, le « réaliste » peut voir dans l'anticipation que pratique l'« idéaliste » une sorte de négation du processus éducatif lui-même : l'éducateur, en anticipant ce qu'il est chargé de former, se condamnerait à l'échec... ou à une réussite très partielle avec ceux qui, précisément, sont déjà formés. Ainsi s'expliqueraient bien des impasses formatives : on

33. On se souvient que SARTRE montre à quel point la conscience — le pour-soi — a, en quelque sorte, le désir secret de devenir une « chose » — un « en-soi » —, une réalité qui n'ait pas à s'inventer à chaque instant et puisse se reposer dans une sécurité ontologique. Ne pouvant trouver cette sécurité en elle-même, elle tente de la construire dans le regard d'autrui, en se fabriquant une image qui lui permette de ne pas avoir à être libre... Mais le tragique vient du fait que nous ne sommes jamais vraiment sûrs de notre « être-pour-autrui » et qu'en poursuivant cette chimère nous nous condamnons au malheur. Ainsi s'éclaire la fameuse formule de *Huis-Clos,* « l'enfer c'est les autres » : l'enfer c'est les autres pour celui qui cherche à se construire une image dans leurs yeux et n'est jamais sûr d'y être parvenu. Le regard de l'autre nous fige pour autant que nous refusons d'avoir avec lui des rapports de liberté à liberté et recherchons des rapports de « chose à chose ».

prétend former à l'initiative, à l'autonomie, à la réflexion ou à la créativité, on anticipe ces qualités chez les sujets... et la formation n'est accessible qu'à ceux qui en disposent déjà ! Les méthodes utilisées, les attentes implicites ou explicites sélectionnent, en effet, toujours, ceux qui peuvent les comprendre et sont susceptibles de s'y engager. Les autres, ceux pour qui l'on anticipe ce qu'ils ne possèdent ou ne maîtrisent pas, sont tout de suite découragés, convaincus très vite que ce n'est pas à eux que l'on s'adresse, que cette formation-là, décidément, n'est pas pour eux. Dans cette perspective, on est acculé à une contradiction absolue : pour que l'éducation ait le moindre effet, il faut que les sujets auxquels elle s'adresse soient déjà éduqués ; pour que des individus ressortent de l'activité éducative, leur éducation devrait déjà être faite... sinon comment accepteraient-ils d'entendre la parole de l'éducateur ? Ainsi a-t-on raison de dire qu'il ne faut pas anticiper ce que les sujets doivent devenir, au risque de les empêcher d'y parvenir. Le « réaliste » souligne avec raison qu'il faut « prendre les gens comme ils sont », faute de quoi on se coupe de toute possibilité de les faire progresser.

Nous nous trouvons donc, apparemment, devant une impasse : l'anticipation paraît, tout à la fois, éminemment nécessaire et profondément néfaste ; elle serait un moyen essentiel pour la constitution de la liberté et de la raison des sujets et, en même temps, un danger grave pour leur évolution, une façon même de leur interdire toute évolution. Symétriquement, l'absence d'anticipation apparaît comme une sorte de résignation à un moment donné de l'évolution d'un sujet, un enfermement dans une situation précise et, en même temps, le signe d'une volonté d'éduquer des individus concrets, de ne pas supposer chez eux ce que, précisément, on cherche à mettre en place... C'est ainsi que l'on peut comprendre pourquoi bien des situations éducatives sont victimes d'une oscillation permanente entre les attitudes d'« idéalisme » et de « réalisme » : on anticipe la liberté et, puisque cette anticipation échoue, on décide de prendre les gens « comme ils sont ». On observe, alors, qu'ils progressent peu et l'on tente une nouvelle anticipation jusqu'à ce qu'elle engendre un nouveau recours à l'ordre.

Et cette oscillation – que l'on trouve dans tous les milieux éducatifs, que ce soit la famille, l'École, l'éducation spécialisée ou l'animation de loisirs – risque toujours de dériver vers le balancement psychotique, dans une sorte de course où chaque pôle engage à basculer vers l'autre et où l'accélération du mouvement devient une menace pour la survie même des sujets en présence... Il faut donc en sortir. Mais, contrairement à ce que l'on croit souvent, on ne sort pas du balancement en arrêtant le mouvement dans un juste milieu, un peu comme on arrêterait le balancier d'une horloge. Pour sortir du balancement, il faut faire un pas en avant, un pas nécessairement tâtonnant, hésitant, mais un pas qui permet d'échapper à la répétition mortifère, un pas qui rompt aussi bien avec la logique d'un « futur déjà-là » qu'avec la logique d'un « présent indépassable », un pas qui permet d'avancer du présent vers le futur, un pas qui nous engage résolument dans l'histoire, c'est-à-dire dans l'éducation.

Pour sortir de l'impasse, un détour nécessaire : apprentissage et développement

Pour comprendre la conception que nous proposons ici, il faut, sans doute, faire un détour par la question des rapports entre le développement et les apprentissages, question apparemment bien éloignée de nos préoccupations mais qui, on le verra, permet de lever un certain nombre de contradictions. Traditionnellement, on peut distinguer, en effet, deux grandes conceptions des rapports entre le développement et les apprentissages : pour les uns, le développement, processus essentiellement interne, détermine la capacité d'effectuer des apprentissages donnés ; il faut avoir atteint tel ou tel niveau de développement pour pouvoir apprendre telle ou telle chose, développer tel ou tel comportement ; le rôle du pédagogue est donc de fournir opportunément les objets de savoir au moment où ceux-ci peuvent être objets d'appropriation. L'échec de l'apprentissage est donc, le plus souvent, mis sur le compte de l'immaturité du sujet, dont on dit, en termes savants, qu'« il n'a pas encore atteint le bon stade[34] ». Globalement, on peut considérer que les partisans de cette conception sont, au sens où nous avons employé ce terme plus haut, des « réalistes » : ils calent leur attitude pédagogique sur le niveau atteint par les sujets qu'ils doivent éduquer. En face d'eux, il y a ceux qui considèrent que ce sont les apprentissages qui déterminent le développement ; héritiers des empiristes classiques, ils ne croient guère à l'existence d'une intériorité qui se développerait de manière endogène et considèrent qu'il faut proposer aux sujets des apprentissages, même s'ils apparaissent hors de leur portée, pour les faire évoluer. Dans le sens où nous avons employé ce terme plus haut, on peut dire que ce sont des « idéalistes » : ils anticipent ce que le sujet peut devenir en ne se laissant pas déterminer par ce qu'il est. Ils refusent toute fatalité et tout attentisme ; ils s'efforcent de proposer des situations exigeantes en étant certain que leur volontarisme aura des effets positifs sur le développement du sujet.

---

34. Cette conception renvoie, bien évidemment, à une vulgate piagétienne très largement répandue, quoique assez éloignée de la pensée même de Piaget. En effet, si Piaget minimise les facteurs exogènes dans le développement d'un sujet, ce n'est pas en raison de résultats de recherches qui en montreraient la faible portée, c'est en raison d'un choix épistémologique très clair : Piaget est, en effet, à la recherche du « sujet épistémique », c'est-à-dire des invariants structurels du développement ; l'objet même de sa recherche lui impose alors de tenter de neutraliser méthodologiquement les facteurs exogènes.

Or ces deux conceptions antinomiques apparaissent aujourd'hui aussi insatisfaisantes l'une que l'autre, incapables de rendre compte des rapports complexes entre le développement et les apprentissages : la première se voit opposer de nombreux cas où des sujets deviennent capables, contre toute vraisemblance, d'effectuer des apprentissages que leur niveau de développement ne devrait pas leur permettre ; la seconde ne permet pas de comprendre pourquoi, en dépit des apprentissages différents qu'ils effectuent, tous les sujets acquièrent des structures mentales semblables, ni pourquoi ils résistent de manière très différenciée aux propositions d'apprentissage qui leur sont faites... On doit à Vygotsky d'avoir perçu, le premier, cette double impasse et d'avoir proposé une conception nouvelle associant, d'une part, l'existence d'une logique du développement obéissant à certaines règles et, d'autre part, des apprentissages intervenant de manière décisive sur ce développement[35]. Pour lui, toute fonction psychique et toute opération mentale apparaissent deux fois dans l'histoire d'un sujet : une première fois, au moment où il peut les effectuer à l'intérieur d'un dispositif d'aide, soutenu par des pairs ou par des adultes, entouré d'un conditionnement favorable, tant sur le plan affectif que sur le plan instrumental. Une deuxième fois quand le sujet peut effectuer les mêmes opérations, seul, à sa propre initiative, en dehors d'un contexte d'aide bienveillant, dans des situations tout à fait différentes de celles où il a réalisé ses premiers apprentissages. En d'autres termes, un sujet se développe quand on lui fournit opportunément les moyens de dépasser le stade de développement qu'il a atteint, quand on lui propose un dispositif d'aide pour accéder à une fonction supérieure et quand on organise la disparition progressive de ce dispositif pour qu'il puisse penser et agir seul.

Les deux moments du travail pédagogique : étayage et désétayage

Dans ces conditions, le travail pédagogique comprend deux opérations aussi essentielles l'une que l'autre : l'étayage et le désétayage. Il faut étayer le développement d'un sujet, c'est-à-dire, en prenant appui sur les savoirs et savoir-faire qu'il a déjà acquis, prolonger son développement en mettant en place des situations interactives qui lui permettent de progresser... Puis il faut désétayer, c'est-à-dire lui permettre progressivement de se passer de toutes les aides qu'on lui a proposées, d'être suffisamment solide pour que

---

35. Voir, à ce sujet, la très bonne synthèse de son apport rédigée par Vygotsky lui-même quelques mois avant sa mort : « Le problème de l'enseignement et du développement mental à l'âge scolaire » (dans *Vygotsky aujourd'hui*, sous la direction de B. Schneuwly et J.P. Bronckart, Delachaux et Nietslé, Neuchâtel et Paris, 1989, pages 95 à 117). On peut consulter également *Pensée et langage* de Vygotsky (Éditions sociales, Paris, 1985).

de nouveaux dispositifs puissent s'appuyer sur ce qu'il vient d'acquérir et engager un nouveau progrès. L'enseignant a donc une double tâche : élaborer des situations où, grâce à son aide et aux outils qu'il propose, l'élève puisse réélaborer des fonctions mentales et construire des connaissances nouvelles ; puis, permettre au même élève de se passer de ce qui lui a été d'abord nécessaire, du soutien affectif et psychologique qu'on lui a fourni comme de l'ensemble des interactions instrumentales et personnelles dans lesquelles il a été placé.

La première phase suppose l'identification de ce que l'élève sait déjà, de ce qu'il peut déjà faire, des représentations dont il dispose sur la question considérée ; et, à partir de là, elle doit déboucher sur la mise en place de situations didactiques où ses connaissances et ses modes de fonctionnement intellectuel sont mis à l'épreuve et font l'objet d'une réélaboration : on part ainsi de ce que l'élève croit savoir de la germination de la graine, de la notion de « sujet » en grammaire, de la manière dont il pense pouvoir calculer une surface, de ce qu'il prétend savoir du romantisme ou de la façon dont il définit la démocratie... On part de cela, parce qu'aucun progrès intellectuel ne peut être accompli si on n'articule pas un apport extérieur à ce que le sujet sait déjà, au niveau de développement qu'il a atteint ; mais on ne s'en tient pas là : on crée ce que nous appelons des « situations-problèmes » où ses conceptions sont confrontées à des expériences nouvelles et des avis différents, où l'occasion lui est donnée d'entrer en conflit avec lui-même pour progresser véritablement[36].

La deuxième phase du processus consiste, ensuite, à désétayer, c'est-à-dire à permettre au sujet d'intérioriser ses acquis, de les faire siens au point de pouvoir les mettre en œuvre en dehors de la situation de formation. Pour cela, il faut qu'il apprenne à se passer des appuis affectifs et des systèmes d'assurance psychologique liés au formateur, il faut aussi qu'il découvre que ce qu'il vient d'acquérir peut s'utiliser et être mobilisé dans d'autres situations et problèmes que ceux construits tout exprès par l'enseignant ; il faut qu'il cherche lui-même d'autres occasions dans lesquelles ses acquis ont du sens. C'est ce que nous nommons la « décontextualisation » et dont nous croyons que l'élève ou le formé doit être le véritable acteur : il ne s'agit pas ici, en effet, que l'enseignant multiplie les « exercices d'application », il faut que l'apprenant cherche et trouve lui-même des situations différentes où il puisse réinvestir ses acquis, il faut qu'il les fasse jouer, à sa propre initiative, dans des situations qu'il découvre. C'est à cette seule condition qu'il ne sera plus tributaire des consignes scolaires, qu'il n'attendra plus

---

36. Sur la notion de situation-problème, on pourra consulter Philippe Meirieu, *Apprendre, oui... mais comment* (ESF éditeur, Paris, 9e édition, 1992), pages 164 à 179. Sur l'articulation d'une situation-problème dans l'ensemble d'une démarche didactique, on pourra se reporter à Michel Develay, *De l'apprentissage à l'enseignement* (ESF éditeur, Paris, 1992), pages 143 à 159.

qu'on lui demande expressément d'utiliser tel ou tel outil, telle ou telle connaissance pour le faire ; c'est à cette seule condition que l'on pourra parler d'un véritable développement et constater la mise en route d'un « processus d'autonomisation ».

Ainsi donc, le « réaliste » et l'« idéaliste » ont, tous deux, raison et tort à la fois : le « réaliste » a raison de dire qu'il faut partir de ce que les élèves sont et qu'il ne sert à rien de nier cette réalité-là... mais il a tort de ne pas chercher à la dépasser. L'« idéaliste » a raison de dire qu'il faut anticiper le développement du sujet pour le faire progresser... mais il a tort de ne pas s'articuler à ce que les élèves sont pour leur permettre cette progression. Le vrai pédagogue, en réalité, doit avoir les pieds sur terre mais le regard fixé au loin ; anticiper le progrès de ses élèves et organiser des situations où ils puissent, concrètement, se dépasser. Il n'est pas l'homme du juste milieu, mais celui des médiations. Il n'oscille pas entre la confiance aveugle et le contrôle absolu. Il construit des dispositifs porteurs de l'exigence du dépassement et tente, ensuite, de les alléger pour s'assurer que le développement est bien réel et ne se limite pas à un simple conditionnement scolaire.

Il n'est donc pas question d'anticiper l'autonomie des élèves et de les placer tout de suite dans des situations où ils auraient à agir de manière absolument autonome ; il convient, au contraire, de chercher quel est le type de dispositif qui, au niveau de développement qui est le leur, peut leur permettre d'effectuer un progrès significatif ; il s'agit, ensuite, d'expliquer et de contrôler ce dispositif jusqu'à ce que les élèves se le soient approprié complètement ; il s'agit, enfin, de travailler à l'organisation de sa disparition. Ainsi, un instituteur de classe maternelle va-t-il s'attacher à développer l'autonomie vestimentaire de ses élèves en mettant en place, tout d'abord, un dispositif très ritualisé, puis en l'allégeant au fur et à mesure de l'année. Ainsi, sur le même principe, le professeur de français de troisième qui cherche à développer l'autonomie argumentaire de ses élèves va-t-il proposer, tout d'abord, l'étude de textes argumentaires, leur décomposition systématique, l'identification de leur structure ; après cela, il pourra passer à la reconstitution d'un texte argumentaire proposé dans le désordre, à un travail d'élaboration d'un texte argumentaire à l'aide d'une grille de construction, puis à un travail plus libre avec une simple fiche d'autocorrection, et, enfin, à la construction d'un argumentaire à l'occasion d'une lettre adressée à un journal ou à une administration. Et le professeur d'histoire pourra procéder de la même manière quand il s'agira d'organiser un débat, comme le professeur de physique quand il conviendra d'apprendre à mettre au point une expérience... Rien d'extraordinaire dans tout cela, dira-t-on ! Chacun sait bien qu'il faut accompagner ainsi les élèves et que c'est comme cela que l'on contribue véritablement à leur développement ! Rien d'extraordinaire, en effet. Simplement le refus des oppositions stériles, des mouvements de balancier épuisants, des polémiques inutiles. L'acceptation que l'éducation est histoire. Aide et dégagement. Instrumentalisation et émancipation. Et c'est sans doute parce que, si la chose est simple à dire, elle est terriblement difficile à faire, que l'on doit régulièrement la redire pour avoir quelque chance de la faire.

Objection n° 4 : On ne produit pas mécaniquement la liberté, et la pédagogie, en réalité, est impuissante à faire accéder l'élève à celle-ci.

Bien présomptueux serait l'auteur d'un dispositif pédagogique qui prétendrait produire mécaniquement l'apprentissage. Car, tout apprentissage – à moins qu'il ne s'agisse de l'acquisition de réflexes conditionnés – requiert une liberté qui s'engage. Nous n'apprenons rien sans une prise de risque, un saut dans l'inconnu, une décision personnelle irréductible à tous les accompagnements et à toutes les préparations. Ainsi, pour apprendre à parler, il faut d'abord prendre la parole, prendre le risque de parler et donc de bredouiller. Et il en est de même quand il s'agit de faire une division, de lire un texte de Montaigne ou de se lancer dans une déclaration d'amour ! La minutie des préparatifs, le soin que l'on a pris à s'imaginer dans la situation, l'aide que l'on a reçue de ceux qui nous connaissaient pourtant très bien, les dispositifs didactiques les plus sophistiqués, rien de tout cela ne peut nous épargner cet instant étrange où nous décidons de partir, de quitter la sécurité de ce que nous sommes et de ce que nous savons pour affronter ce qui nous est encore inconnu. Si nous savions ce que nous allons trouver au terme de nos apprentissages, nous n'aurions pas besoin de les entreprendre. Si nous pouvions décrire exactement ce qui nous attend, les transformations que cela va entraîner pour nous, c'est que nous serions déjà de l'autre côté.

« Aucun apprentissage n'évite le voyage », écrit Michel Serres[37], et « partir exige un déchirement qui arrache une part du corps à la part qui demeure adhérente à la rive de naissance, au voisinage de la parentèle, à la maison et au village des usagers, à la culture de la langue et à la raideur des habitudes. Qui ne bouge n'apprend rien[38] ». La chose est vraie de nos « grands apprentissages » d'adulte, quand l'engagement dans une aventure intellectuelle, politique ou affective fait basculer notre destin. Elle est vraie, aussi – et, sans doute, l'avons-nous trop oublié – de ces milliers d'apprentissages de l'enfance et de l'adolescence, de ces rencontres avec des objets ou des textes qui sont familiers à l'intelligence du maître mais qui apparaissent résolument étranges, et parfois totalement étrangers, à ceux à qui ils sont présentés. Il ne suffit pas, alors, de faire le chemin à côté de celui qui

37. *Le tiers-instruit* (François Bourin, Paris, 1991, page 28).

38. Idem.

apprend : le fait que le guide connaisse l'itinéraire ne supprime pas les terreurs qui naissent au regard de paysages et de formes inconnues ; le fait que celui qui est à vos côtés vous explique qu'il a fait mille fois le chemin ne lève pas l'inquiétude de ne pas en être soi-même capable. Et puis vient toujours un moment où le guide vous laisse seul avec votre peur, où toute votre volonté se tend dans un geste impossible, où vous n'êtes plus qu'un pied qui ne peut s'arracher du sol, qu'une main qui ne peut se détacher de la paroi. Plus rien, à ce moment, n'existe autour de vous. Vous n'entendez ni les propos rassurants de vos camarades, ni les encouragements du guide, ni les menaces des responsables de l'expédition. Vous êtes seul avec un rocher, un chemin, un mot. La fatigue vous submerge. Vous ne savez pas pourquoi vous êtes là, ni pourquoi il y a, autour de vous, ces individus étranges qui vocifèrent. Vous vous agrippez à votre mot, à votre énoncé, à votre idée comme à une branche que vous ne voulez pas lâcher. Ce détail insignifiant prend des proportions énormes, vous ne voyez plus que lui. Vous ne bougez plus. Vous êtes incapable d'avancer, d'entrer dans cet univers dans lequel on vous convie pourtant avec tant d'insistance. Vous avez l'impression de ne plus rien comprendre au jeu. Vous voudriez tourner les talons... Puis, tout à coup, vous trouvez le courage de vous lancer : vos yeux courent sur la page jusqu'à ce qu'ils trouvent une expression où se fixer, ils s'y attardent et, de là, vont explorer les alentours. Vos lèvres se mettent à bouger et une parole hésitante se fait jour, fragile jusqu'à ce qu'un mot prononcé au hasard lui fournisse l'assurance nécessaire pour rebondir. Votre pensée se dénoue, abandonne les vieilles représentations sur lesquelles elle était fixée, elle se détend et agrège quelques parcelles de nouveauté, surprise que la chose, à tout prendre, ne soit pas plus difficile...

On nous pardonnera ces quelques lignes accrochées comme des lambeaux au texte de Michel Serres, tranchant curieusement avec le reste de cet ouvrage. Mais il nous semblait essentiel de rappeler à tous ceux qui proclament qu'apprendre est une chose facile, une sorte de produit naturel de la situation scolaire, le résultat obligé d'un dispositif didactique bien construit, qu'il n'est pas d'apprentissage sans un engagement, une prise de risque, une inquiétude dont rien ni personne ne peut faire faire l'économie à celui qui apprend. Car nous sommes oublieux de notre propre histoire au point que nous n'imaginons plus ce que cela représente d'efforts et de volonté d'entrer dans un monde que l'on ignore. Nous ne nous souvenons plus de nos premières terreurs devant l'écrit, nous qui en sommes devenus des professionnels ; aussi exhortons-nous nos élèves à lire et à écrire comme si c'était là des choses qu'ils avaient toujours faites. Nous avons oublié nos premières craintes devant le monde de la rationalité, quand nous quittions tout juste l'univers des contes et du merveilleux et que nous ne pouvions plus, tout à coup, faire appel à la magie pour expliquer ce qui nous arrivait. Nous sommes loin de ce premier contact avec des langues que nous ignorions et qui, inévitablement, venaient bousculer notre système de représentations... En fait, nous ne pensons plus vraiment à ce que veut dire

« apprendre » quand nous enseignons ; nous préférons à l'aventure du « connaître » la sécurité du « transmettre », et nous nous étonnons que nos élèves n'aient plus le goût de savoir et préfèrent d'autres aventures à celles de l'apprentissage scolaire !

Le problème, pourtant, n'est pas nouveau. Platon, déjà, dans *Le Ménon*, avait pointé cette extrême difficulté de la pensée rationnelle à penser l'apprendre, à comprendre ce passage, à proprement parler impensable, de l'ignorance au savoir, du non-être à l'être[39]. Et Aristote, dans l'*Éthique à Nicomaque*[40], réfléchissant sur l'apprentissage de la vertu, s'était demandé comment on peut devenir cithariste si on ne l'est pas déjà avant : car comment apprendre à jouer de la cithare si ce n'est *en* jouant de la cithare ? Et si l'on joue de la cithare c'est que l'on sait déjà jouer de la cithare ! Or, explique Vladimir Jankelévitch, commentant ce texte, « le problème se résout tout simplement par le fait ; on devient cithariste en jouant de la cithare, comme c'est en forgeant que l'on devient forgeron. Dans la décision aventureuse de se jeter à l'eau, l'apprenti rompt le cercle et, miraculeusement, irrationnellement, commence à nager[41] ».

Ainsi le pédagogue doit-il distinguer ce qu'il peut organiser et ce qu'il doit faire advenir. Il est en son pouvoir de s'informer sur les conditions qui facilitent un apprentissage, de chercher quels obstacles l'apprenant va rencontrer, de prévoir un dispositif, des matériaux, des règles de fonctionnement. Il doit s'interroger sur le niveau de développement de ses élèves, sur la progression qu'il peut leur faire effectuer, vérifier les pré-requis, inventorier les difficultés possibles, imaginer des remédiations... Et, d'une certaine façon, ce travail n'est jamais fini. On n'a jamais suffisamment préparé le terrain pour éviter les pièges et les malentendus. On n'a jamais fait le tour de toutes les variables qui interviennent dans la construction d'une séquence d'apprentissage. Le pari de l'éducabilité des élèves a ici une fonction heuristique essentielle ; il est la « mouche du coche » du didacticien ; il l'empêche de ne jamais se satisfaire de ce qu'il met en place et c'est là, sans doute, une très bonne chose. Mais il nous faut savoir que, aussi loin nous pourrons aller dans cette direction, nous ne pourrons jamais réduire l'apprentissage à ce que nous en avons préparé. Aussi parfait que soit le montage didactique il y a toujours « un reste » irréductible, un engagement de l'apprenant que l'on ne peut nullement « produire », un moment où l'élève prend le risque de se jeter à l'eau. Il trouve alors une voie entre la soumission passive qui fait de lui un simple objet des manipulations du

---

39. Philippe Meirieu a analysé ce texte de Platon et les difficultés théoriques qu'il soulève dans *Apprendre, oui... mais comment* (ESF éditeur, Paris, 9e édition, 1992), pages 25 à 29.

40. Livre II, chapitre premier, 4.

41. « Avec l'âme tout entière », Hommage à Bergson, *Bulletin de la société française de philosophie*, 1960, 54, 1, page 60.

maître et le jaillissement anarchique et chaotique de ses propres pulsions. Il investit sa volonté sur un objet de savoir dont il fait « son objet » et qui, symétriquement, lui permet de se constituer en véritable sujet. Il se « met en jeu », ce qui, simultanément, lui permet de se « mettre en je ».

Anticipation instrumentale et anticipation éthique

Il y a donc, en quelque sorte, deux ordres de réalité qui coexistent dans l'acte d'apprendre et qui doivent trouver leur correspondance dans l'acte d'enseigner : une réalité instrumentale et une réalité que nous pouvons nommer éthique ; à la première correspond l'effort didactique que nous avons décrit comme celui d'une « anticipation régulée » ; à la seconde correspond la visée proprement pédagogique, celle qui permet à un sujet de se constituer comme liberté, en dehors de toute progressivité, quand il court l'aventure de l'apprendre, et qui requiert une anticipation radicale de sa capacité à « commencer ».

Car, si aucun dispositif didactique ne peut « produire » chez l'élève le courage des commencements, nous croyons qu'il existe une « attitude » pédagogique qui est susceptible de lui faciliter la tâche. Lui faciliter la tâche simplement, sans assurance contre l'échec, sans certitude d'efficacité, sans possibilité d'une évaluation qui flatte notre narcissisme et nous conforte dans notre image de bon pédagogue[42]. Lui faciliter la tâche modestement, souvent sans qu'il le sache et sans en attendre de reconnaissance. Certes, nous concevons parfaitement en quoi ce concept d'attitude que nous invoquons est un concept flou, « propice, comme le note Daniel Hameline, à bien des relectures psychomorales[43] ». A strictement parler, personne d'ailleurs n'a jamais observé une attitude, on n'observe que des comportements ; mais l'attitude est une hypothèse « qui permet d'expliquer que ces comportements sont relativement stables, prévisibles, régulés, évalués par celui qui les accomplit et qu'ils ont de la valeur à ses yeux[44] ». En quoi consiste donc l'attitude qui engage au courage d'apprendre ? Là encore, il nous faut reprendre Daniel Hameline, dont l'apport est décidément essentiel dans la pensée pédagogique de cette fin de siècle : faisant, après coup, le

---

42. Car, par définition, l'aide que nous pouvons apporter ici aux sujets ne joue jamais « à coup sûr » ; le risque en est partie intégrante, comme l'indique Fernand Deligny : « Ce qu'il te faut faire, c'est te mettre devant et tirer, les tirer vers un but. Et tu peux t'arc-bouter, car c'est lourd et glissant. Pendant ce temps, bien occupé que tu es à les hâter vers la lumière et le soleil, ils vont chiper des poires dans les jardins voisins » (*Graine de crapule,* Éditions du Scarabée, Paris, 1974, page 16).

43. Daniel Hameline et Marie-Joëlle Dardelin, *La liberté d'apprendre, situation II* (Éditions ouvrières, Paris, 1977, page 283).

44. Idem.

bilan d'une expérience de non-directivité, Daniel Hameline suggère que la non-directivité a échoué en tant que système mais reste essentielle en tant qu'attitude, et il définit ainsi les trois caractères de cette attitude : « *Elle consiste à antécéder sans anticiper, à valoriser sans juger, à réguler sans régulariser. "Antécéder sans anticiper", c'est être là pour accueillir ce qui va se présenter sans le "prévenir" au point qu'il n'y ait plus rien à faire. "Valoriser sans juger", c'est suspendre le fonctionnement spontané des stéréotypes et des catégories pour permettre à l'interlocuteur d'être entendu pour ce qu'il dit et non d'abord pour ce qu'il représente. "Réguler sans régulariser", c'est éviter d'engluer l'interlocution dans les pièges de la dépendance affective sans pour autant interdire aux affects de s'exprimer*[45] ».

Si l'on voulait, sans prétendre dépasser la formulation de Daniel Hameline, exprimer d'une autre manière ce qui caractérise une attitude pédagogique susceptible de communiquer à l'élève le courage d'être libre, d'apprendre et, selon la formule de Kant définissant ainsi les Lumières, d'« oser faire preuve de sa raison », nous pourrions dire qu'elle comporte un volet négatif et un volet positif : négativement d'abord, pour que l'élève s'engage, prenne des risques, il ne faut pas « verrouiller » la situation didactique ; positivement, ensuite, il faut que notre présence y soit une sorte d'appel, que quelque chose passe dans notre regard par quoi nous reconnaissons la liberté de l'autre.

Ne pas verrouiller d'abord : la chose n'est pas si simple tant notre activité quotidienne est bien souvent déterminée par notre angoisse de ne pas faire face et de ne pas avoir tout prévu. Nous construisons alors des sortes de machines à lutter contre cette angoisse ; nous préparons des cours et des progressions, nous imaginons tout ce qui pourrait se passer, nous établissons des plans sur lesquels nous restons rivés, incapables d'entendre le léger frémissement d'une parole qui cherche à dire, à se dire, incapables de voir ces yeux qui marquent qu'un élève, la classe tout entière parfois, sont au point de rupture, au moment où tout peut s'engager, où des horizons nouveaux peuvent enfin apparaître. Il faut faire ici l'éloge de l'imperfection pédagogique, des systèmes ouverts où des limites sont marquées mais où de l'événement peut advenir. Nous savons bien, en effet, que le monde n'est vivable que par ses imperfections et que les machineries sociales parfaites, en leur belle totalité close, interdisent le moindre déplacement qui pourrait survenir à l'initiative d'un vivant. De la « république idéale » de Platon au « meilleur des mondes » d'Orwell, se prolonge la même songerie dangereuse d'un univers de perfection programmée où les choses n'adviennent que selon des plans savamment élaborés. Tout ce qui est humain est alors banni ; la moindre initiative est exclue et l'apprentissage, en tant qu'il est subversion inévitable d'un système où chacun aurait une place définitivement attribuée,

45. Ibid., page 291.

est interdit[46]. Jamais, ici, ne vient « le temps d'apprendre ». Car le moment favorable n'est jamais prévisible à l'avance[47] ; et il lui faut quelques interstices dans la machinerie institutionnelle par lesquels il puisse passer. C'est sans doute pourquoi, en travaillant avec des enseignants qui s'étaient lancés dans des « expériences pédagogiques[48] », nous avons constaté que, bien au-delà des structures nouvelles qu'ils avaient pu mettre en place, ce qu'ils retenaient d'abord de leur travail, c'était l'ouverture de lieux de négociations, d'espaces de confrontation, de moments de prise de risque où l'élève peut s'engager et réfléchir ensuite sur ses engagements. C'est pourquoi nous ne croyons pas souhaitable d'aller vers une « pédagogie différenciée » où tout serait prévu et où un diagnostic rigoureux porté sur chaque élève permettrait de lui affecter un travail individuel précis ; nous préférons, et de très loin, une pédagogie différenciée tâtonnante où l'on cherche ensemble, avec les élèves, des modalités de regroupement provisoires, où l'on examine les difficultés rencontrées, où il reste de l'« ouvert » dans l'organisé, où l'organisé est constamment repensé et reconstruit en fonction de ce qui se passe dans cet « ouvert ».

Ne pas verrouiller d'abord, avons-nous dit. Etre présent, ensuite, d'une présence discrète qui ne cherche pas les confidences et fuit les épanchements, mais d'une présence forte qui donne courage parce qu'elle n'anticipe jamais la chute. Car nous croyons qu'il y a bien « une efficace du regard »

46. Ces « utopies »-là n'ont rien à voir avec l'« utopie de référence » dont nous avons parlé plus haut en décrivant notre projet d'École : alors que les premières figent les individus dans des cadres formels « parfaits » d'où ils ne peuvent s'échapper, notre « utopie de référence » ne propose un cadre que pour permettre le maximum de mobilité en son sein et cherche à introduire des « opérateurs institutionnels » (comme la notion de « groupe de besoin provisoire ») susceptibles, précisément, de permettre systématiquement la remise en question de toute répartition des personnes. Le caractère relativement aléatoire des regroupements est ici un gage d'humanité possible ; alors que d'autres modalités (comme celle des groupes ou classes « de niveau ») permettent, au contraire, cet enfermement qui caractérise les « utopies closes ».

47. « Ainsi le moment favorable est-il introuvable à la rigueur, écrit Pierre CAUSSAT ; cherché, visé, jamais obtenu à point nommé, sauf par chance, par dépit, en raison même des calculs institués et poursuivis, à la recherche d'un équilibre toujours instable » (*L'événement,* Desclée de Brouwer, Paris, 1992, page 121).

48. L'expression d'« expérience pédagogique » pourrait laisser penser qu'il s'agit d'une sorte de « vivisection », un cadre, en tout cas, où l'on prendrait les élèves pour des cobayes. Il faut absolument récuser cette représentation : ce que l'on nomme des « expériences pédagogiques » sont précisément, dans l'immense majorité des cas, des entreprises pédagogiques où l'on refuse de prendre les élèves pour des cobayes, où l'on s'interroge régulièrement sur le travail que l'on fait avec eux, où l'on écarte à la fois la routine et l'improvisation. C'est bien plutôt dans les établissements où les pratiques pédagogiques ne font jamais l'objet d'un retour réflexif que « l'on prend les élèves pour des cobayes ». On doit, par ailleurs, s'étonner que, tandis que les enseignants qui ne remettent jamais en question les pratiques traditionnelles font l'objet d'une étrange tolérance et peuvent n'être efficaces qu'à 10 % sans être inquiétés le moins du monde, l'on exige des enseignants novateurs une efficacité maximale à 100 % et l'on ne tolère pas chez eux la moindre hésitation ou imperfection.

et que tout peut changer quand un sujet s'adresse à un autre avec une espérance d'humanité, une confiance et une « ouverture » qui n'ont pas besoin de discours pour être compris, un accueil qui sait se réjouir à l'avance de l'inattendu et témoigne toujours une secrète tendresse pour cette « différence » par laquelle l'autre nous échappe et commence à devenir lui-même : « *Ce qui distingue la pensée visant un objet d'un lien avec une personne, c'est que dans celui-ci s'articule un vocatif : ce qui est nommé est, en même temps, ce qui est appelé* », explique Emmanuel Lévinas[49]. Car il y a bien – tous les élèves le savent – un regard qui appelle et un regard qui vous fige sur place, des gestes à peine ébauchés qui engagent une liberté à s'exprimer et des mots à peine prononcés qui découragent tout effort et vous condamnent à la reproduction mortifère[50]... Certes, on peut toujours soutenir ce regard et parvenir à s'imposer en dépit de ses injonctions. Mais ce qui aurait pu être une rencontre bascule alors dans une épreuve de force ; ce qui aurait pu devenir occasion de joie devient prétexte à la violence : quand une liberté n'est pas accueillie mais doit s'imposer au regard de l'autre, le défier, le combattre pour pouvoir s'exprimer, elle quitte le registre de l'humain pour revenir à cette sauvagerie première que décrit Emmanuel Lévinas : « *Violence en guise d'étants qui s'affirment sans égards les uns pour les autres dans le souci d'être... Origine de toute violence, diverse selon les divers modes d'être : vie des vivants, existence des humains, réalité des choses. Vie des vivants dans la lutte pour la vie ; histoire naturelle des humains dans le sang et les larmes des guerres entre personnes, nations et classes ; matière des choses, dure matière ; solidité ; le fermé-sur-soi jusque dans les confinements intra-atomiques dont parlent les physiciens*[51] ». L'éducation, nous en sommes convaincus, doit échapper à cette violence, à ces rapports entre les êtres où ils mesurent chacun leur résistance réciproque à l'influence de l'autre, à ces combats de coqs dérisoires entre des enseignants sûrs de leur bon droit et des enfants ou des adolescents qui ne se sentent nulle part reconnus comme des êtres libres. Car il n'est pas question ici de progressivité : la liberté ne se divise pas, elle ne peut pas être objet de découpages taxonomiques, elle ne peut pas être assortie de la moindre condition... Elle est tout entière dans chaque pas en avant, quand l'élève se dégage de ce qu'il est et de ce qu'il sait pour accéder à autre chose, pour prendre le risque de l'aventure du connaître.

Et pour que ce risque soit pris, pour que ce pas en avant soit fait, il faut sans doute que le maître sache pratiquer cette étrange vertu que Michel

---

49. *Entre-nous, Essais sur le penser-à-l'autre* (Grasset, Paris, 1991, page 20).

50. Ainsi, explique Fernand Deligny dans *Graine de crapule* (*op. cit.*) : « Si tu joues au policier, ils joueront aux bandits. Si tu joues au bon Dieu, ils joueront aux diables. Si tu joues au geôlier, ils joueront aux prisonniers. Si tu es toi-même, ils seront bien embêtés » (page 31).

51. Ibid., page 10.

Serres nomme la retenue[52] : car la retenue n'est pas le reniement ; c'est cette manière de donner de la place à l'autre sans y paraître, c'est une sorte de rétractation confiante, une manière de s'éclipser en encourageant, de ne pas s'imposer parce qu'on sait que l'autre, maintenant, va pouvoir aller jusqu'au bout de lui-même. La retenue, c'est l'expression de soi sans la brutalisation de l'autre, c'est cette légère hésitation de la véritable compétence quand elle s'exprime sans s'exposer, quand elle reconnaît la difficulté de l'autre à l'entendre et, sans renoncer à ce qu'elle croit et sait, prend la précaution essentielle de lui donner un espace où exister. La retenue, c'est peut-être alors, tout simplement, ce léger déplacement d'accent, presque imperceptible qui renvoie l'intérêt de celui qui parle sur ce qu'il dit.

Le lecteur trouvera sans doute ces lignes bien évasives et peu scientifiques... et pourtant ! Qu'il tente de se souvenir des événements essentiels qui ont jalonné son existence intellectuelle et il retrouvera, sans doute, quelques-uns de ces moments un peu miraculeux où, accompagné jusqu'au seuil d'un savoir par un éducateur qui avait le souci de le faire progresser, il a pu trouver aussi en lui un être qui interpellait sa liberté et lui donnait le courage de se lancer dans l'inconnu. C'est ainsi qu'il faut, sans doute, dans l'activité éducative, pratiquer à la fois une « anticipation instrumentale régulée » et une « anticipation éthique radicale »... accompagner l'autre le plus loin possible sur le chemin de ses apprentissages et l'interpeller pour qu'il décide lui-même – quand il le voudra – de prendre le risque de la liberté. Fournir l'étayage en posant un cadre didactique soigneusement adapté au niveau de développement qu'il s'agit de dépasser et avoir le regard qui donne le courage – toujours aussi nécessaire quels que soient l'âge de l'élève et la perfection de sa préparation – de se lancer dans l'inconnu. Anticiper l'apprenant comme capable d'apprendre quelque chose d'un peu plus difficile que ce qu'il connaît déjà... et anticiper le sujet comme capable de poser, à chaque instant, l'acte libre par lequel il peut décider de se jeter à l'eau. Anticiper un être inachevé dans le registre des apprentissages et anticiper un être complet dans le registre éthique. Fournir les structures qui guident et l'appel qui permet la prise de risque. Fuir les systèmes qui enferment et éviter le regard qui paralyse...

Alors, si, de temps en temps, ces conditions sont remplies dans l'espace et le temps scolaire, on peut espérer éviter quelque peu ces convulsions pédagogiques où l'anticipation instrumentale et l'anticipation éthique étant confondues, on oscille sans cesse d'une liberté ingérable à une répression étouffante. Car la pédagogie, on l'a vu, ne peut produire la liberté d'apprendre mais elle peut contribuer, sans aucun doute, à son avènement.

---

52. « L'hominité doit apprendre cette retenue, pudeur et vergogne ; et sa langue la litote ; et sa science la réserve. Persévérer sans cesse dans son être ou dans sa puissance caractérise la physique de l'inerte et l'instinct des bêtes. Sans doute l'humanité commence-t-elle avec la retenue. » (*Le Tiers-Instruit,* François Bourin, Paris, 1991, page 180).

Objection n° 5 : La pédagogie, par sa volonté de toujours mieux connaître les élèves, s'interdit en fait de faire appel à leur liberté.

Chacun sait que, dans les représentations dominantes, le spécialiste de la pédagogie est celui qui, comme le dit Hannah Arendt, « cherche à résoudre l'épineux problème de savoir pourquoi le petit John ne sait pas lire[53] ». Il est vrai que beaucoup d'enseignants – ceux qui s'intéressent à la pédagogie tout au moins – considèrent que la connaissance de l'élève est un élément majeur de la réussite pédagogique. C'est même là un thème fondamental de l'« Éducation Nouvelle » qui n'a cessé d'exploiter la fameuse formule épinglée par Hannah Arendt : « Pour enseigner la lecture ou les mathématiques à John, il faut connaître John tout autant que la lecture et les mathématiques. »

Une telle conception a, sans doute, permis le développement de très nombreuses recherches. Les plus connues sont les typologies caractérologiques de toutes sortes qui permettent de classer les élèves dans des catégories plus ou moins schématiques : que l'on se souvienne de la caractérologie de Le Senne qui proposait un classement en affectifs, primaires, etc., que l'on repense aux classifications astrologiques de Ferrière[54], que l'on observe, autour de nous, le succès de la distinction auditif-visuel[55]... et nous pourrons mesurer l'attraction qu'exerce ce type de théories sur les enseignants. Elles semblent représenter pour eux un gage d'efficacité dans la mesure où, grâce à elles, il serait possible d'ajuster les interventions pédagogiques à la « nature » de l'élève, de lui proposer systématiquement les méthodes et les

53. *Op. cit.*, page 224.

54. En effet, FERRIERE, le grand théoricien de l'Éducation Nouvelle, a-t-il élaboré une classification naturelle des types psychologiques dans laquelle on apprend, par exemple, que « le type inquiet (ou de la purification de soi) » correspond à l'influence de Pluton du Scorpion et que « le type sociable (ou du sentiment affectif) » correspond à l'influence de Vénus de la Balance ! (*Vers une classification naturelle des types psychologiques,* Éditions des Cahiers astrologiques, Nice, 1943, page 44).

55. Cette distinction dont CHARCOT fut, sans doute, le promoteur a été reprise aujourd'hui par la Programmation Neuro-Linguistique (P.N.L.) et par Antoine De La GARANDERIE : ce dernier développe la thèse selon laquelle un sujet travaille mentalement en mobilisant des images qui sont préférentiellement auditives ou visuelles ; la « gestion mentale » prônée par cet auteur consiste à identifier et à enrichir ses modes de fonctionnement mentaux.

objectifs qui lui conviennent. Certes, beaucoup de chercheurs[56] ont perçu, assez tôt, le caractère dangereux d'un enfermement du sujet dans une hypothétique « nature » et ont souligné la nécessité de concevoir les données caractérologiques plutôt comme des points d'appui permettant au sujet d'effectuer des acquisitions, de se développer et de s'enrichir... Il reste néanmoins que la tentation est très forte, quand on dispose d'outils dont on peut se saisir facilement, de sombrer dans ce qu'il faut bien appeler un « délire classificatoire » qui semble ressurgir toujours, dans le corps enseignant et la formation des maîtres, en dépit de toutes les mises en garde.

Plus modestement, en raison, précisément, de la complexité de ses apports et de leur caractère difficilement saisissable, la psychologie cognitive – essentiellement dans la mouvance des apports de Jean Piaget et de ses successeurs – a nourri de très nombreux travaux, en particulier dans l'interaction qu'elle entretient avec les didactiques. Il s'agit là de comprendre quels sont les processus qui sont à l'œuvre chez le sujet apprenant, où se situent les blocages, quelles opérations mentales doivent être effectuées pour les surmonter, comment celles-ci s'articulent avec les contenus de connaissance à transmettre. Les recherches effectuées, dans ce domaine, sur l'acquisition des structures logiques ou du langage sont extrêmement prometteuses, même si – il faut bien le reconnaître – elles semblent réduites à une certaine marginalité en raison de leur complexité même.

Il est certain que, au regard de l'histoire des idées pédagogiques, de telles conceptions ont fait faire de notables progrès aux pratiques didactiques. En particulier parce qu'elles ont contribué à démonter l'illusion de l'académisme et de son égalitarisme de façade. On sait, en effet, qu'il y a tout un courant dans la réflexion éducative – nous en avons déjà longuement parlé – qui considère que l'attention aux personnes et à leurs différences est constitutivement contradictoire avec le « projet d'éduquer » ; car ce projet, étant projet d'universalité, doit précisément amener les sujets à abandonner, au moins provisoirement, leurs particularités et à laisser de côté leurs différences d'ordre psychologique et sociologique, pour accéder à ce qui est l'objet même de l'éducation et qui dépasse, évidemment, « les petits problèmes de chacun ». En ce sens, les élèves seraient, par définition, des « sujets de droit » dont on devrait ignorer méthodiquement les spécificités, puisqu'on veut précisément leur permettre de les dépasser... Or, si tant est que l'on partage les finalités ainsi exprimées, on doit impérativement dénoncer la confusion qui règne ici entre les objectifs et les moyens. Que « la culture » soit accès à l'Universel n'interdit pas, bien au contraire, de prendre en compte les particularités : si l'Universel ne veut pas être un « universel du vide », il doit bien se construire à partir d'un matériau qui

56. Voir, à ce sujet Philippe MEIRIEU, *Enseigner, scénario pour un métier nouveau* (ESF éditeur, Paris, 4e édition, 1992, pages 65 et suivantes).

doit, certes, être questionné, confronté, mis en perspective... mais qui doit être pris en compte.

Par ailleurs, la conception de « l'élève-sujet de droit » fait hypocritement le silence sur le fait que certains enfants et adolescents sont capables, en raison des stimulations de leur entourage familial et social, d'accéder relativement aisément à l'abstraction, de se dégager des « contingences matérielles »... alors que d'autres éprouvent de terribles difficultés pour y parvenir. Le « cours magistral », dans sa belle neutralité républicaine, ignore qu'il sélectionne ceux qui sont capables de le recevoir et, en ce sens, c'est une véritable imposture que de prétendre en faire le garant de l'accès de tous à l'universalité de la culture.

On ne soulignera donc jamais assez toute l'importance de cette affirmation : « Quoi que l'on veuille lui faire apprendre, c'est toujours l'élève qui apprend et il apprend avec ce qu'il est, avec ce que son histoire lui a permis de construire comme stratégie d'apprentissage, avec sa personne dans toutes ses dimensions. Que l'on veuille légitimement l'aider à dépasser sa propre histoire et s'exhausser au-dessus de ce qui l'a constitué ne peut justifier d'ignorer cette histoire... bien au contraire. Cela impose de chercher inlassablement, dans ce que l'élève sait déjà et est déjà, des points d'appui pour articuler en lui de nouveaux savoirs et lui offrir de nouvelles perspectives. » Cela suffit très largement à justifier la fonction pédagogique et le caractère particulièrement fécond de l'affirmation : « Pour enseigner les mathématiques à John, il faut connaître John tout autant que les mathématiques. »

Le risque de la compréhension bienveillante

Mais on ne peut s'en tenir là. Car, malgré nos dénégations et notre constante détermination à séparer la connaissance de l'élève – qui peut nous aider à le faire progresser – et la connaissance de la personne – qui risque de nous entraîner subrepticement dans une abusive « direction de conscience » –, il existe une tentation permanente, toute empreinte de « gentillesse » et de « bonne volonté », de chercher à « comprendre à tout prix »... et de faire ainsi de l'autre l'objet de sa propre interprétation, l'objet de ma propre pensée.

Tout commence en douceur... justement dans cette « douceur » qui met hors d'eux les adolescents et les font se rétracter dans le mutisme ou se réfugier dans la violence. « Je voudrais bien comprendre, mieux te comprendre, mieux te connaître pour pouvoir vraiment t'aider. Je ne te demande pas de me parler de ta vie privée... mais j'ai conscience que tes résultats scolaires, ton comportement en classe, sont inextricablement liés à toute cette part de toi-même que tu me caches. Oh ! je ne veux pas te forcer à m'en parler, mais sache que tu trouveras toujours en moi une oreille attentive ! » Bien sûr, personne ne dit vraiment ça à quiconque ! Mais il nous arrive parfois de rêver à cette « connaissance intégrale » qui nous permettrait d'accéder, enfin, à une véritable efficacité. Et c'est vrai que nous avons de « bonnes raisons » de jouer ainsi, seuls ou en conseil de classe, dans le dialogue avec l'élève ou avec ses parents, au « psychologue de service » : il est vrai que, si nous en savions plus, nous pourrions adapter nos attitudes, éviter des maladresses, ajuster nos interventions...

Mais n'y a-t-il pas, derrière cette bienveillance, tapie derrière nos bonnes intentions, une sournoise volonté de « maîtrise », un désir irrépressible de réduire l'inconnu de l'Autre, voire de réduire l'Autre, à ce que nous pouvons en comprendre, c'est-à-dire, au fond, de le réduire à tout autre chose qu'un Autre ? Cette volonté de le « connaître » n'est-elle pas l'expression de notre peur ? Peur devant l'inconnu, devant ce qui échappe à nos catégories, se défile devant notre projet, récuse même notre « projet de l'éduquer » ? La « connaissance » de l'élève n'est-elle pas, ainsi, un obstacle à l'accession à cette dimension éthique de l'éducation, quand on ne cherche pas seulement à instrumenter un sujet social mais aussi, et surtout, à susciter l'émergence d'une liberté, à prendre le risque d'un « exotisme radical », comme le dit Jean Beaudrillard[57], un exotisme que je ne peux pas, d'aucune manière, récupérer ?

Si le slogan n'avait été utilisé dans des perspectives idéologiques douteuses, nous dirions volontiers, pour parler de nos élèves et de notre effort pour mieux les « comprendre » : « Laissez-les-vivre ! » Laissez-les, en particulier, parler et agir sans faire peser sur eux la pression permanente de l'« interprétation ». Car rien n'est plus paralysant, plus inquiétant, que de savoir que nos moindres faits et gestes feront l'objet d'une attention toute particulière et que quelqu'un va systématiquement « leur donner du sens ». Et nous savons bien que, si le tragique c'est, parfois, le manque de sens, c'est aussi, et bien plus souvent que l'on ne croit, l'excès de sens. Le tragique c'est quand rien n'échappe à l'interprétation, que tout est réinterprété systématiquement, mis sur le compte d'une intentionnalité postulée comme permanente et toute-puissante. Le tragique c'est quand un moment de fatigue ou d'inattention, un souci dérisoire et totalement extérieur à la situation, des ennuis matériels qui vous sont tombés dessus, une circonstance dans laquelle vous n'êtes pour rien, un hasard... Tout cela n'est pas perçu comme tel et vos paroles et actions portées quand même à votre débit. Le tragique c'est quand on se sent enserré dans un véritable filet qui fait que rien n'échappe à la traque inquisitrice et que, quoi qu'on fasse, on est piégé : « S'il a fait cela c'est parce que... et parce que... » Et s'il avait fait cela sans « parce que », ou pour des raisons qui m'échappent et lui échappent, peut-être, à lui aussi ? Si je devais accepter de ne pas savoir, de ne pas

57. Voir *La transparence du mal* (Galilée, Paris, 1990).

« comprendre », simplement parce que, comme le dit Emmanuel Lévinas, « ce qui échappe à ma compréhension, c'est Lui[58] » ?

Mais, plus encore, il nous semble que la volonté de tout savoir sur l'élève risque de dériver vers des formes plus ou moins ouvertes de violence. Car nous savons bien que tout effort éducatif bute irréductiblement sur « l'opacité incontournable de la conscience d'autrui[59] ». Aussi habile et rigoureuse que soit mon activité pédagogique, je ne peux contrôler mon efficacité qu'avec ce que je vois, c'est-à-dire les comportements que les éduqués me donnent à observer... je dois me résigner à ignorer, à jamais, ce qu'ils pensent. Car, aussi dociles soient leurs comportements, rien ne me permet d'écarter absolument et définitivement l'hypothèse qu'« ils n'en pensent pas moins ». Et c'est bien ce que l'éducateur démiurge ne peut pas supporter ; c'est bien ce qui le met en rage et lui fait inventer – mais toujours en vain – des dispositifs toujours plus sophistiqués pour découvrir « ce qui se passe vraiment dans la tête de l'autre » ; c'est bien là où s'origine la violence éducative, celle qui préfère exclure quand elle ne maîtrise pas, celle qui préfère la mort – n'importe quelle forme de mort – à une soumission toujours incertaine. Et c'est contre une telle dérive qu'il est bon, parfois, de rappeler que nous ne savons vraiment jamais rien sur l'Autre , rien, en tout cas, qui lui soit véritablement propre, rien qui ressemble à son altérité radicale, rien qui l'implique dans sa liberté. Nous pouvons, parfois, souffrir de ce non-savoir ; la volonté de le dépasser peut, de temps en temps, être un principe dynamogène pour nos investigations psychologiques... mais nous devons accepter le fait que, aussi précise soit notre observation, aussi complète soit notre collecte de faits, nous n'atteindrons pas plus l'intention qui leur a donné naissance que nous ne pourrions, comme le rappelle Jean-Paul Sartre, « obtenir l'unité en ajoutant indéfiniment des chiffres à la droite de 0,99[60] ».

La chance de l'ignorance

Et c'est d'ailleurs, à tout prendre, très bien ainsi : car si nous parvenions à comprendre complètement l'Autre, nous le perdrions dans sa radicale étrangeté, c'est-à-dire dans ce qui fait sa richesse. Si nous étions capables de le réduire à ce que nous sommes nous-mêmes – ne serait-ce

58. *Op. cit.*, page 22.

59. Nous répugnons un peu à employer l'adjectif « incontournable » que le succès médiatique rend à la fois agaçant et suspect ; pourtant, c'est bien l'adjectif qui convient ici, en référence à la phénoménologie et à HUSSERL, pour désigner l'opacité de la conscience d'autrui : en effet, quoi que nous fassions, nous rencontrons cette opacité, elle s'impose comme un fait à la fois irréductible et indépassable...

60. *Esquisse d'une théorie des émotions* (Hermann, Paris, 1965, page 9).

qu'en expliquant ses moindres faits et gestes – nous serions dans le domaine du clonage et pas du tout dans celui de l'éducation. Pis encore, nous nous condamnerions à arrêter l'évolution, à interdire la création, à supprimer la différence. Nous perdrions jusqu'au goût de vivre puisque nous pourrions tout prévoir et que jamais un événement ne viendrait interrompre la tranquille « reproduction ». Aucune rencontre ne serait possible. Aucun échange ne viendrait troubler la tranquille transmission. Aucune surprise ne viendrait susciter un peu de tendresse devant l'arrivée inopinée d'un signe d'humanité. Or, au risque d'apparaître vieillots ou sentimentaux, nous tenons la tendresse devant le signe de la liberté de l'Autre comme la vertu éducative par excellence... non pas une tendresse niaise, mais une tendresse joyeuse, rayonnante, émerveillée devant la découverte que notre non-savoir a rendu possible.

Et, enfin, nous sommes convaincus que le non-savoir sur l'Autre est à la source de cette interrogation qui est au cœur même de l'éthique : « Ce dont je jouis, l'autre jouit-il ? » Pierre Julien explique que c'est dans le mystère représenté par l'autre sexe – mystère absolu pour moi – que s'enracine la question éthique de ma responsabilité[61]. C'est parce que la jouissance de l'autre restera, à tout jamais, pour moi, une inconnue, quelque chose hors de la portée de mon imagination elle-même, que je ne cesserai de m'interroger sur la légitimité de mes actes. Que ce mystère disparaisse, que la certitude de « connaître » vraiment l'Autre se substitue au mystère, et je basculerai dans la suffisance arrogante ou la culpabilité morbide. Le non-savoir sur l'Autre est donc bien la condition pour que reste posée la question, pour que de l'« ouvert » subsiste dans mon rapport à lui, de l'« ouvert » où peut s'insinuer l'éthique, de manière précaire et fragile mais, ô combien, précieuse !

Comment concilier, alors, la nécessité de connaître nos élèves pour leur proposer des médiations qui leur permettent de s'approprier les savoirs que nous sommes chargés de leur transmettre... avec l'impératif éthique du non-savoir qui nous permet de respecter en eux un Autre irréductiblement autre, une liberté en puissance ? Certes, on peut concevoir – et nous le croyons largement – qu'à partir du moment où l'enseignant ne cherche pas à connaître l'élève de l'extérieur, mais implique l'élève lui-même dans cette recherche et le met en situation de réfléchir sur ses apprentissages, la contradiction est partiellement levée. Mais pas complètement, à notre sens. Il y a toujours, en effet, deux « ordres » de travail qui doivent coexister absolument. Et, là comme ailleurs, il nous faut peut-être accepter la contradiction ? Accepter que nos investigations nous permettent de fourbir de beaux dispositifs, mais accepter le fait que ces dispositifs n'apprendront jamais à la place du sujet et ne se substitueront pas à sa liberté. Accepter

---

61. *Le manteau de Noé, essai sur la paternité* (Desclée de Brouwer, Paris, 1991, en particulier pages 79 à 91).

que nos recherches pour mieux « connaître » nos élèves servent à réguler notre action mais n'en soient pas le véritable « moteur ». Accepter qu'elles nous fournissent des indicateurs pour un travail dont le ressort se situe ailleurs : dans l'effort pour qu'une liberté émerge, nous résiste, s'empare des moyens pour échapper à l'influence que, de toutes nos forces, nous voulons exercer sur elle.

*

* *

Ainsi, les polémiques actuelles sur la pédagogie nous placent-elles au cœur des questions éducatives essentielles. Nous ne prétendons pas, ici, les avoir résolues. Simplement, nous voudrions avoir déplacé l'axe des questions posées. Nous voudrions que l'on cesse d'opposer un rousseauisme béat et un réalisme cynique. Nous voudrions que l'on cesse de faire alterner, pour leur permettre de mieux se renforcer, une attitude de laxisme libertaire et une attitude de rigidité disciplinaire. En fait, nous voudrions que l'on travaille plus souvent ensemble, sur le terrain, avec tous les partenaires de l'acte éducatif, sur cet espace ouvert entre ce qu'est l'élève et ce que l'on voudrait qu'il soit. Nous voudrions que, plutôt que de se suspecter ou de s'invectiver, l'on cherche en commun les moyens de l'aider à se développer par les apprentissages qu'on lui propose et de se constituer, dans le même temps et par le même acte, comme un sujet libre en face de nous.

Certes, nous imaginons bien à quel point notre discours peut apparaître comme de bienfaisantes généralités humanistes ; nous connaissons les problèmes et, parfois, la détresse de ceux et celles qui se trouvent confrontés à des situations de misère sociale et de violence permanente. Nous savons qu'ils sont, bien souvent, tentés d'abandonner une aventure qui prend parfois la forme d'un cauchemar. Nous ne voulons pas leur donner de leçons. Simplement leur dire que nous connaissons bien les situations qu'ils vivent, le découragement qui vient, la routine qui sécurise, la tentation d'exclure quand le problème devient trop aigu. Nous n'avons pas de recette miracle. Nous ne croyons pas que l'École puisse panser toutes les blessures de la société. Mais nous sommes sûrs, pour l'avoir éprouvé nous-même, que, dans les conditions les plus difficiles, on peut quand même trouver un peu de joie à enseigner, pour autant que l'on prenne les élèves tels qu'ils sont mais sans renoncer à les faire progresser, dès lors que l'on tente d'allier l'efficacité de l'instrumentation didactique et le choix éthique de l'éducation.

TROISIÈME PARTIE

Pour avancer dans l'action : de l'interrogation sur l'« aide méthodologique » à l'élucidation des conditions d'efficacité des apprentissages scolaires

Dès lors que, simultanément, un nouveau public et de nouvelles exigences apparaissent dans l'École, se pose inévitablement le problème de la « méthode ». Certes, le terme n'échappe pas à l'ambiguïté, et la référence cartésienne ne suffit pas — loin s'en faut — à lever les malentendus qu'il suscite. Mais disons, pour simplifier, que, dans la mesure où des enseignants voient arriver dans leur classe des élèves qui, disent-ils, ne « savent pas travailler », dans la mesure où ils observent les difficultés importantes que doivent affronter ces élèves pour assimiler des contenus de savoir qui, jusque-là, ne semblaient pas faire problème, ces enseignants sont tout naturellement amenés à s'interroger sur les « méthodes » susceptibles d'aider leurs élèves à mieux réussir. Ainsi, le souci de la formation méthodologique apparaît bien d'abord comme l'expression d'une volonté de lutter contre l'échec scolaire. L'acte pédagogique étant considéré comme fonctionnant dans un cadre stable et très largement imposé, il n'existe alors qu'une chose sur laquelle il semble possible de jouer, une chose que l'enseignant désigne souvent sous l'expression de « méthodes de travail ». A partir de là, il peut, en effet, passer à l'acte tout de suite, tout particulièrement en développant des temps d'« aide méthodologique », d'« apprentissage au travail personnel de l'élève », d'« aide aux devoirs », etc.

Cet engouement pour les questions de méthode a été très largement nourri par trois types de réflexions qui se sont développées à peu près simultanément dans les milieux éducatifs : une réflexion d'ordre plutôt sociologique qui insiste sur l'évolution inéluctable des exigences scolaires et professionnelles, une réflexion d'ordre plutôt psychologique qui s'attache à montrer l'influence sur la réussite scolaire d'un certain nombre de capacités mentales, et une réflexion d'ordre plutôt pédagogique qui souligne l'intérêt pour l'élève d'une concertation interdisciplinaire sur ses méthodes de travail.

Dès les années soixante, en effet, un certain nombre de sociologues et d'observateurs de la réalité sociale[1] avaient déjà souligné l'importance de la mutation professionnelle qui était en cours : la fin du taylorisme, l'émergence de nouvelles méthodes de gestion et de communication, l'accélération des changements économiques, tout cela ne permettait plus de concevoir la formation professionnelle sur le modèle d'un strict conditionnement devant aboutir à la maîtrise de performances techniques que l'on était censé exécuter tout au long de sa carrière. Le maître mot devint progressivement « adaptabilité » : on commença par affirmer qu'il fallait former les personnes à des objectifs plus larges, puis on souligna qu'il était important qu'elles disposent d'une formation générale de base leur permettant de profiter de « la seconde chance offerte par la formation continue » ; enfin, on se mit à parler de « capacités » comme de réalités mentales que l'on pouvait utiliser dans des situations diverses[2]. Il faut donc bien comprendre que l'émergence de la notion de « capacité » dans la formation n'est sans doute pas liée d'abord à des apports psychologiques mais plutôt à la nécessité de trouver un concept à peu près opérationnel permettant de continuer à former les gens à « quelque chose » au moment où l'on découvrait que tout ce à quoi on les formait jusqu'à présent changeait et se périmait très vite. Car, puisqu'on découvrait que les contenus et les procédures appris en formation ne seraient pas utiles très longtemps au cours de la vie professionnelle, il fallait bien se demander si, à travers des apprentissages d'ordre technique et dans l'acquisition d'habiletés relativement localisées, on ne contribuait pas à construire « quelque chose » qui durerait plus longtemps et pourrait être réinvesti ailleurs. Cette postulation devint même une nécessité essentielle pour que, dans un monde où tout bouge très vite, la formation ne soit pas menacée dans son existence même. C'est pourquoi nous croyons qu'il y a un lien structurel très fort entre l'abandon du taylorisme en matière d'organisation du travail et l'abandon du behaviorisme en matière de théorie de référence de la formation : quand le poste de travail ne peut plus être défini par des tâches relativement stables et répétitives, on ne peut plus se

1. Citons, parmi bien d'autres Georges Friedmann, *Où va le travail humain ?,* Gallimard, Paris, 1959 ; et François Perroux, *Économie et société,* PUF, Paris, 1960.

2. La notion de « capacité » a été introduite dans le cadre de l'« analyse par objectifs ». Mais, alors que les premiers travaux développés dans ce domaine s'attachaient essentiellement aux comportements (la devise était alors « nommer le résultat attendu en termes de comportement observable »), l'analyse par objectifs a, ensuite, évolué vers des objectifs de plus haut niveau taxonomique qui n'étaient pas directement observables et qui étaient néanmoins essentiels. Ces objectifs sont en quelque sorte des « hypothèses explicatives » permettant à la fois de guider et d'aider à évaluer l'action pédagogique... mais les comportements observables n'en sont que de très minces indicateurs. Sur ce point important, on peut lire l'ouvrage classique de Daniel Hameline, *Les objectifs pédagogiques,* ESF éditeur, Paris, 9e édition, 1991 ; l'analyse de Philippe Meirieu, *L'école, mode d'emploi,* ESF éditeur, Paris, 7e édition, 1992 (en particulier page 63 et suivantes), et le travail du CEPEC, *Construire la formation,* ESF éditeur, Paris, 1991.

contenter de former l'individu à des comportements observables qui doivent être strictement reproduits. Quand tous les postes de pure exécution sont amenés à disparaître ou à être remplacés par des machines, il convient de chercher à former à des capacités relativement larges pour lesquelles on ne pourra jamais trouver, au sens propre du terme, de critères d'évaluation mais pour lesquelles il faudra travailler en termes d'« indicateurs » plus ou moins arbitraires. Il est donc tout à fait normal, dans cette perspective, que le changement de paradigme de la formation se soit accompagné simultanément d'une augmentation des attentes à son égard et d'une crise de confiance à son endroit : puisqu'il ne s'agit plus seulement de former à des comportements bien délimités mais à des capacités réinvestissables, la formation devient l'objet de tous les espoirs et apparaît comme ayant un rôle absolument essentiel ; mais, puisqu'on ne peut plus jamais évaluer directement et à court terme ses effets, elle est l'objet de tous les soupçons et focalise toutes les inquiétudes.

Or cette évolution des conceptions en matière de formation va, à partir des années soixante-dix, toucher très directement l'institution scolaire. D'abord, sans doute, par le biais des formateurs d'enseignants qui répercutent très largement autour d'eux le discours sur l'« adaptabilité » : ils soulignent que, le monde changeant, les enseignants ignorant jusqu'à l'existence même des métiers que vont faire leurs élèves, la société évoluant dans ses exigences intellectuelles, économiques et sociales, il convient de s'attacher, dans la formation scolaire, à des capacités essentielles comme « se fixer des objectifs, se donner un plan de travail, s'évaluer, travailler en équipe, être capable d'intégrer l'imprévu, etc.[3] ». Personne ne dit clairement, alors, que les disciplines scolaires sont des « prétextes » à d'autres acquisitions plus durables, mais on en vient néanmoins petit à petit à cette idée. D'autant plus que la réflexion pédagogique commence à prendre en compte, de manière systématique, les publics qui étaient jusque-là exclus assez tôt de l'institution scolaire : or ces publics posent, de manière brutale, la question des finalités de l'éducation : pourquoi les garder à l'École puisque les apprentissages traditionnels ont échoué avec eux ? Que doit-on se donner pour objectifs quand les disciplines scolaires s'avèrent décidément hors de leur portée ? Les questions de « méthode » viennent ici opportunément se substituer aux questions didactiques habituelles. Par ailleurs, il faut observer que le travail entrepris dans les années quatre-vingt dans l'enseignement technique et professionnel pour élaborer des « référentiels » d'enseignement va très largement contribuer à populariser la notion de « capacité ». Enfin, la « rénovation des collèges », lancée en 1982 par Alain Savary et qui se poursuit jusqu'en 1986, va, pour sa part, très largement utiliser

3. Philippe MEIRIEU a développé alors, dans cette perspective des travaux sur les capacités méthodologiques requises pour la réussite scolaire et sur les dispositifs didactiques susceptibles d'aider à leur formation : *Outils pour apprendre en groupe,* Chronique sociale, Lyon, 4e édition, 1991, pages 117 à 136.

cette notion, les formateurs et chefs d'établissement y voyant un moyen de mobiliser efficacement les enseignants tout en sécurisant les parents auxquels on peut présenter les « nouveaux objectifs » de l'institution scolaire comme conformes aux attentes d'une « société en mutation ».

Il était, d'ailleurs, d'autant plus facile de reprendre le discours des formateurs sur les « capacités méthodologiques » (expression souvent utilisée alors en pédagogie pour désigner des objectifs généraux portant sur des méthodes utilisables dans différentes disciplines) que la recherche dans le domaine psychologique semblait renforcer l'hypothèse de leur existence. Les sociologues, en effet, montraient depuis déjà quelques années qu'il existait une forte corrélation entre l'origine sociale des élèves et leur réussite scolaire. Mais ils restaient assez muets sur ce qui, concrètement, permettait d'expliquer cette corrélation : on se doutait bien que des éléments aussi essentiels que le langage et les conditions matérielles de vie entraient en ligne de compte, mais on n'allait pas plus loin. Or, à partir des années soixante-dix, de nouvelles recherches commencent à être connues : elles montrent que les enfants qui réussissent le mieux à l'École sont ceux qui bénéficient d'un milieu familial équilibré dans lequel il existe à la fois des règles de conduite relativement stables et des possibilités de négociation ; elles soulignent que, très tôt, à travers les comportements familiaux sur la nourriture, le vêtement, la gestion de l'espace et du temps, l'enfant peut s'habituer à raisonner, à faire fonctionner la logique hypothético-déductive (« si... alors... ») ou bien, au contraire, à n'agir que selon ses impulsions ; elles indiquent que certains comportements de l'environnement comme la pratique de la reformulation systématique sont tout à fait essentiels dans la construction de l'intelligence : en précisant ce qu'il veut dire, en cherchant à expliciter ses intentions, ses projets, ses actes, l'enfant ne se contente pas d'acquérir un vocabulaire plus étendu, il structure sa pensée elle-même. De plus, les psychologues expliquent à quel point il est important pour un sujet d'avoir été habitué à anticiper, à imaginer les conséquences de ses actes, à évaluer ses résultats ; ils soulignent qu'il y a là des attitudes familiales qui sont vraiment déterminantes et jouent de manière décisive sur la réussite scolaire[4]. Dans ces conditions, il n'est pas étonnant que les pédagogues aient eu à cœur de développer en classe les capacités qui, précisément, étaient censées conditionner la réussite scolaire. Il y avait là un souci légitime de compenser les handicaps socio-culturels en développant des attitudes pédagogiques qui étaient précisément identifiées comme conditionnant cette réussite. On ne manquait pas, alors, de faire remarquer

---

4. Il n'est pas possible, dans le cadre de cet ouvrage, de citer tous les travaux qui ont contribué à établir et étayer ces thèses : notons simplement l'importance de publications comme *Pédagogie visible, pédagogies invisibles*, de B. Bernstein (O.C.D.E., Paris, 1975) ; *Classe sociale, milieu familial, intelligence*, de J. Lautrey (PUF, Paris, 1980) ; *Le développement de l'enfant*, de J.S. Bruner (PUF, Paris, 1983), etc.

judicieusement que, en informant sur des programmes au lieu d'aider à l'exploration, en évaluant extérieurement les résultats des élèves au lieu de stimuler leur capacité à s'auto-évaluer, en donnant des réponses sans poser les questions, l'école traditionnelle s'alignait sur les comportements sociaux qui favorisaient le moins la réussite. Il fallait y mettre bon ordre et introduire, dans la classe, ces temps de réflexion méthodologique, d'anticipation stratégique et de retour réflexif sur les actions effectuées qui devaient permettre à tous les élèves de trouver des conditions favorables au développement de leur intelligence. Or la chose semblait d'autant plus facile d'accès que plusieurs outils commençaient à être mis en circulation et que de nombreux ouvrages exhortaient les enseignants à pratiquer l'aide méthodologique, en affirmant que, grâce à elle, « tous les enfants peuvent réussir »[5].

On vit donc se développer dans les établissements scolaires de nombreuses actions d'« aide méthodologique » en direction des élèves en difficulté. Pour des raisons liées à la fois à des problèmes techniques de regroupement d'élèves et à une idéologie très « généraliste » de la défaillance méthodologique, ces structures réunirent, dans l'immense majorité des cas, des élèves qui travaillaient dans des disciplines différentes. Il s'agissait, le plus souvent, d'« études dirigées » où un enseignant donnait aux élèves quelques conseils sur la manière de faire leur travail, d'apprendre leur leçon ou de réviser leurs contrôles. Dans quelques cas, des « cours de méthodologie » furent organisés à côté des autres enseignements, mais ces expériences ne durèrent guère dans la mesure où elles étaient vite désinvesties par les élèves qui les vivaient comme trop marginales par rapport aux « enseignements sérieux »... Il y avait déjà beaucoup de travail à faire « pour de vrai » sans qu'on les surcharge encore d'exercices spécialement conçus pour leur « apprendre à travailler » ! La préoccupation méthodologique se déplaça alors légèrement et beaucoup d'équipes se mirent à élaborer des fiches de travail et d'évaluation des « capacités méthodologiques »... Beaucoup de ces fiches sont aujourd'hui encore en circulation et permettent à des enseignants de différentes disciplines de donner une sorte de plate-forme commune à leurs enseignements.

---

5. C'est là le titre de l'un des ouvrages d'Antoine de la GARANDERIE (en collaboration avec Geneviève CATTAN, Le Centurion, Paris, 1988). Or A. de la GARANDERIE est précisément l'auteur qui a le plus contribué à populariser l'idée que l'acquisition de bonnes méthodes de travail pouvait faire reculer l'échec scolaire. Il propose, pour sa part, la « gestion mentale » par laquelle l'enfant apprend à identifier les images mentales qu'il utilise, à repérer si celles-ci sont plutôt auditives ou plutôt visuelles et à être attentif en conséquence... Même si les fondements théoriques d'A. de la GARANDERIE sont contestés par certains chercheurs (voir, en particulier, Alain LIEURY, *Mémoire et réussite scolaire,* Dunod, Paris, 1991), il est incontestable que ses ouvrages ont puissamment contribué à remobiliser les enseignants et à leur donner le sentiment qu'ils détenaient réellement un pouvoir sur la réussite de leurs élèves.

C'est ainsi que la réflexion sur les questions afférentes à la méthodologie apparaît, tout à la fois, comme répondant à de nouvelles exigences économiques et sociales, en cohérence avec les « lois du développement mental » et susceptible de fédérer l'action d'enseignants à la recherche d'une interdisciplinarité introuvable. Bien évidemment, cette conception s'est heurtée d'emblée à des courants hostiles : on n'a pas manqué de faire remarquer qu'il s'agissait là d'une manière d'esquiver d'autres problèmes et d'écarter d'autres leviers de changement. L'« aide méthodologique » fut donc perçue par certains comme une sorte de béquille de la magistralité traditionnelle, une façon de ne pas toucher aux modalités mêmes de la transmission du savoir et à la fonction structurellement sélective de l'École, tandis que d'autres y voyaient un outil concret pour agir tout de suite, au plus près des élèves, dans la perspective d'une plus grande justice scolaire ; les premiers insistaient sur le fait qu'aider à l'assimilation d'un enseignement traditionnel ne change guère les effets sélectifs de cet enseignement, tout juste cela agit-il dans le sens d'une légère amélioration du niveau des élèves en difficulté mais sans toucher à la hiérarchisation habituelle des résultats ; les seconds soulignaient qu'il n'est pas possible d'attendre des changements radicaux qui tardent à survenir et qu'il est urgent de faire quelque chose tout de suite, même si ce que l'on fait est extrêmement modeste.

Mais, en fait, le débat qui s'instaurait ici n'était nullement différent de celui qui s'instaure chaque fois qu'émergent des propositions concrètes d'amélioration partielle du système éducatif : certains y voient le moyen de faire avancer les choses jusqu'à un point de non-retour et d'autres considèrent cela comme la caution de l'immobilisme de l'institution. Il n'y a là rien de spécifique à la question de l'« aide méthodologique ». Plus intéressante et originale, en revanche, est la critique de cette direction de travail qui émane des partisans du « savoir » ; sous la bannière, toujours disponible, d'Hannah Arendt, ils fustigent ceux pour qui « la pédagogie est devenue une science de l'enseignement en général, au point de s'affranchir complètement de la matière à enseigner »[6]. Pour ces adversaires de la méthodologie, il n'existe, en aucun cas, de méthode valable de manière transversale et avec des contenus différents... les plus modérés considèrent que chaque discipline élabore des méthodes qui lui sont spécifiques et les plus radicaux affirment que « le savoir est à lui-même sa propre pédagogie ». Or il y a là un débat de toute première importance : il ne s'agit pas seulement de savoir, en effet, s'il est légitime de mettre en place une ou deux heures d'étude dirigée ici ou là, il s'agit de se demander s'il existe ou non des acquisitions intellectuelles qui seraient communes à l'ensemble des disciplines et qui pourraient aisément se transférer de l'une vers l'autre. On voit que, de la réponse à cette question, dépend toute l'organisation des enseignements et

6. *Op. cit.*, page 234.

de la scolarité ; on voit aussi qu'il s'agit de trancher sur le bien-fondé de méthodes qui se veulent inter ou a-disciplinaires et qui inondent aujourd'hui le marché sous le nom de « méthodes d'éducabilité cognitive ».

Notre projet, dans cette troisième partie, est donc d'examiner les arguments qui plaident en faveur des deux thèses en présence et de montrer que celles-ci sont en très large partie dépassées si l'on considère le problème de la transférabilité des connaissances sous un angle proprement pédagogique : l'usage de la notion de « **compétence** » nous permettra alors d'accéder à un modèle de la formation tout à la fois plus opérationnalisable et plus conforme aux finalités de l'École que nous avons esquissées. Il restera ensuite à nous demander si les « compétences » sont les seules connaissances que l'École doit faire acquérir aux élèves ; nous tenterons de montrer qu'il existe **toute une série d'autres connaissances, concernant le fonctionnement intellectuel lui-même** qui doivent faire l'objet de toute l'attention du pédagogue. Enfin, nous évoquerons le problème de la formation aux **attitudes** constitutives de la socialité elle-même, avant de terminer sur la place de l'École dans l'ensemble de ces processus d'apprentissage : n'est-elle pas surestimée ? Ne devrait-on pas la réduire au profit du tissu économique et social ? En d'autres termes, quand nous aurons fait le tour des trois séries d'objectifs que nous affectons à l'École, nous nous demanderons si elle est la mieux placée pour les atteindre.

Question n° 1 : Peut-on former l'intelligence d'un sujet avec des outils méthodologiques généraux et sans contenu de savoir précis, comme le prétendent les « méthodologues » ?

Il est des maximes dont les effets sont parfois inquiétants et dont le caractère simplificateur, salutaire à un moment, engage, par la suite, de lourds malentendus. Ainsi, dire que « l'élève doit être placé au centre du système éducatif » a, sans doute, été nécessaire pour lutter contre un certain formalisme qui faisait de l'architecture des programmes le seul principe organisateur de toute la scolarité ; mais une telle formule peut laisser penser que l'on subordonne tout apprentissage à la demande explicite de l'élève et au niveau du développement qu'il a atteint par ses propres moyens... Or, s'il en était ainsi, l'École entérinerait très largement les injustices sociales – la demande des élèves étant très fortement corrélée à la richesse de leurs expériences extra-scolaires – et les enseignants se placeraient dans une position d'attentisme – n'intervenant que quand ils estiment que l'élève est assez « mûr » pour apprendre ce qu'on lui propose. On voit bien qu'ainsi la formule « placer l'élève au centre du système éducatif » serait dangereuse et compromettrait même la possibilité de toute éducation. En réalité, cette formule n'est intéressante que parce qu'elle rappelle une évidence : c'est l'élève qui apprend et lui seul, personne ne peut apprendre à sa place ni enseigner en faisant fi de ce qu'il est ; ainsi ne doit-il pas être question d'attacher moins d'importance aux savoirs enseignés, mais bien plutôt de rechercher une articulation étroite entre l'enseignement des contenus par le maître et les conditions de leur apprentissage par l'élève.

« Apprendre à apprendre » est une autre maxime qui peut également prêter à confusion : très largement répandue aujourd'hui, elle constitue, en quelque sorte, la devise de ceux que l'on pourrait nommer les « méthodologues », ceux qui considèrent que la fonction première de l'École est de fournir à l'élève des méthodologies. A l'origine, cette formule voulait sans doute mettre l'accent sur l'importance que tout apprenant doit accorder à ses procédures de travail ; elle rappelait, avec justesse, qu'il y a une foule d'exercices que l'on demande à l'élève de « faire à la maison » et pour lesquels il n'a reçu aucune formation (apprendre par cœur une poésie, réviser un contrôle, préparer un exposé oral, etc.) ; elle soulignait la nécessité, pour tout élève, de se construire des méthodes de travail en étant attentif aux voies qu'il emprunte pour apprendre.

Mais, très vite, au-delà de cette acception des choses, s'est profilée une croyance plus générale dans l'existence de méthodologies générales susceptibles de permettre de s'approprier tous les savoirs en construisant, en amont et de manière déconnectée par rapport à eux, une intelligence efficace. Il y a là, sans aucun doute, un enjeu théorique et pratique de toute première importance : imaginons que l'on puisse effectivement former l'intelligence avec seulement quelques « bonnes méthodes »... et voilà une manière de résoudre la délicate question de l'inflation des savoirs ; par ailleurs, l'École n'aurait plus à se préoccuper de mettre à jour ses programmes ; les livres eux-mêmes pourraient peut-être passer à la trappe, puisque quelques outils méthodologiques permettraient de parvenir à ses fins !

Cette conviction s'appuie, à bien des égards, sur une lecture « spontanée » de la plupart des expériences cognitives ; ainsi, l'enfant du cours préparatoire a bien, un jour, compris que lorsqu'il regroupait des ensembles (trois billes d'un tas et quatre billes d'un autre), il obtenait un nouvel ensemble qui était l'addition des deux précédents. Il a appris à compter en regroupant des ensembles dissociés de billes ; il a ainsi saisi le sens de l'addition. Or on sait bien – ou l'on croit savoir – que cette capacité d'additionner il va pouvoir « immédiatement » la transférer à d'autres objets et additionner des bonbons, des arbres ou de l'argent. On en déduit donc qu'il a acquis une méthode générale sur des objets particuliers, méthode générale qu'il est en mesure, ensuite, de transférer automatiquement à tous les autres objets.

En réalité, une telle conception est très ancienne et l'on en trouverait des traces dans l'œuvre du pédagogue allemand Herbart[7] dont les travaux inspirèrent longtemps les cours de pédagogie des Écoles normales d'instituteurs. De plus, tout au long du XIXe siècle, la plupart des auteurs pédagogiques ont insisté sur la nécessité de proposer aux élèves des disciplines dont le contenu était considéré comme plus ou moins secondaire mais qui, pensait-on, étaient essentielles en raison de la « gymnastique intellectuelle » qu'elles permettaient de faire effectuer aux élèves ; à bien des égards, le latin et le grec étaient-ils très largement présentés ainsi. Plus récemment, la technique de l'« entraînement mental », inspirée de l'œuvre d'Henri Wallon[8], se présentait bien comme une manière d'accéder à plus d'efficacité intellectuelle par des exercices déconnectés de contenus disciplinaires précis...

---

7. HERBART (1776-1841) eut une influence considérable sur la pédagogie européenne du XIXe siècle. Selon lui, un sujet n'apprend que lorsqu'on est capable de situer des connaissances nouvelles dans le prolongement de l'expérience qu'il a acquise. D'où les fameuses cinq étapes de la « leçon » idéale : sensibilisation, présentation, comparaison, généralisation, application. D'où, également, la volonté de faire acquérir, à travers l'ensemble des « leçons », des démarches intellectuelles utilisables avec tous les objets dans toutes les disciplines.

8. Henri WALLON (1879-1962) s'est consacré à l'étude du développement de l'enfant, influencé, selon lui, par l'interaction d'une maturation biologique et des influences sociales. Il a insisté sur le caractère discontinu de ce fonctionnement et sur les « crises » qui le jalonnent.

Mais l'ensemble de ces propositions demeurait assez marginal et, surtout, leur développement était limité par un climat intellectuel qui restait pessimiste sur les possibilités d'évolution des structures mentales et des opérations cognitives : on pensait bien pouvoir « entraîner » des fonctions existantes mais on n'osait affirmer que l'on détenait la possibilité d'en faire émerger. De plus, il régnait, dans l'opinion intellectuelle, une sorte de fatalisme lié, en partie tout au moins, à une certaine interprétation de l'œuvre de Freud et qui fut bien résumé, quelques décennies plus tard, par le titre d'un best-seller : « Tout se joue avant six ans »... En fait, jusqu'au développement du courant de pensée qui se réclame explicitement de l'« éducabilité cognitive », on ne pensait pas pouvoir intervenir de manière décisive sur le développement de l'intelligence de l'adolescent et, *a fortiori,* de l'adulte.

Le développement des méthodes d'éducabilité cognitive

Or, c'est dans les années soixante-dix qu'une telle conception vit le jour en France : le Bassin lorrain subit une crise économique grave et la fermeture des mines impose la reconversion d'ouvriers et d'employés de bas niveau de qualification. Un organisme universitaire de Nancy[9] est chargé de cette reconversion et organise des cours du soir. C'est là que plusieurs membres de l'équipe, se heurtant à des problèmes d'incompréhension de consignes apparemment très simples, font l'hypothèse que ces adultes, ayant quitté l'école depuis longtemps déjà et avec un niveau de formation initiale très faible, sont victimes d'une déficience intellectuelle provisoire due à un développement insuffisant de certaines opérations mentales ; pour eux, si les ouvriers et les employés ne parviennent pas à accéder aux savoirs qui leur sont proposés c'est qu'ils se situent entre le stade des opérations concrètes et celui des opérations formelles tels que ceux-ci ont été définis par Piaget. Des psychologues font alors passer des tests aux personnes en formation pour vérifier ces hypothèses. Cela fait, une équipe de formateurs conçoit une série d'exercices dont le but explicite est de développer les opérations mentales déficientes chez ces sujets ; ces exercices se présentent sous forme de fiches proposant des problèmes d'ordre essentiellement logique à résoudre... Après un entraînement intensif, les chercheurs obtiennent une amélioration significative de la maîtrise des opérations formelles et peuvent donc reprendre les formations sur les contenus qui avaient été provisoirement abandonnées.

Il existe aujourd'hui un grand nombre d'« outils d'éducabilité cognitive » qui s'inspirent du même principe : à Nancy, Pierre Higelé a formalisé

9. Il s'agit du C.U.C.E.S., Centre Universitaire de Coopération économique et Sociale.

les A.R.L. (ateliers de raisonnement logique)[10]. On remet au goût du jour la « méthode Ramain » élaborée quelques années plus tôt et qui s'efforce de développer les habiletés cognitives des sujets par des exercices de motricité et de dextérité, par des entraînements à utiliser la symétrie, à construire des formes géométriques, etc.[11]. D'autres méthodes sont encore utilisées, comme la méthode Tanagra élaborée par Y. Pinor et H.J. Cottin, développée dans le cadre du service de formation de Renault-Flins afin de préparer des ouvriers spécialisés à la conduite d'installations robotisées[12]. On découvre surtout, semble-t-il, et de plus en plus, l'intérêt du P.E.I. (programme d'enrichissement instrumental) élaboré par le professeur Feuerstein en Israël, à partir des travaux du psychologue genevois Rey, et qui était, à l'origine, destiné à l'éducation des nouveaux enfants immigrés ne maîtrisant pas la langue hébraïque. Cette théorie pose comme hypothèse centrale la nécessité d'un « médiateur » dont la fonction est de sélectionner les stimuli que reçoit le sujet et de faciliter par là la structuration de son intelligence. Le « médiateur » propose ainsi des fiches de travail de difficulté progressive, correspondant aux fonctions cognitives défaillantes ; il favorise aussi la prise de conscience des processus de pensée mis en œuvre par l'apprenant et des manières efficaces de traiter l'information[13].

Des éléments incontestablement positifs sur le plan des finalités et des incertitudes sur le plan des résultats

Disons tout d'abord, et sans aucune ambiguïté, que le développement de ces méthodes d'éducabilité cognitive est positif à plusieurs égards : d'une

---

10. Voir, à ce sujet, P. Higele, G. Hommange, E. Perry et P. Tabary, *Ateliers de raisonnement logique : exercices progressifs pour l'apprentissage des opérations intellectuelles,* CAFOC, Nancy-Metz, 2e édition, 1984.

11. Voir, à ce sujet, l'ouvrage de Simonne Ramain et Germain Fajardo, *Perception de soi par l'attitude et le mouvement* (Epi, Paris, 1977) et le n° 35 de la *Revue des ateliers lyonnais de pédagogie,* « Comment pratiquer la méthode Ramain ? ».

12. Sur cette méthode, comme sur l'ensemble des méthodes d'éducabilité cognitive, on peut consulter le n° 88-89 de la revue *Éducation permanente :* « Apprendre peut-il s'apprendre ? » (juillet 1987) ainsi que le numéro 129 de la revue *Le groupe familial* : « L'intelligence au programme » (octobre 1990). Si l'on veut une information plus exhaustive, on pourra se reporter à l'étude effectuée sous la direction de Maryvonne Sorel (Centre de formation continue de l'Université René-Descartes), étude réalisée pour la délégation à la Formation professionnelle : *Questions de pratique – L'éducabilité cognitive : une nouvelle compréhension des conduites d'apprentissage* (deux tomes).

13. Sur le P.E.I., on pourra consulter l'ouvrage de Rosine Debray, *Apprendre à penser* (ESHEL, Paris, 1990) et l'ouvrage coordonné par Guy Avanzini, *Pédagogie de la médiation* (Chronique sociale, Lyon, 1991).

part, toutes ces méthodes ont en commun le fait de postuler l'éducabilité des sujets et s'inscrivent donc à l'intérieur d'un parti pris éthique qui est aussi le nôtre... à notre sens, en effet, le seul fait de récuser tout fatalisme, d'affirmer l'éducabilité de l'autre et de s'efforcer de la concrétiser, produit, sans aucun doute, des effets positifs : la manière dont se réorganisent les attitudes des formateurs autour de ce postulat, la transformation inévitable des relations avec les formés, le fait d'en faire de véritables partenaires et de les amener à réfléchir en permanence sur eux-mêmes... tout cela s'inscrit dans des perspectives éducatives qui sont aussi très largement les nôtres[14]. D'autre part, le développement des méthodes d'éducabilité cognitive s'est effectué, essentiellement, sur des publics très faiblement scolarisés et pour lesquels toutes les tentatives de formation précédentes s'étaient avérées inefficaces ; il a ainsi contribué à attirer l'attention sur ces publics particulièrement défavorisés et qui, faute d'outils disponibles, étaient le plus souvent laissés en « jachère formative ». Par ailleurs, les outils d'éducabilité cognitive ont très fortement contribué à redonner une identité professionnelle à des formateurs généralistes ou psychologues qui, dans les institutions de formation, ne savaient plus très bien quelle était leur tâche et flottaient entre différentes fonctions, toutes plus ou moins contestées : animateur socio-culturel, thérapeute, agitateur politique, directeur de conscience, etc. En s'emparant d'une « médiation » qui apparaissait aussi « dure » que les techniques les plus « dures », ces formateurs ont pu se redonner un statut et il y a tout à parier que, de cette réconciliation avec eux-mêmes, les personnes qu'ils devaient former en ont tiré un grand bénéfice[15]. Enfin, et ce n'est pas le moindre de leurs intérêts, les méthodes d'éducabilité cognitive suggèrent une conception des rapports de l'homme et de la culture qui est, sans aucun doute, essentielle : pour elles, la culture n'est pas une fin en soi, elle est un moyen offert à l'individu pour affronter des situations nouvelles, s'enrichir à sa propre initiative et se dépasser en mettant en œuvre des « capacités » qui n'ont pas pour seul et unique but de permettre de réussir l'examen final de la formation. Si, à l'instar de ces méthodes, l'École se donnait comme but de faire réussir les enfants à autre chose qu'aux épreuves proprement scolaires, on avancerait sans doute vers une meilleure perception de sa fonction sociale !

---

14. Voir, sur ces thèmes, l'ouvrage de Philippe MEIRIEU, *Le choix d'éduquer*, ESF éditeur, 2e édition, 1992.

15. Michel TRIOLET, pour une thèse soutenue en octobre 1991 devant l'Université LUMIÈRE-Lyon 2 (*Vers l'émergence d'un nouveau paradigme en formation ?*) a interrogé tous les formateurs qui, au sein de l'A.F.P.A., se sont formés au P.E.I. et se sont mis à le pratiquer : or il ressort de ces entretiens que les formateurs, interrogés sur les causes de leur choix, ne placent pas d'abord la réduction de l'échec des formations ou la réussite des formés, mais le fait de pouvoir disposer d'un outil et d'une théorie de référence qui résolvaient, à un moment donné, leur crise identitaire... Ce qui ne veut pas dire, évidemment, que cela n'a pas eu de conséquences sur les formés !

Maintenant, que peut-on dire aujourd'hui, sur le plan scientifique, des résultats de ces outils d'éducabilité cognitive ? Sans doute rien de définitif encore, tant les recherches sont récentes et, pour certaines, à peine ébauchées. Beaucoup d'entre elles semblent conclure à un progrès assez important des publics avec lesquels ces méthodes ont été utilisées, mais les plus sérieuses hésitent à attribuer ces progrès de manière formelle à l'usage de ces outils. C'est que l'expérimentation, dans ce domaine, est particulièrement difficile et que l'on ne peut guère isoler une seule variable, « toutes choses étant égales par ailleurs ». Pour vérifier avec certitude l'efficience des outils d'éducabilité cognitive, il faudrait, en effet, pouvoir comparer deux échantillons de sujets rigoureusement identiques, neutraliser la « variable-formateur », neutraliser toutes les variables périphériques (conditions matérielles et sociales de la formation), afin d'isoler et de corréler deux facteurs : l'usage ou le non-usage de l'outil avec des résultats à des tests de niveau intellectuel qui permettraient de mesurer la progression effectuée. Mais, là encore, un problème méthodologique se pose : les outils de formation étant construits à partir d'opérations mentales que l'on cherche à faire maîtriser par le sujet, si les tests de contrôle intègrent des exercices proches de ceux utilisés dans les outils, ils ne sont pas probants (l'individu peut parfaitement avoir acquis quelques habiletés très locales sur des exercices spécifiques) ; et si les tests n'intègrent pas de tels exercices, ils n'apprendront pas grand-chose sur les opérations mentales acquises. Par ailleurs, les observations « de bon sens » que l'on ne peut manquer de faire, montrant que des classes où un outil comme le P.E.I. est utilisé effectuent des progrès « significatifs » par rapport aux autres classes, tant sur le plan des comportements que sur celui des acquisitions cognitives, sont difficiles à interpréter : les professeurs obtiennent-ils de meilleurs résultats parce qu'ils utilisent le P.E.I. ? Ou bien utilisent-ils le P.E.I. parce qu'ils sont naturellement portés à chercher de nouvelles méthodes et ont à cœur la réussite de leurs élèves au point que ceux-ci obtiennent de meilleurs résultats quelles que soient les méthodes employées ? Enfin, il reste un problème clé qu'il nous faut absolument élucider : les acquisitions effectuées avec des outils d'éducabilité cognitive sont-elles transférables aux apprentissages disciplinaires traditionnels ou bien assiste-t-on à un développement mental qui pourrait être mesurable en tant que tel avec des épreuves spécifiques, mais qui n'aurait pas d'effet sur les résultats scolaires ? Une enquête réalisée par Robert et Annie Noirfalise avec des élèves de sixième et de cinquième de l'académie de Clermont-Ferrand montre que la pratique du P.E.I. ne semble pas avoir le moindre effet sur les résultats des élèves en mathématiques[16]... Mais, là encore, il ne faut pas aller trop vite dans les conclusions : on peut parfaitement penser que c'est la manière dont était pratiqué ici le P.E.I. qui a été déterminante.

16. Éditions de l'IREM de Clermont-Ferrand, 1988.

Aussi, cela nous amène-t-il à une question plus fondamentale encore pour le pédagogue que la question de la validité intrinsèque de ces méthodes : c'est celle de leur bon usage. **A quelles conditions un apprentissage « méthodologique » peut-il être utilisé dans des situations précises ? Comment former à cette utilisation ?** Existe-t-il des garanties, ou, au moins, des précautions, que l'enseignant doit prendre quand il veut utiliser de telles méthodes ? Car, nous nous trouvons bien là en face d'un objectif essentiel de l'École sur lequel nous ne pouvons pas reculer : le savoir n'est libérateur que s'il peut être transféré, que s'il n'entretient pas le sujet dans une stricte relation de dépendance avec la situation formative, que s'il permet d'apprendre autre chose et tout seul, que s'il donne le goût et le pouvoir de l'aventure intellectuelle. En ce sens, les « méthodologues » ont raison dans les finalités qu'ils poursuivent, même s'ils ne sont pas convaincants dans les modalités de ce qu'ils mettent en œuvre.

Ainsi donc, nous nous trouvons aujourd'hui en face d'une question essentielle sur laquelle les certitudes semblent bien minces. Cette situation est d'autant plus délicate que, dans le domaine de la formation permanente, cela renvoie à des enjeux financiers considérables et que, dans le domaine de la formation initiale, les espoirs ouverts pour les élèves en situation difficile ne doivent pas être déçus, au risque de provoquer un retour à des politiques d'exclusion. Mais, pour avancer sur cette question, nous devons examiner les positions de ceux qui, à l'inverse des partisans des outils d'éducabilité cognitive, affirment qu'il n'y a d'apprentissage véritable que sur des contenus spécifiques.

Question n° 2 : La formation impose-t-elle impérativement de travailler sur des contenus disciplinaires précis, comme le prétendent les « didacticiens » ?

C'est là, sans aucun doute, la conviction de la plupart de ceux que l'on nomme aujourd'hui les « didacticiens des disciplines ». Qu'est-ce que, pour eux, que « la didactique » ? Gérard Vergnaud, didacticien des mathématiques, en donne cette définition : « La didactique est l'étude des processus apprentissage/enseignement spécifiques à des contenus de savoir donnés. »[17] Dans ces conditions, il ne peut être question de récuser les contraintes propres à l'objet de l'apprentissage ; celles-ci font partie intégrante de la situation didactique et il n'existe pas de « méthode » universelle que l'on pourrait en quelque sorte habiller avec des disciplines différentes.

Le développement des didactiques et le primat des apprentissages localisés

Les « didacticiens » – ainsi nommons-nous, pour simplifier, les tenants de cette thèse, qui s'opposent par là aux « méthodologues » dont nous venons de parler – s'appuient, pour justifier leur parti pris, aussi bien sur des considérations philosophiques et épistémologiques que sur des constats psychologiques déjà relativement anciens. Ainsi Bachelard, après avoir constaté que les « variations de raisonnement » dans les sciences imposaient en permanence une sorte de réorganisation des principes de la raison, expliquait-il, dès 1940, que « l'esprit doit se plier aux conditions du savoir » : « Avant de savoir compter, je ne savais guère ce qu'était la raison » et « que serait une fonction, demandait-il, sans des occasions de fonctionner ? »[18] Comment penser une « structure » qui tourne ainsi à vide ? La structure est, en réalité, construite par les matériaux qu'elle traite, elle s'organise en fonction des savoirs qu'elle doit s'approprier. Par ailleurs, c'est Vygotsky qui écrivait, en 1934, s'écartant des théories piagétiennes alors dominantes : « *Un examen approfondi montre que la spécialisation des capacités est en réalité beaucoup plus grande qu'il ne semble à première vue.*

---

17. *Actes de la deuxième école d'été de didactique des mathématiques*, éditions de l'Institut IMAG, Université Grenoble 1.

18. *La philosophie du non*, PUF, Paris, 1970, page 144.

Si l'on choisit, par exemple, parmi cent individus, dix qui sont particulièrement aptes à évaluer une longueur, ils ne témoigneront pas d'une activité analogue pour évaluer correctement le poids d'un objet. La vitesse et la précision au cours d'additions ne s'accompagnent pas d'une vitesse et d'une précision analogues lorsqu'il s'agit de trouver les contraires d'une série déterminée de mots. »[19] Et Vygotsky donne d'autres exemples concernant la mémorisation ou l'attention qui confortent sa thèse : il n'existe que des capacités « locales », strictement associées à des contenus déterminés, et l'on ne peut, d'aucune manière, parler d'une « capacité générale » d'évaluation, de précision ou de mémoire.

Il reste cependant à Vygotsky la tâche d'expliquer comment il se fait que certaines habiletés semblent se retrouver d'une activité à une autre : il est indubitable, en effet, que quiconque sait conduire une automobile apprendra plus facilement qu'une autre personne à conduire une moto ou un bateau. Or, dans la perspective de Vygotsky, ce n'est absolument pas parce qu'il existerait une capacité générale, celle de « conduire un véhicule », qui pourrait être acquise sur un véhicule quelconque puis, ensuite, être transférée à n'importe quel autre véhicule ; c'est que, tout simplement, la tâche complexe qui consiste à « conduire une automobile » comporte de nombreux éléments, des « micro-expertises » dirait-on aujourd'hui, que l'on retrouve, combinés à d'autres éléments, dans des tâches proches : « *L'amélioration d'une fonction ou d'une activité spécifique de la conscience n'influence le développement d'autres fonctions ou activités que si elles ont des éléments en commun.* »[20] C'est parce que la conduite automobile comporte toute une série de micro-expertises qu'il faut effectuer simultanément (contrôler la vitesse, la direction, les informations venant du tableau de bord, les éléments de l'environnement géographique et météorologique, etc.) que celui qui les maîtrise peut en utiliser certaines, associées à de nouvelles, dans la conduite d'un bateau. Et c'est le même processus qui joue entre la maîtrise du français et l'étude du latin, comme entre la maîtrise de savoirs en économie et leur utilisation en géographie.

Dans ces conditions, explique Vygotsky, qui peut être considéré comme un des véritables fondateurs d'une théorie des didactiques, « *la tâche de l'enseignant n'est pas de développer la réflexion, la mémoire, le jugement ou l'attention, mais de nombreux comportements intellectuels particuliers portant sur des matières diverses. Il ne s'agit pas de renforcer notre capacité générale d'attention, mais de développer différents comportements permettant de concentrer l'attention sur des matières diverses* »[21].

19. « Le problème de l'enseignement et du développement mental à l'âge scolaire » (dans *Vygotsky aujourd'hui,* sous la direction de B. Schneuwly et J.P. Bronckart, Delachaux et Niestlé, Neuchâtel et Paris, 1989, page 102).

20. Ibid., page 103.

21. Ibid., pages 102 et 103.

Des acquis certains mais une difficulté centrale qui subsiste

Et, il semble bien, en effet, que les travaux effectués dans les didactiques depuis une vingtaine d'années confirment cette position : deux exemples suffiront à le montrer. Le premier concerne un exercice traditionnel en français, la contraction de texte. Une expérimentation portant sur ce thème et concernant des élèves de quatrième de collège nous a, en effet, montré qu'il ne pouvait être question de construire avec des élèves une sorte de « capacité générale à contracter des textes », capacité qui s'appliquerait ensuite mécaniquement à tous les types de textes. En réalité, on découvre qu'un texte argumentatif portant sur une question de société requiert des compétences tout à fait différentes pour être contracté, de celles requises par un texte narratif se déroulant au Moyen Age. Certes, dans les deux cas, il y a bien des « micro-expertises » qui peuvent être réutilisées (la pronominalisation, le repérage des mots-outils, la substitution de synonymes, etc.)... mais le texte argumentatif sur un sujet de société requiert tout à la fois des connaissances précises sur les éléments contextuels qui sont évoqués et la compréhension de ce qui fait la spécificité d'une argumentation : la distinction entre une preuve et un exemple, entre un argument et une illustration. En revanche, la contraction d'un texte narratif se passant au Moyen Age ne peut être abordée sans que certaines notions historiques aient été éclaircies et sans que l'on ait travaillé sur la structure d'un récit qui ne met aucunement en œuvre des arguments et des exemples mais, bien plutôt, des éléments narratifs et des éléments descriptifs, des indices et des métaphores... Il s'agit donc d'un même exercice (la contraction de texte), proposé par le même professeur (le professeur de français) et qui ne peut, en aucun cas être renvoyé à une « capacité générale » identique. On peut penser donc, *a fortiori,* que quand il s'agira d'une autre discipline (l'histoire, l'économie ou la philosophie), quand on parlera d'une autre tâche (faire un résumé, un plan, une présentation orale, etc., d'un texte), il ne suffira pas d'invoquer un mystérieux « esprit de synthèse », qui serait formé on ne sait trop ni quand ni où, pour faire réussir l'élève.

Le second exemple concerne le cas précis d'un élève, Jean-François, sur lequel l'un d'entre nous a eu l'occasion de travailler longuement lors d'une de nos interventions en collège[22]. Au cours d'une rencontre entre les enseignants, ceux-ci évoquent les difficultés vécues par Jean-François au cours de la dernière quinzaine de travail : le professeur de français indique que cet élève n'est toujours pas capable d'accorder correctement le participe passé dans des phrases du type : « Je connais les amis que tu as rencontrés

22. Cet exemple est repris de manière plus détaillée par Michel DEVELAY dans son ouvrage *De l'apprentissage à l'enseignement,* ESF éditeur, Paris, 1992.

hier ». Le professeur de mathématiques indique à son tour que Jean-François n'a pas assimilé la transitivité (si a=b et que b=c, alors a=c). Tandis que le professeur de biologie explique que ce même élève réussit actuellement parfaitement des exercices de même structure portant sur l'organisation des relations alimentaires (« en détruisant les buses, on entraîne l'augmentation des fauvettes qui, à leur tour, ne vont plus décimer les araignées ; les pucerons, sans prédateurs, pourront alors endommager les pommes... »). En réalité, les trois exercices proposés font fonctionner une même opération cognitive formalisée en mathématiques sous le nom de transitivité, et pourtant Jean-François ne réussit que l'une d'entre elles, comme si le caractère biologique de l'exercice lui était absolument indispensable pour mettre en œuvre une activité mentale donnée. Il existe donc une sorte d'« adhérence » qui caractérise le rapport d'un individu donné avec certains savoirs, une « adhérence » qui interdit de décréter l'absence d'influence des contenus sur l'accès aux opérations mentales. Et, en effet, la relation que nous vivons aux contenus de connaissance n'est pas de nature strictement « intellectuelle » ; elle comporte des dimensions sociales[23] et cliniques[24] qui interdisent de s'en tenir, dans l'analyse didactique, à des schémas formalisés ou à des capacités très générales. L'enseignant lui-même, comme l'a montré Jacques Nimier[25], n'enseigne une discipline que parce que celle-ci représente pour lui, dans sa propre histoire, un enjeu symbolique très fort ; au sein de cette discipline, il s'attache à des contenus particuliers qu'il valorise en raison de son implication personnelle... Pourquoi en serait-il autrement pour l'élève ?

Ainsi, ces deux exemples, en même temps qu'ils démontrent la légitimité de l'approche didactique, attirent-ils notre attention sur un double problème ou, plutôt, sur la double dimension d'un même problème, celui

---

23. Ainsi Bernard Charlot écrit-il, dans *L'école en mutation* (Payot, Paris, 1987) : « Les enfants des familles populaires construisent leur savoir dans des pratiques d'adaptation au milieu sans les expliciter nécessairement dans un langage. Cela ne veut pas dire qu'ils n'ont que des « savoirs concrets », des savoir-faire liés à la matérialité, comme le croient ceux qui les qualifient de « concrets » : l'adaptation au milieu suppose l'utilisation d'idées, de symboles. Mais ces idées, ces symboles ne prennent sens qu'investis dans des pratiques et ne s'objectivent pas en concepts posés et pensés pour eux-mêmes dans un langage parfaitement explicite » (page 213). De son côté, Pierre Bourdieu, dans *La distinction, critique sociale du jugement* (Éditions de Minuit, Paris, 1985), montre comment l'intention de se distinguer du commun est à l'œuvre dans certaines couches sociales qui n'apprennent que pour montrer qu'elles savent.

24. Jacky Beillerot montre bien dans son ouvrage *Savoir et rapport au savoir* (Éditions Universitaires, Paris, 1989) que « le rapport au savoir semble suggérer une disposition de quelqu'un envers les savoirs (...). Disposition qui implique une intimité ; intimité du savoir lui-même, intimité avec le savoir ; comme tout « rapport à... », il y aurait une sorte de commerce amoureux en jeu : le rapport au savoir nommerait alors le mode de plaisir et de souffrance de chacun dans sa relation avec le savoir » (page 166).

25. *Les maths, le français, les langues, à quoi ça me sert ?* (Nathan-Labor, Paris, 1986).

de la décontextualisation des acquis : **à quelles conditions un savoir acquis localement peut-il être réutilisé de façon pertinente dans un autre cadre, avec d'autres matériaux, d'autres contenus ?** Le premier exemple montre que cette décontextualisation ne peut pas s'effectuer à partir de grandes capacités générales que l'on appliquerait indistinctement à tous les problèmes rencontrés, le second qu'elle requiert tout un travail pour s'appuyer et se dégager tout à la fois du rapport d'implication personnelle que l'on entretient avec des contenus déterminés.

Or, précisément, en raison de son intérêt légitime pour des apprentissages strictement localisés, les didactiques sont très peu outillées pour répondre à ces interrogations. Elles insistent avec raison sur l'existence de contraintes inhérentes aux contenus de savoir mais elles n'aident guère le sujet à acquérir des outils cognitifs, affectifs ou psycho-moteurs qu'il soit capable d'utiliser à bon escient à l'extérieur de l'École et sur d'autres contenus que ceux qui y ont été abordés. Ainsi, le développement exclusif des didactiques disciplinaires risque-t-il de transformer les élèves en spécialistes de questions proprement scolaires qu'ils maîtriseront parfaitement mais qui les laisseront démunis dès lors qu'une nouveauté non programmée interviendra dans leurs parcours, dès lors que la didactique ne sera plus là pour tout prévoir et tout organiser.

Question n° 3 : Comment la pratique pédagogique peut-elle dépasser le débat entre « méthodologues » et « didacticiens » ?

Nous en sommes donc à un moment particulièrement délicat de notre réflexion et nous voudrions, avant d'aller plus loin, effectuer un rapide bilan de nos acquis : le courant des « méthodologues » pose, à travers son approche, une question essentielle : **à quelles conditions un apprentissage méthodologique peut-il être réinvesti dans des situations précises, différentes de celles utilisées en formation ?** A sa manière, le courant des « didacticiens » pose la même question : **à quelles conditions un apprentissage localisé peut-il contribuer à la construction d'habiletés utilisables dans d'autres situations, voire avec d'autres contenus que ceux qui ont été mobilisés en formation ?** Ces deux courants nous imposent donc de clarifier une question centrale en nous appuyant sur deux acquis essentiels : la question centrale est celle de la transférabilité des acquis ; les deux acquis essentiels sont, d'une part, la certitude que les apprentissages sont d'abord locaux (ce que nous ont appris les didactiques) et, d'autre part, le fait qu'ils doivent pouvoir contribuer à la construction de capacités plus générales (ce que nous suggèrent les méthodes d'éducabilité cognitive). Nous nous proposons maintenant de partir de là pour tenter d'élaborer un modèle pédagogique de l'apprentissage, un modèle qui prenne en compte et mette en interaction les trois composantes de l'activité pédagogique que nous avons déterminées plus haut[26] : une finalité (l'accès du sujet à l'autonomie dans l'usage de ses savoirs), des étayages scientifiques (fournis tout à la fois par la psychologie cognitive, l'approche clinique et les apports de la sociologie de l'apprentissage) et, enfin, une instrumentation pratique permettant d'agir et d'évaluer les résultats de son activité. Pour élaborer ce modèle, nous nous proposons de préciser d'abord ce que nous entendons aujourd'hui par « objectif pédagogique », puis d'esquisser, à partir de là, les éléments nécessaires à toute démarche d'enseignement cohérente avec nos finalités et ce que nous savons des processus d'apprentissage.

Une redéfinition de la notion d'« objectif pédagogique »

Il y a près d'une vingtaine d'années maintenant que la « pédagogie par objectifs » a fait son apparition. Les pédagogues se souviennent sans doute

26. Voir première partie, réponse à l'allégation n° 2.

qu'elle est arrivée après une période de « surchauffe utopiste » – où les enseignants les plus hardis se lançaient dans la non-directivité alors que la majorité d'entre eux se contentait de parler, d'une manière très générale et généreuse, de « l'épanouissement » des élèves » – et qu'elle se présentait comme un retour à une saine modestie ; il s'agissait de retrouver une efficacité minimale dans les apprentissages en mettant en application les fameux conseils de R.F. Mager :

« Il était une fois un vieux professeur
Toujours entouré d'élèves par milliers...
« C'est curieux, ma foi, dit son directeur,
« Comment faites-vous ? »
Les trois doigts levés,
Le vieux maître fit ce sage discours :
« A ces trois questions je réponds toujours :
« Quel est mon but ?
« Comment l'atteindre ?
« Comment savoir si je l'ai atteint ? »[27]

Ainsi, la « pédagogie par objectifs » mettait-elle les enseignants en demeure de ne plus se payer de mots, d'annoncer le plus clairement possible ce qu'ils attendaient de leurs élèves et de clarifier ainsi le « contrat didactique » afin d'éviter cette sélection par l'implicite dont on découvrait alors le caractère implacable. « Nommer le comportement attendu » apparaissait alors comme une sorte d'hygiène pédagogique, permettant à la fois de rendre à l'enseignant le sentiment de son utilité sociale et à l'élève de contrôler progressivement lui-même ses apprentissages. Sans aucun doute, il y avait là un progrès certain, et les chroniqueurs qui, aujourd'hui, semblent découvrir l'usage pédagogique de la notion d'« objectif » et s'en gaussent comme s'il s'agissait d'un jargon insupportable sont ceux-là même qui s'enthousiasment, dans les colonnes des mêmes magazines, pour les techniques du « management » inspirées des mêmes auteurs[28] !

On se souvient peut-être encore qu'à ses débuts la pédagogie par objectifs n'hésita pas à souligner sa parenté avec l'enseignement programmé[29] et à partager l'espoir que des « machines à enseigner » seraient un jour capables, après avoir évalué le niveau initial de chaque élève, de lui proposer les exercices individualisés adaptés à sa progression. Il aurait suffi,

---

27. *Pour éveiller le désir d'apprendre* (Bordas, Paris, 1978, page IX).

28. Ainsi en est-il de François DUFAY dans un article de l'hebdomadaire *Le Point* (numéro 995, 12 octobre 1991, pages 43 à 51).

29. Ainsi, l'ouvrage de Viviane et Gilbert De LANDSHEERE, *Définir les objectifs de l'éducation* (PUF, Paris, 1976) qui présenta, pour la première fois en France, un panorama assez complet des travaux américains sur les objectifs, n'hésite-t-il pas à se référer à SKINNER et aux « machines à enseigner » et à récuser les objections qui voient dans l'enseignement programmé un danger de « mécanisation » (page 248).

alors, selon la célèbre formule de Descartes, de « diviser chacune des difficultés en autant de parcelles qu'il se pourrait et qu'il serait requis pour les mieux résoudre... et de conduire par ordre ses pensées, en commençant pas les objets les plus simples et les plus aisés à connaître, pour monter peu à peu comme par degrés jusqu'à la connaissance des plus composés »[30]. Ainsi, l'enseignant habile, capable de cette savante décomposition, ne pouvait-il manquer son but : les élèves soumis à un entraînement intensif où le couple objectif/évaluation était indéfiniment multiplié, devaient immanquablement apprendre... et cela quoi qu'il en coûte !

Or, précisément, le prix à payer pour une telle pédagogie était particulièrement lourd : outre qu'elle semblait réduire les élèves à des rats dans des labyrinthes et l'apprentissage au dressage, qu'elle excluait presque totalement les interactions entre les apprenants — dont on connaît pourtant aujourd'hui le caractère particulièrement bénéfique —, elle sacrifiait bien souvent les objectifs de « haut niveau taxonomique ». On avait perçu, en effet, qu'il ne suffisait pas d'affirmer que l'on voulait que l'élève « comprenne », « sache », « prenne conscience de » ; on avait bien vu qu'il ne suffisait pas d'ajouter des adverbes — en affirmant que l'on voulait que l'élève comprenne « vraiment » ou « profondément » — pour clarifier les choses... Alors on avait fini par renoncer à ces généralités pour s'en tenir à des comportements observables : on se contentait de demander à l'élève d'« énumérer », de « réciter par cœur », de « compléter des cases vides », d'« associer », d'« identifier », de « classer », etc. On avait fini, tout simplement par abandonner certaines de nos exigences parce qu'on ne parvenait pas à les traduire en termes de comportements observables.

Cela, certes, ne dura pas[31]. On découvrit vite que l'important c'était précisément ce que l'on ne pouvait pas observer directement, ce qui se passait dans la tête de l'élève, cette « habileté cognitive stabilisée », comme disent les psychologues, qui échappe, par définition, à toute observation immédiate. En d'autres termes, l'important c'était bien que l'élève « comprenne », même si on ne savait pas traduire cela en termes d'objectifs comportementaux rigoureusement définis... Et il ne fallait pas renoncer à nos ambitions au nom d'une conformité formelle à des principes mécanistes. C'est alors que l'on se mit progressivement d'accord sur le fait que l'essentiel était bien du domaine des « objectifs généraux », dont les objectifs comportementaux ne pouvaient être que des indicateurs assez largement

---

30. *Discours de la méthode : Pour bien conduire sa raison et chercher la vérité dans les sciences,* deuxième partie.

31. La parution de l'ouvrage de Daniel HAMELINE, *Les objectifs pédagogiques* (ESF éditeur, Paris, 1979) fut, pour nous, déterminante : avec la compétence et l'humour qui le caractérisent, Daniel HAMELINE présentait la pédagogie par objectifs de manière positive mais critique ; il soulignait, en particulier, que « ' comprendre ' déborde toujours les comportements qui permettent d'en inférer l'existence » (page 179).

arbitraires. L'on sortit du behaviorisme sommaire, l'on prit en compte les actes mentaux dans leur complexité, leur globalité, mais aussi leur radicale invisibilité, et l'on accepta l'idée que les comportements permettaient seulement de faire des hypothèses sur « ce qui se passe dans la tête du sujet qui apprend ». On ne rougit plus d'affirmer que l'important était bien que les élèves « comprennent »... la proportionnalité, le principe du tiers exclu, les mécanismes de la reproduction cellulaire, la notion de démocratie, celle de romantisme ou de phénoménologie ; on chercha seulement à identifier les comportements qui, dans des tâches scolaires déterminées, permettaient d'inférer avec vraisemblance le fait que l'élève avait compris. Cela ouvrit la porte à toute une série de réflexions sur la notion de « situation d'apprentissage » qui avait, jusque-là, été en quelque sorte « écrasée » entre l'annonce de l'objectif et son évaluation. Le progrès était donc considérable[32].

Mais une difficulté de taille subsistait : la pédagogie par objectifs devenue « l'analyse par objectifs » laissait totalement de côté la question du sens des apprentissages. Les objectifs les mieux formulés, assortis d'une foule d'indicateurs d'évaluation, pouvaient demeurer des listes vides de signification pour celui qui n'avait pas encore appris et qui se voyait placé devant des « résultats » ne correspondant à aucune question qu'il s'était posée. C'est ainsi qu'apparut l'idée de chercher systématiquement à articuler les objectifs aux problèmes qu'ils permettaient de résoudre et qui, ainsi, leur donnaient sens. Car, au fond, qu'est-ce qui fait l'intérêt d'un objectif d'apprentissage si ce n'est le fait qu'il permet d'affronter des situations précises, qu'il constitue un outil cognitif, psycho-moteur ou socio-affectif, grâce auquel des problèmes que l'on rencontre, des obstacles auxquels on est confronté, des difficultés personnelles, sociales ou professionnelles que l'on doit surmonter, peuvent être pensés et – au moins partiellement – maîtrisés ? **Un objectif didactique ne devient un objectif pédagogique – c'est-à-dire un objectif qui contribue à construire l'autonomie du sujet apprenant – que dans la mesure où cet objectif est appréhendé en référence aux problèmes scolaires et extra-scolaires qu'il permet de résoudre, quand un sujet dispose à la fois d'un outil et des conditions de son bon usage, quand il sait précisément ce qu'il peut en faire et est capable de l'utiliser dans des situations absolument nouvelles pour lui.**

---

32. Cette conception des objectifs « de deuxième génération » est longuement présentée dans l'ouvrage du CEPEC, *Construire la formation* (ESF éditeur, Paris, 1991) : on y montre, en particulier, comment il est possible de se dégager du behaviorisme et de construire un « curriculum » dans lequel s'articulent des « capacités » (catégories hypothétiques permettant de nommer des axes de formation et qui mettent en cohérence l'action de plusieurs formateurs), des « compétences » (produits d'apprentissage complexes référant à des tâches maîtrisées) et les « objectifs opérationnels » (formulés en termes d'indicateurs et pouvant servir à l'évaluation d'une compétence). En proposant un tel modèle, le CEPEC permet de prendre en compte le transfert de compétence : il ouvre donc à ce que nous-mêmes nommons ici « les objectifs du troisième type ». De plus, l'ouvrage comprend la présentation de nombreux exemples d'application.

Bien sûr, nous n'ignorons pas que le terme de « problème » risque d'apparaître terriblement réducteur et qu'il a souvent des connotations péjoratives (on pense à l'adolescent « qui a des problèmes ») ou strictement utilitaristes (on évoque le bricoleur à qui il manque une pièce ou un outil). Mais, pour nous, le terme de « problème » est employé dans son sens propre, pour désigner « ce qui fait problème », m'interpelle, sollicite mon intelligence, ma sensibilité, mon habileté. Un problème, pour nous, c'est, aussi bien, une question très matérielle (« Comment adapter pour sept personnes une recette de cuisine écrite pour quatre personnes ? ») qu'une question très existentielle (« Comment y voir clair en moi dans mes sentiments vis-à-vis de telle personne ? »), en passant par toutes les situations où l'on se demande quels sont les enjeux (politiques, culturels, économiques), les hypothèses d'explication (de tel ou tel événement qui m'arrive ou dont je suis le témoin), les solutions possibles (des questions qui me sont posées), les moyens pour mieux comprendre et se comprendre, retrouver la paix ou mettre à exécution un projet d'action.

En d'autres termes, nous en sommes venus, aujourd'hui, à proposer une nouvelle formulation – du « troisième type », en quelque sorte – des « objectifs pédagogiques opérationnels » : **nous disons qu'un objectif est, à la fois, pédagogique et opérationnel quand il est formulé en termes de corrélation d'un outil et d'une série de situations auxquelles cet outil est adapté** ; il est pédagogique puisqu'il permet de gagner en autonomie, il est opérationnel puisqu'il permet d'« opérer » une corrélation entre une famille de situations et un outil de traitement. C'est pourquoi nous voudrions que l'on parvienne, le plus souvent, à formuler les objectifs scolaires de la manière suivante : « l'élève sera capable d'utiliser l'outil X pour résoudre un problème se caractérisant précisément par... »[33]

Et l'on aura compris qu'il ne s'agit pas du tout ici d'une simple question technique ou d'un problème de vocabulaire : il s'agit d'installer au cœur de la démarche pédagogique elle-même le problème de l'usage de tout outil que l'on se propose de faire acquérir aux élèves. Il s'agit de travailler sur la transférabilité des acquis, non point de manière secondaire ou marginale mais de la placer dans la démarche d'acquisition elle-même, comme une de ses composantes essentielles : un sujet n'a rien acquis vraiment tant qu'il ne sait pas où et quand, dans quelles conditions il peut réutiliser ce qu'il a acquis. Bref, **il n'y a, sans doute, d'apprentissage que local, mais il n'y a aussi de véritable apprentissage, intégré dans la dynamique de la personne, que quand on a compris, tout à la fois, ce qui fait l'efficacité d'un outil ou d'un concept et les caractéristiques des**

33. Philippe MEIRIEU a développé cette conception de l'analyse par objectifs dans son « bloc-notes » de la collection « Entrez dans ma classe » publiée par le C.R.D.P. de Nancy et qui propose, dans tous ses volumes, des exemples de dispositifs pédagogiques centrés sur une discipline précise.

situations dans lesquelles on peut le mobiliser : nous parlons alors – mais ce n'est que convention de vocabulaire – de construction d'une véritable « compétence ».

Une remise en perspective de la notion de « démarche pédagogique »

Si l'on écoute quelque peu les employeurs s'exprimer sur les jeunes qu'ils embauchent au sortir de leurs études, on découvre vite que leurs propos ressemblent étrangement à ceux des professeurs qui décrivent les élèves qu'ils reçoivent de leurs collègues en début d'année scolaire : les uns et les autres s'inquiètent moins du fait que ces jeunes seraient ignorants que de leur incapacité à utiliser à bon escient ce qu'ils ont appris... Un peu comme si l'École fournissait aux élèves une multitude d'outils de toutes sortes et comme si elle les laissait partir sans jamais avoir réfléchi vraiment avec eux aux conditions de leur bon usage. Les élèves ressembleraient alors à des ouvriers abondamment pourvus des dernières nouveautés de la technologie industrielle, disposant d'un outillage extrêmement sophistiqué, capables de l'exhiber sur commande – dans des situations d'examen, par exemple – mais incapables d'en faire vraiment quoi que ce soit dans des situations nouvelles, tentant vainement d'utiliser un marteau quand c'est un tournevis qui serait utile, allant chercher un outil très perfectionné quand une simple pince suffirait et s'obstinant à utiliser cette dernière quand, de toute évidence, il faudrait faire appel à un outil dont ils ne disposent pas encore mais qu'ils devraient tenter de se procurer.

C'est que l'École se préoccupe beaucoup d'outiller les élèves, de les barder de connaissances de toutes sortes, de mettre ces connaissances à jour régulièrement – avec plus ou moins de rapidité – en fonction de l'état des recherches, mais qu'elle ignore superbement l'usage que les élèves peuvent en faire. Plus encore, elle fait souvent de l'ignorance de cet usage un principe de fonctionnement, elle s'enorgueillit même parfois de « former à l'inutile », d'être le lieu de la transmission d'une « culture gratuite », volontairement coupée de toute perspective utilitariste, témoignant ainsi de la véritable « grandeur de l'Homme ». Or il y a là un malentendu absolu : nous croyons, en effet, pour notre part, qu'il est tout à fait légitime pour l'École de garder ses distances avec les demandes économiques et sociales, qu'il est de son devoir de ne pas réduire la culture qu'elle transmet à quelques outils à caractère professionnel ou technologique, qu'il convient absolument qu'elle apporte aux élèves les moyens de se situer dans une histoire et assume sereinement une fonction de « conservation » d'un patrimoine culturel... Mais nous croyons tout autant qu'elle ne peut rien enseigner qui ne s'appuie pas sur des situations où les élèves puissent s'impliquer, qu'elle doit, ensuite, leur permettre une désimplication qui les fait accéder à une intelligence de principes abstraits et qu'elle doit, enfin, former chez eux la capacité à réinvestir ces principes, à leur propre initiative, dans des situations nouvelles. Au risque de faire sourire ceux qui accusent les pédagogues de jargonner un peu trop, nous formulons cette triple mission de l'enseignement par trois termes qui décrivent pour nous la dynamique de toute démarche authentiquement pédagogique :

Contextualisation / décontextualisation / recontextualisation

Tout apprentissage doit d'abord, en effet, être effectué dans un contexte précis, avec des exemples accessibles à celui qui apprend, des exemples qu'il puisse comprendre et dans lesquels il puisse, autant que faire se peut, s'investir : on n'apprend pas le théorème de Pythagore sans travailler sur des triangles précis, on n'accède pas au principe de la respiration sans étudier comment tel ou tel animal respire, on ne comprend pas ce que c'est un coup d'État sans observer les conditions historiques précises d'un coup d'État déterminé, on ne saisit pas ce qu'est le romantisme sans s'être trouvé confronté à des textes, à des musiques, à des tableaux ou à des sculptures romantiques. Il est donc de la responsabilité de l'enseignant, en fonction des objectifs qu'il se fixe, de déterminer le contexte le plus favorable qui permettra leur acquisition. Cette détermination ne peut alors s'effectuer qu'en fonction de ce qu'il connaît des apprenants, et cela dans un double registre : d'une part, il doit tenir compte des connaissances qu'ils maîtrisent déjà et qui leur permettent d'accéder au vocabulaire, aux définitions, aux événements, aux différents éléments mobilisés par le contexte que l'on va utiliser ; d'autre part, il doit s'appuyer sur ce qu'il sait capable de mobiliser les apprenants afin que les efforts nécessaires à l'apprentissage aient du sens pour eux. Ainsi faut-il incarner les apprentissages, les contextualiser d'autant plus que les élèves sont en situation difficile et ont du mal à accéder directement à l'abstraction. Cette contextualisation n'est nullement un obstacle à un véritable accès à la culture, elle en est la voie nécessaire, la condition indispensable... il n'est aucune acquisition d'aucune sorte qui ne s'inscrive d'abord dans un contexte chargé à la fois sur le plan cognitif et sur le plan affectif, un contexte qui soit, tout à la fois, objet de connaissance et objet d'investissement. Et ceux qui nient l'utilité de cette « contextualisation » pour immerger directement les élèves dans l'abstraction coupent les chemins des contrées où ils voudraient les conduire.

Mais il est bien évident que l'on ne peut s'en tenir à cette contextualisation sous peine de maintenir l'élève en état de dépendance par rapport à un contexte précis : l'enfant de cours préparatoire dont nous parlions plus haut et qui apprend à additionner avec des billes doit, évidemment, pouvoir transposer le principe de l'addition à d'autres objets, il doit « décontextualiser » pour comprendre vraiment ce que c'est qu'additionner... Même si cela se fait, pour la plupart des enfants, relativement vite et facilement, il s'agit bien d'une démarche intellectuelle, qui peut être décrite comme la prise de distance par rapport à un contexte, et qui n'est en rien une opération immédiate et automatique. De la même manière, l'élève qui apprend à repérer les compléments d'objet directs dans un texte, qui commence par des groupes nominaux pour aller ensuite vers les propositions conjonctives et infinitives doit-il passer par une formalisation qui lui permette d'échapper à l'« adhérence » des premiers exemples étudiés. Et il en est de même pour l'ensemble des savoirs étudiés, qu'ils soient « notionnels » (comme le concept de respiration ou celui de colonisation, les principes de la thermodynamique ou les lois de Mendel, etc.) ou qu'ils soient « procéduraux » (comme le calcul de la proportionnalité, l'accord du participe passé, la transposition graphique de données chiffrées, etc.). Ainsi, tout récemment, la fille de l'un d'entre nous a-t-elle buté pendant plusieurs heures sur un exercice d'arithmétique tout simple ainsi formulé : « Bien gonflée, la roue de ma bicyclette fait 24 centimètres de rayon, combien de tours fera-t-elle quand je parcourrai 1 kilomètre ? » Les deux formules mathématiques requises pour effectuer l'exercice étaient parfaitement maîtrisées par l'élève ; or celle-ci se trouvait en quelque sorte empêchée d'y recourir car elle s'obstinait à chercher l'incidence du fait que la roue était plus ou moins bien gonflée sur la solution de l'exercice! En termes didactiques, nous pourrions dire ici que l'élève était tout entière absorbée par un « indicateur de surface », sans rapport avec la nature véritable du problème, et n'avait pas perçu les « indicateurs de structure » qui auraient dû mobiliser son attention. Et nous retrouvons le même processus quand un élève de quatrième explique qu'il ne sait utiliser le théorème de Pythagore que quand il s'agit d'arpentage des champs, parce que c'est sur un tel exemple qu'il l'a appris ou que toute révolution est socialiste puisqu'il vient de voir à la télévision un reportage sur la Révolution russe de 1917 !

On voit bien que, dans tous les cas, la maîtrise intellectuelle impose une formalisation qui est le gage d'une véritable compréhension. Et nous retrouvons ici la fameuse distinction introduite par Jean Piaget entre « réussir » et « comprendre »[34]. La réussite, en effet, s'accroche au produit, est absorbée par la tâche. La compréhension, elle, est du côté du processus, elle se dégage progressivement des contraintes particulières d'une tâche donnée, elle accepte de surseoir à une certaine efficacité dans l'action pour s'attacher à ce qui permet de mettre en lumière les raisons de cette efficacité. Ainsi, explique Piaget : « *Réussir, c'est comprendre en action une situation donnée, à un degré suffisant pour atteindre les buts proposés, et comprendre c'est réussir à dominer en pensée les mêmes situations jusqu'à pouvoir*

34. *Réussir et comprendre,* PUF, Paris, 1974.

résoudre les problèmes qu'elles posent quant au pourquoi et au comment des liaisons constatées et par ailleurs utilisées dans l'action »[35].

Autant est-il nécessaire de « contextualiser » un apprentissage, autant, donc, est-il nécessaire de permettre sa décontextualisation, de favoriser ce dégagement de l'élève par rapport à ses connaissances antérieures et à son intérêt immédiat. Bien évidemment, il serait naïf de croire que cette opération de décontextualisation et de formalisation ne s'appuie sur aucun donné antérieur : d'une part, elle remet en perspective les connaissances formelles déjà acquises dans une structure nouvelle ; d'autre part, elle opère un déplacement de l'investissement affectif : la satisfaction d'être proche des éléments du contexte et d'entretenir avec eux une certaine complicité laisse la place à la satisfaction de prendre du pouvoir sur la situation par la maîtrise d'un modèle explicatif. La tâche de l'enseignant est donc bien ici d'opérer une rupture dans un double registre, celui des conceptions de l'élève et celui de son investissement narcissique : tâche difficile, sans aucun doute, mais qui devient possible dès lors que l'enseignant accepte d'être lui-même en situation de construction et non de transmission des savoirs, dès lors qu'il vit lui-même en classe ce passage d'une situation contextualisée où il s'agit d'abord de réussir à un apprentissage décontextualisé où il s'agit d'abord de comprendre.

Cela fait, on ne peut pas, néanmoins, considérer que la démarche pédagogique est achevée. Tant que l'élève n'est pas capable d'utiliser les connaissances qu'il a acquises dans des situations différentes, tant qu'il ne sait pas repérer les problèmes qui appellent tel ou tel traitement, les questions qui sollicitent telle ou telle réponse, les interrogations qui peuvent être éclairées par tel ou tel apport culturel, tant qu'il ne sait pas faire cela, il reste dépendant de la situation d'acquisition dont on ne peut pas dire encore qu'elle soit une véritable situation d'apprentissage. C'est pourquoi il est si important de pratiquer ce que les chercheurs américains nomment le « bridging » — le fait de « faire des ponts » — et qui consiste à demander aux sujets apprenants, après la maîtrise d'une notion ou d'une procédure, de chercher eux-mêmes des situations où ils peuvent la retrouver et la faire jouer. Il ne s'agit pas ici pour l'enseignant de proposer lui-même aux élèves de nouveaux exercices d'application mobilisant d'autres contextes — exercices qui risquent de ne pas pouvoir être compris ou investis par les élèves et de les maintenir néanmoins en état de « dépendance didactique » ; il s'agit, tout au contraire, que les sujets prospectent autour d'eux, puisent dans leurs expériences, interrogent leurs proches, enquêtent auprès de professionnels, consultent de la documentation, etc., pour découvrir eux-mêmes et proposer à la classe des situations qui, comportant les mêmes

35. Jean Piaget, *La prise de conscience,* PUF, Paris, 1974, page 113.

« indicateurs de structure » peuvent être traitées par les mêmes outils. Ainsi cherchera-t-on les phénomènes qui peuvent être expliqués par telle loi physique que l'on vient d'apprendre, les problèmes dont on peut venir à bout avec telle règle mathématique, les textes que l'on peut résumer avec telle méthode, les dysfonctionnements techniques que l'on peut surmonter avec telle intervention, les situations professionnelles qui font appel à telle habileté psycho-motrice, les problèmes sociaux qui peuvent être éclairés par telle donnée économique, les enjeux politiques que l'on peut lire avec telle connaissance historique, les situations personnelles qui peuvent être mieux comprises quand on fait appel à telle ou telle approche littéraire.

On peut, d'ailleurs, éclairer cette proposition par les recherches effectuées par les psychologues cognitivistes et qui distinguent, devant une tâche donnée, les « novices » et les « experts » : les novices, expliquent-ils, placés devant un problème, ont tendance à « *ne sélectionner que des traits de surface (par exemple ceux qui sont explicitement annoncés dans l'énoncé), directement perceptibles, liés à l'expérience quotidienne (l'expérience des objets du monde physique par exemple), non nécessairement spécifiques du domaine conceptuel en jeu. Les classes de problèmes ainsi construites apparaissent souvent comme peu stables, les critères choisis pouvant fluctuer* »[36]. Les novices donc, même quand ils maîtrisent des connaissances formelles et savent les exposer devant un examinateur, ne sont pas capables d'en faire usage à bon escient ; il leur manque cette habitude de la décontextualisation / recontextualisation dont nous avons parlé. Les experts, en revanche, ceux qui réussissent bien et vite, savent retrouver la structure d'un même problème en dépit de ses habillages différents ; ils se sont construits un « prototype » éliminant les données qui ne sont pas constitutives du problème, les éléments anecdotiques ou liés de manière trop conjoncturelle au contexte dans lequel le problème est apparu d'abord. Ils savent utiliser ce prototype pour examiner toutes sortes de situations et décider si elles relèvent ou non du traitement par les mêmes outils. De plus, leur habileté leur permet de combiner divers outils, de coordonner diverses procédures pour traiter une situation plus complexe que celles auxquelles ils ont été habitués. La manière dont procèdent les experts nous invite donc à pratiquer systématiquement, en situation scolaire, le « bridging » ; elle nous invite à installer cette pratique au cœur de la vie de la classe, dans toutes les disciplines et à tous les niveaux de l'enseignement.

Certes, il n'y a rien, ici, de facile ni d'évident ; mais nous croyons que c'est seulement ainsi que l'on contribue à l'émergence de sujets autonomes dans l'usage de leurs savoirs ; c'est seulement ainsi que l'on échappe à la fois au formalisme académique qui s'en tient à l'appréhension de principes

---

36. « Adapter les interventions tutorielles au modèle cognitif de l'étudiant », E. Cauzinille-Marmèche et J. Mathieu dans *Psychologie cognitive, modèles et méthodes,* sous la direction de J.P. Caverni *et al.*, PUG, Grenoble, 1988, pages 175 à 190, page 178.

abstraits et, à l'opposé, à un « applicationnisme », tout aussi nuisible, qui impose des champs de réinvestissement limités aux besoins d'un secteur social ou économique déterminé ; c'est ainsi que l'on forme à une véritable démarche d'apprentissage lucide quand un sujet, à partir d'une situation donnée, dégage des principes généraux qu'il peut réutiliser ensuite à sa propre initiative.

Pour dépasser la contradiction du général et du local...

Le modèle de l'apprentissage que nous venons de suggérer rapidement permet, à notre sens, de dépasser la contradiction du « méthodologue » et du « didacticien », de celui qui s'attache à des apprentissages méthodologiques généraux et de celui qui s'en tient à des apprentissages disciplinaires locaux. En effet, dans les deux démarches, apparemment contradictoires, qu'ils proposent, l'on peut, chaque fois, partir d'une situation particulière (disciplinaire ou « a-disciplinaire »), l'analyser pour en tirer des principes en termes d'outil correspondant à une certaine famille de problèmes, et, enfin, tenter le réinvestissement de cet outil en cherchant des problèmes (qui peuvent être, une nouvelle fois, disciplinaires ou « a-disciplinaires » ou interdisciplinaires) où ces outils s'avèrent efficaces. Qu'on nous comprenne bien : nous ne tranchons pas ici entre les deux courants qui s'affrontent, nous indiquons seulement la condition à laquelle l'un et l'autre doivent se soumettre pour avoir quelque validité pédagogique. Nous considérons que la démarche « contextualisation / décontextualisation / recontextualisation » constitue, en quelque sorte, l'épreuve du bon fonctionnement de tout apprentissage. Y soumettre aussi bien les outils méthodologiques que les situations didactiques, c'est s'assurer que les premiers seront bien incarnés dans des contextes précis et qu'on se posera les questions de leur pertinence locale, c'est s'assurer aussi que les secondes seront toujours élargies et qu'on s'interrogera systématiquement sur les conditions de cet élargissement.

Concrètement donc, nous souhaitons que les enseignants et les formateurs, quel que soit le courant dans lequel ils se situent, procèdent toujours à partir de situations contextualisées, cherchent à analyser ces situations avec leurs élèves, pour en découvrir la structure et s'approprier l'outil qui permet d'y faire face, avant d'inviter leurs élèves à se mettre en quête de situations nouvelles où ils puissent utiliser à nouveau l'outil qu'ils maîtrisent maintenant. Cela vaut aussi bien, à notre sens, pour des situations de travail en classe sur des points très techniques du programme, que sur des situations d'aide au travail personnel, quand il s'agit d'apprendre une leçon d'anglais ou de réviser un contrôle de chimie. Chaque fois, l'essentiel est, pour nous, que l'élève construise une **compétence,** c'est-à-dire dispose de la possibilité d'associer une famille de problèmes correctement identifiée avec un outil de traitement correctement maîtrisé[37].

---

37. Philippe MEIRIEU a développé ce modèle sur la question de « l'aide méthodologique » dans *Enseigner, scénario pour un métier nouveau* (ESF éditeur, Paris, 4e édition, 1992, en particulier pages 147 à 158) ; il a également indiqué les présupposés et implications philosophiques de cette conception dans *Le choix d'éduquer* (ESF éditeur, Paris, 2e édition, 1992, en particulier pages 123 à 144).

Question n° 4 : Existe-t-il des « connaissances » à faire acquérir aux élèves en dehors des savoirs eux-mêmes ?

Ainsi conviendrait-il, à notre sens, de redéfinir les programmes scolaires en termes de compétences à acquérir par les élèves. Non point pour réduire ceux-là à des savoir-faire techniques ou à de simples habiletés psycho-motrices – quoiqu'il s'agisse là d'objectifs fort importants –, mais pour que l'ensemble des savoirs scolaires acquièrent véritablement du sens pour tous : pour les maîtres qui les enseignent, pour les élèves qui les apprennent, pour leurs parents et la collectivité qui s'interrogent sur « ce que l'on peut bien faire toute la journée à l'École », pour les employeurs dont les attentes sont d'autant plus étranges ou démesurées qu'ils ignorent les véritables objectifs scolaires. Annoncer clairement : « Voilà les situations auxquelles un élève en fin de troisième doit pouvoir faire face ; voilà les outils qu'il doit maîtriser » serait, de toute évidence, une clarification salutaire. C'est là, incontestablement, le premier niveau d'objectifs qu'il faut se fixer. Est-ce le seul ?

Dans la mesure où nous proposons d'intégrer la réflexion sur le bon usage des notions et procédures que l'on cherche à faire acquérir aux élèves dans la démarche d'apprentissage elle-même, nous pouvons nous demander, en effet, s'il existe encore des « connaissances » qui échappent à ce processus et doivent faire l'objet d'acquisitions spécifiques ? Dans un premier temps, nous serions tentés de répondre par la négative. En effet, si le sujet apprend à identifier les problèmes qu'il rencontre et à leur associer correctement des réponses, il développe, en quelque sorte, tout un registre de ce que l'on pourrait appeler des « méta-connaissances », des connaissances sur l'usage de ses connaissances, qui devraient lui permettre de diriger correctement ses activités. Ainsi, rencontrant un problème pour vérifier la perpendicularité de deux plans, il sait qu'il peut utiliser le théorème de Pythagore ; ayant à rédiger un récit fantastique, il dispose d'un prototype suffisamment clair organisant les éléments constitutifs du fantastique pour se mettre au travail ; devant envoyer un ballon dans un panier de basket, il sait coordonner son activité psycho-motrice de telle façon que le ballon passe par un point imaginaire dans l'espace et retombe ainsi dans le panier de basket ; se trouvant confronté à la nécessité de diriger une réunion, il est capable de choisir le type d'animation correspondant à l'objectif de la réunion : est-ce une réunion pour prendre une décision, pour donner des informations, pour consulter des partenaires ? L'analyse de la situation lui permet de statuer sur l'outil à employer...

Il reste que tout ce travail, si important, qui permet d'associer une situation à un outil, même s'il s'inscrit dans une démarche de contextualisation / décontextualisation / recontextualisation, reste relativement formel. Nous sommes ici au niveau de ce que nous avons appelé les « invariants structurels » dans l'apprentissage[38], c'est-à-dire au niveau des opérations qui sont communes pour tous les sujets : tout le processus peut être décrit – doit être décrit – indépendamment des spécificités des sujets qui le mettent en œuvre ; c'est même là sa condition de validité. Il n'est pas possible de stabiliser une compétence qui soit par trop liée à la subjectivité ou à l'environnement de celui qui la met en œuvre. Plus encore, pour la proposer à son acquisition, il faut qu'elle soit posée en extériorité par rapport à lui. Seule cette extériorité l'offre à son appropriation, l'offre en fait à son intériorité. Renoncer à cette « objectivité de la compétence », c'est renoncer à la possibilité même d'en faire un objet de formation.

Prendre en compte les stratégies d'apprentissage des personnes

Pour autant, peut-on ignorer que, dès qu'un sujet apprend, dans le domaine intellectuel, affectif ou moteur, il le fait avec son histoire, avec sa sensibilité propre, avec ses acquis ? Peut-on ignorer qu'il s'est construit ce que nous nommons une « stratégie d'apprentissage » qui n'appartient qu'à lui ? S'il nous fallait décrire les origines exactes de cette stratégie d'apprentissage, sans doute devrions-nous mettre en valeur trois dimensions complémentaires : d'une part, la manière d'apprendre d'un sujet s'enracine dans le rapport au savoir qu'entretient le milieu social et culturel dans lequel il a été élevé... peut-être n'est-ce pas tout à fait à tort que l'on parle d'un rapport au savoir « paysan », où la lenteur et la confiance dans le temps qui passe sont des éléments essentiels ? Peut-être pourrait-on aussi identifier des caractéristiques particulières dans le rapport au savoir entretenu par les classes moyennes ? On y noterait sans doute des différences sensibles entre ce qui est transmis au garçon – le savoir comme moyen d'exercer un pouvoir – et ce qui est transmis à la fille – le savoir comme moyen d'exercer une influence... Mais, bien évidemment, cette « matière » culturelle et sociale est travaillée par toute une histoire singulière : une histoire affective, d'abord, où les contenus de connaissance et leurs contextes d'émergence sont très fortement chargés en fonction des expériences vécues et des enjeux relationnels, en fonction, aussi, des souffrances et des plaisirs

---

38. Voir Philippe Meirieu, *Enseigner, scénario pour un métier nouveau* (ESF éditeur, Paris, 4e édition, 1992).

que l'on en a retirés ; une histoire cognitive ensuite, très largement dépendante de la précédente, et qui est constituée de tous les apprentissages précédemment effectués, de toutes les conséquences que l'on en a tirées, de tous les enseignements positifs ou négatifs qu'ils ont permis... Ainsi, et comme tressant les dimensions sociales, affectives et cognitives, se définit petit à petit une manière originale de voir les choses, d'entrer dans les savoirs, d'acquérir des compétences.

Certes, il n'est pas dans la vocation du pédagogue de reconstituer cette histoire et de tenter d'identifier précisément les causes qui font qu'un élève agit plutôt de telle ou telle façon. Le pédagogue n'est pas clinicien ; il n'en a ni les moyens, ni la compétence et rien ne serait pire, ici, que de jouer à l'apprenti-sorcier. Mais ne pas chercher à expliquer ne veut pas dire ne pas prendre en compte, car ne pas prendre en compte reviendrait à ignorer la singularité d'un être et, par là, à lui interdire d'accéder à l'universalité des savoirs ; ne pas prendre en compte serait se résigner à ce que ne réussissent que ceux qui, miraculeusement, se trouveraient « en phase » avec l'enseignant ; ne pas prendre en compte signifierait laisser délibérément certains à l'écart en organisant des situations d'apprentissage qui, quoique structurellement cohérentes, leur seraient complètement étrangères.

Pour prendre en compte les stratégies individuelles d'apprentissage, les psychologues proposent d'utiliser la « métacognition ». Le terme peut paraître barbare ; il est dû à un chercheur américain, Flavell, qui, le premier, a tenté de décrire ce qui se passe chez un sujet qui opère un retour réflexif sur ses apprentissages et s'interroge sur les conditions d'efficacité de sa démarche. Pour cet auteur, il existerait trois paramètres qui interviennent au cours de l'activité métacognitive[39] : des connaissances relatives aux constantes dans la manière de travailler de la personne elle-même, des connaissances relatives aux éléments déterminés par la nature de la tâche à accomplir, des connaissances concernant la manière de se comporter en face d'un problème précis. Les premières me permettent de savoir si je suis davantage à l'aise à l'oral ou à l'écrit, si je suis capable de faire un meilleur exposé avec un examinateur masculin ou féminin, si, dans l'ensemble, j'ai une approche plus rationnelle ou plus intuitive des problèmes, si je mobilise des images mentales plutôt auditives ou plutôt visuelles, etc. Pour me mettre, chaque fois que c'est possible, dans les situations les plus favorables pour moi, je dois bien connaître ces informations, savoir qu'il s'agit d'attitudes assez constantes qui ne changent pas, quelles que soient les tâches qui me sont proposées et les problèmes auxquels je suis affronté. La seconde série de paramètres concerne précisément les tâches et les compor-

---

39. « Spéculations about the nature and development of metacognition », in *Metacognition, motivation and understanding* (Hillsdale, Lawrence Erlbaum associes, New York, 1987). Voir aussi Pierre OLÉRON, *Savoirs et savoir-faire psychologiques chez l'enfant* (Mardaga, Bruxelles, 1981).

tements différenciés que je suis capable de développer devant elles : je sais, par exemple, que le travail d'écriture narrative nécessite pour moi une verbalisation préalable, alors que l'écriture argumentative m'est plus aisée si j'ai pris des notes antérieurement ; j'ai pu observer que la mémorisation d'un texte philosophique m'est plus difficile que celle d'un texte scientifique et que, pour le premier, je dois impérativement passer par la schématisation ; je mesure bien mon manque de patience en face de tel type de travail manuel et j'ai expérimenté que je pouvais le combattre si je prévoyais, à l'avance, un plan de travail par écrit. Enfin, il existe une troisième série de paramètres qui concerne la résolution de problèmes très particuliers : en face d'une hésitation orthographique concernant la terminaison d'un verbe, j'adopte le plus souvent telle attitude ; quand j'ai du mal à situer un événement historique dont on me donne la date, je me représente l'histoire de telle manière ; quand je dois faire face à telle panne dans un appareil, je m'y prends de telle façon pour réparer... En termes simples, la première série de paramètres concerne des attitudes générales de la personne, la deuxième série les rapports que la personne entretient avec des objets de savoir ou des tâches, la troisième série les procédures repérées comme efficaces en face de problèmes très particuliers.

Mais comment l'enseignant peut-il recueillir des informations métacognitives et les utiliser dans la conduite de la classe ? De nombreuses études ont été réalisées sur cette question, en particulier en Belgique ou au Canada, et chacune insiste sur une manière particulière de pratiquer la réflexion métacognitive[40] : on propose ainsi de travailler avec les élèves plutôt en cours ou plutôt en fin d'apprentissage, on insiste sur la planification ou sur le contrôle en cours d'action, on suggère de s'attacher à l'acquisition d'automatismes ou à la gestion de l'environnement, etc. Mais, dans tous les cas, les chercheurs notent une amélioration sensible des résultats des élèves et de l'intérêt porté à leur travail. De plus, l'observation d'indicateurs concernant le comportement extra-scolaire des élèves, quand ils se trouvent confrontés à l'organisation d'un voyage ou à la confection d'un repas, montre que les élèves adoptent des attitudes plus cohérentes et réfléchies quand on pratique la métacognition avec eux. Bien évidemment, ces résultats sont à prendre avec les mêmes précautions méthodologiques que celles que nous avons indiquées quand il s'agissait des outils d'éducabilité cognitive ; toutefois, il nous semble, ici, que le travail sur la métacognition a suffisamment d'assises théoriques pour pouvoir être engagé systématiquement et à tous les niveaux de l'institution scolaire.

Pour notre part, et à partir des travaux que nous avons engagés, nous suggérons aux enseignants de s'attacher plus particulièrement à **deux**

---

40. Voir, en particulier, *La métacognition* de B. NOËL, Éditions universitaires / De Boeck, Bruxelles, 1991 ; et « L'étude des stratégies d'apprentissage » de Lise SAINT-PIERRE dans *Pédagogie collégiale,* Montréal, vol. 5, n° 2, décembre 1991.

couples de variables – le couple processus/produit et le couple sujet/objet – et à trois dimensions de la métacognition : l'adaptation, la régulation et l'enrichissement des comportements d'apprentissage.

En ce qui concerne les rapports entre le processus et le produit d'un apprentissage, il nous apparaît particulièrement utile de procéder systématiquement avec les élèves à un va-et-vient entre l'idée que l'on se fait du résultat de l'apprentissage et les moyens que l'on met en œuvre pour y parvenir. En effet, de la même manière que l'on ne peut commencer à tailler un arbuste si l'on n'a pas une certaine idée du résultat final, il n'est pas possible de commencer à apprendre si l'on ne se donne pas une représentation de ce que l'on va acquérir ou, au moins, des tâches que cet apprentissage permettra de réaliser. Et pourtant, l'on ne peut connaître exactement ni l'un ni l'autre avant d'avoir appris... sinon, c'est que l'apprentissage serait déjà effectué! On ne peut commencer à apprendre si on ne se fixe pas, implicitement au moins, le but à atteindre et, cependant, il faut commencer à apprendre en sachant que c'est seulement au cours du chemin que le but s'éclairera vraiment. Aussi convient-il d'aider l'élève à analyser le chemin qu'il parcourt au regard de la destination qu'il se fixe : « Tu avais à résoudre ce problème de géométrie. Que pensais-tu de la réponse qu'il te fallait trouver ? Comment as-tu su que c'était bien cela qu'il te fallait chercher ? Alors, comment as-tu fait ? Qu'est-ce qui, dans l'énoncé, t'a mis sur la voie ? Quelles données as-tu commencé à prendre en compte d'abord ? Comment es-tu sûr de ce que tu me dis ? »[41]

Mais il faut également prendre en compte le couple sujet/objet dans la relation complexe qui les unit. Chaque individu, en effet, rencontre chacun des objets de savoir qui lui est présenté de manière très particulière : d'une part, parce qu'il s'en fait déjà une représentation, qu'il a déjà « son idée » sur ce qu'on lui dit et que l'enseignant ne peut, d'un coup de baguette magique, faire comme si la conscience de l'élève n'apparaissait qu'au début de la leçon. D'autre part, parce que toute relation à un objet de savoir est, intimement, une relation de plaisir, de souffrance, de satisfaction ou de crainte et que l'on ne peut faire comme si cela n'existait pas. Il convient donc que l'enseignant se méfie de l'illusion de la « table rase » et qu'il prenne le temps de permettre à ses élèves d'expliciter les rapports qu'ils entretiennent avec les objets de savoir qu'il leur propose. Là encore, il n'est pas question de rechercher de manière inquisitoriale des explications, d'aller fouiller dans l'inconscient des personnes ou de les amener à se raconter en permanence de manière impudique ; il s'agit, bien plus simplement, de

41. Pierre VERMERSCH propose de conduire ce type d'entretien, qu'il nomme entretien d'explicitation, en s'efforçant de ramener l'élève toujours au niveau de la description de ce qu'il a fait et en excluant autant que possible les « explications » : à la place des « pourquoi ? » on demandera : « Comment as-tu fait précisément ? », « A quoi le vois-tu ? », « Comment le sais-tu ? », etc.

permettre aux élèves de repérer ces réalités, ne serait-ce que pour dédramatiser les difficultés qu'ils pourraient rencontrer. Ainsi, un temps où chacun peut, à sa guise, mettre par écrit ou confronter avec un camarade ce que lui évoque telle ou telle notion, telle ou telle information, peut, alors, être suffisant ; il permet de ne pas rayer d'un trait de plume toute l'histoire des personnes mais d'inscrire un apprentissage dans cette histoire, même si c'est pour y introduire une rupture. On peut également utiliser des procédures plus complexes comme celles que propose Gabrielle Di Lorenzo pour mobiliser ses idées et cheminer à partir d'elles vers de nouveaux savoirs, plus structurés, intégrant l'imprévu et accédant à la nouveauté : la « méthode » proposée n'est pas ici un simple « outil » qui serait plaqué sur des connaissances déjà élaborées ; il s'agit, au contraire, de travailler en prenant à bras-le-corps tout ce que les sujets savent et sont déjà et de l'explorer de manière systématique avec eux[42].

S'agissant, maintenant, de l'usage des « connaissances métacognitives » repérées par les élèves, nous proposons donc de distinguer trois plans : l'adaptation, la régulation et l'enrichissement des comportements d'apprentissage. L'**adaptation** est le niveau le plus simple : sachant quelles sont ses stratégies d'apprentissage préférentielles, il s'agit, pour le sujet, chaque fois que cela lui est possible, de choisir les conditions qui lui sont le plus favorables ; ainsi pourra-t-il décider d'effectuer tel ou tel apprentissage sur un temps massé de plusieurs heures ou en tranches plus petites et espacées, pourra-t-il décider de travailler tel ou tel exercice selon une démarche très analytique ou en s'efforçant d'aller directement vers la fin pour revenir ensuite aux étapes intermédiaires, etc. Mais il est bien évident qu'il n'est pas toujours possible de choisir des situations absolument compatibles avec sa stratégie d'apprentissage : il est de nombreux cas, dans la vie scolaire, comme dans la vie sociale ou professionnelle, où les situations sont imposées ; c'est à ce moment-là que peut intervenir la **fonction régulatrice** de la métacognition : il s'agit d'introduire une distance avec soi-même en cours d'activité pour ajuster au mieux son comportement. Ainsi, explique Flavell : « *Lorsqu'on lit un texte, on ne se regarde pas constamment en train de lire. Mais il arrive souvent qu'on soit soudainement conscient du fait qu'on est en train de lire tout en pensant à autre chose, ce qui a pour résultat qu'on ne comprend pas ce qu'on lit. Cette conscience amène à mettre en œuvre une stratégie métacognitive ayant pour objectif d'atteindre le but assigné à l'entreprise cognitive (comprendre le texte) : par exemple, relire avec attention le paragraphe qu'on vient de parcourir en s'attachant aux mots-outils que l'on*

---

42. Gabrielle Di Lorenzo, *Questions de savoir,* ESF éditeur, Paris, 1991. L'auteur, récusant l'idée d'une « méthode » qui viendrait « en extériorité » par rapport aux savoirs et aux personnes propose « des structures facilitatrices de l'émergence des idées : certaines se présentent sous forme d'interrogations directes, ce sont des questions-types telles que la durée, la fréquence, les effets d'une action, d'un état ; d'autres, non, ce sont des modes de raisonnement, tels que la compréhension, l'analogie, l'opposition, la négation... » (page 87).

sait décisifs pour sa propre compréhension »[43]. Enfin, la réflexion métacognitive peut porter – et c'est, sans doute, son intérêt essentiel – sur **l'enrichissement** des comportements d'apprentissage : il ne s'agit pas, ici, de se contenter de donner à chacun les moyens de découvrir sa propre stratégie et de l'utiliser, il s'agit de lui permettre d'explorer des stratégies nouvelles qu'il n'a pas encore essayées pour lui faciliter l'accès à des comportements d'apprentissages de plus en plus variés. Pour cela, on peut utiliser des outils multiples, comme des « grilles d'exploration » ou favoriser les échanges entre les élèves pour qu'ils puissent se faire réciproquement des suggestions[44].

En bref, nous croyons fermement que l'École, chaque fois qu'elle permet à l'élève une mise à distance par rapport à son activité, une reconnaissance, un meilleur usage et un enrichissement de ses stratégies d'apprentissage, est bien dans sa mission première. Au-delà des compétences spécifiques qu'elle forme, elle contribue, alors, en effet, à la reconnaissance de l'élève comme « sujet-apprenant », accédant, avec une individualité propre mais non figée, à une culture qui l'unit toujours plus aux autres.

---

43. FLAVELL, *op. cit.*, page 214.

44. Pour tout cela, on peut utiliser les outils élaborés par Jean BERBAUM et son équipe et présentés dans *Développer la capacité d'apprendre* (ESF éditeur, Paris, 2e édition, 1991) ou se reporter aux grilles proposées par Philippe MEIRIEU dans *Apprendre, oui... mais comment ?* (ESF éditeur, Paris, 9e édition, 1992, pages 143 à 152).

Question n° 5 : Divers enseignements peuvent-ils avoir des finalités communes ?

Ainsi avons-nous montré que la vocation de l'École est double : d'une part, elle doit faire acquérir des compétences aux élèves à partir de l'analyse des problèmes que l'on veut qu'ils sachent résoudre au sortir de la scolarité ; d'autre part, elle doit susciter chez eux la réflexion métacognitive qui leur permet d'affirmer et de construire leur personnalité. Mais peut-on s'en tenir là ? N'y a-t-il pas un troisième registre d'objectifs scolaires, sans doute plus ambitieux, mais tout aussi fondamentaux et qui concerne ce que nous proposons d'appeler, faute de mieux, les « attitudes morales » ? Et n'est-ce pas là le domaine par lequel l'ensemble des enseignements de différentes disciplines peuvent être mis en cohérence ? N'est-ce pas là la véritable « interdisciplinarité » ?

Il y a quelque temps déjà, en effet, que l'idée d'interdisciplinarité existe. Les « centres d'intérêt » de Decroly visaient à substituer à la division des matières en branches d'étude des activités calquées sur les besoins fondamentaux de l'homme (se nourrir, lutter contre les intempéries, travailler, se reposer, etc.). C'est ainsi que, dans les écoles primaires, pour appliquer ce principe, on se mit à étudier, à chaque rentrée scolaire, le thème de l'automne : on apprenait un poème d'Emile Verhaeren, on s'intéressait aux vendanges et aux champignons, on invitait les enfants à apporter des feuilles colorées avec lesquelles on réalisait de beaux tableaux qui décoraient souvent la classe jusqu'à la rentrée suivante! Certes, une telle approche de l'interdisciplinarité peut être féconde dans la mesure où l'on parvient à se renouveler et où le choix des thèmes échappe à une convention scolaire qui n'amuse plus guère les élèves au bout de quelques années. Pourtant, il y a quelque chose d'un peu artificiel dans cette juxtaposition d'approches et l'on peut craindre que le souci de prendre en compte les réalités dans toutes leurs dimensions n'amène à sacrifier la rigueur de l'étude et l'approfondissement de chacune des approches. « Méfions-nous de ces vagabondages mystérieux, écrit Henri Bouchet, au cours desquels l'étude du mauvais temps conduit à parler de maladie, de fièvre, du médecin et du thermomètre, sous prétexte de faire des sciences naturelles, du vocabulaire, des sciences physiques, de la grammaire. Nous sommes en plein arbitraire d'associations. »[45] Et, en réalité, il y a moins ici interdisciplinarité que juxtaposition souvent arbitraire de différentes disciplines. Pour qu'il y ait,

45. *L'individualisation de l'enseignement* (Alcan, Paris, 1933, page 127).

dans cette perspective, une véritable interdisciplinarité, il faut que les différentes disciplines impliquées collaborent à un projet commun : ainsi, lorsque le projet d'une classe est de découvrir une région en parcourant un sentier de grande randonnée, sans doute convient-il que le professeur de biologie, celui de géographie et celui de littérature s'associent afin de montrer comment un climat, un relief, la nature d'un sous-sol, le poids de la sociologie rurale déterminent le mode de vie dans un milieu donné. La découverte de la région est alors située véritablement au carrefour des différents apports disciplinaires et l'interdisciplinarité apparaît réellement indispensable et non créée artificiellement. L'École peut alors prétendre former à une « approche globale » des objets et éviter le découpage des savoirs en unités dissociées, sans relation évidente entre elles. Car il est certain que, dans la vie sociale et professionnelle, il n'existe que très rarement des approches qui ne font appel qu'à une seule discipline... Partout, dans notre quotidien, les solutions que nous avons à apporter aux problèmes que nous rencontrons sont interdisciplinaires puisque tout objet est susceptible d'une infinité d'appréhensions : un arbre n'est lié précisément à aucune discipline, il ressort de la biologie, de la climatologie, de l'économie, de la géographie, de la littérature, etc. et c'est tout cela qui est mis en jeu chaque fois qu'un individu plante un arbre.

Il faut se méfier, cependant, de ce qui serait une transposition trop rapide des principes qui régissent notre vie quotidienne au fonctionnement des apprentissages scolaires. En effet, on peut se demander si l'École n'a pas, précisément, à effectuer l'analyse, voire le découpage, du réel en disciplines distinctes pour pouvoir en permettre l'étude. Car, indiscutablement, si notre action quotidienne est interdisciplinaire, notre réflexion ne peut jamais qu'emprunter les voies d'une discipline, même si on fait se succéder différentes disciplines ou si on tente de les juxtaposer. Il n'y a pas, à proprement parler, de pensée interdisciplinaire, à moins que l'interdisciplinarité s'érige elle-même en discipline spécifique, ce qui, par exemple, est le cas de l'écologie. S'il y avait une pensée interdisciplinaire, elle serait une sorte de pensée à vide, sans repères, sans critère du vrai, sans cohérence interne, sans principe de légitimation des connaissances. Chaque fois que nous pensons, nous choisissons, que nous le voulions ou non, que nous le sachions ou non, un certain champ épistémologique de référence qui nous permet de dire « cela est vrai » et nous permet aussi de communiquer avec les autres. A laisser penser qu'il pourrait exister une pensée proprement interdisciplinaire, on prend le double risque d'imposer subrepticement une discipline de référence ou de renvoyer à un bricolage empirique.

Par ailleurs, et sur un plan plus spécifiquement pédagogique, il faut éviter les illusions : un projet peut, à un moment donné, réunir des élèves et des enseignants, on peut décider de reconstituer la maquette d'une ville romaine ou de construire une montgolfière... mais il faut savoir qu'il y aura toujours des moments où il faudra choisir entre la poursuite du projet et les apprentissages disciplinaires. En effet, si le projet prend trop d'importance, s'il exerce une attraction très puissante chez les élèves, le fait d'apprendre deviendra inévitablement une entrave à sa réalisation. Le groupe découvrira des obstacles sur sa route mais il sera tellement absorbé par son objectif de fabrication qu'il préfèrera les surmonter « à l'économie », en trouvant des solutions toutes prêtes ou en faisant appel à des spécialistes qui se substitueront à lui[46]. Proposer des apprentissages disciplinaires, articuler des savoirs précis à un projet requièrent impérativement que l'on suspende, un temps, la logique de l'efficacité économique pour prendre le temps d'apprendre. Cela suppose, à la fois, l'identification des obstacles que l'on rencontre, la sélection de ceux qui sont à la portée des élèves et dont le dépassement représente un progrès significatif pour eux et l'apprentissage de procédures qui requièrent toujours, pour être maîtrisées, une prise de distance avec la fabrication et ses contraintes. Ainsi, ces élèves d'un centre médico-pédagogique qui avaient décidé de construire un fortin de bois dans la cour de leur école avec leurs instituteurs rencontrèrent-ils de nombreux obstacles : il fallait résoudre des problèmes de géométrie, des problèmes de physique, des problèmes technologiques, des problèmes d'arithmétique, des problèmes de planification du travail, des problèmes psycho-moteurs, etc. Le plus simple, évidemment, pour les instituteurs aurait été, chaque fois qu'un problème se présentait, de le résoudre eux-mêmes et de réduire les élèves au rang de simples manutentionnaires ; les élèves, d'ailleurs, ne se seraient pas opposés à cette solution puisque c'était là le meilleur moyen pour que le fortin soit fini très vite et qu'ils puissent l'utiliser. Mais, dans ces conditions, l'apprentissage aurait été bien mince. C'est pourquoi les instituteurs se sont attachés à identifier les problèmes que les élèves pouvaient raisonnablement apprendre à résoudre et à leur proposer des séquences d'apprentissage – nécessairement disciplinaires – pour qu'ils y parviennent. Incontestablement, cela les a amenés à gérer de la frustration chez les élèves, mais cette gestion est partie intégrante de la tâche du pédagogue qui, comme nous l'avons déjà dit, doit amener l'enfant à passer de la satisfaction du « réussir » à celle du « comprendre ». Tâche difficile et pour laquelle nous pensons qu'il n'est pas possible d'abandonner des approches disciplinaires.

Enfin, il faut souligner les faux semblants d'une interdisciplinarité superficielle où l'on se réconcilie trop souvent autour de mots : on peut procéder à une approche interdisciplinaire du concept d'énergie, mais à condition que chaque discipline indique très précisément son acception, le situe dans son histoire et montre quelles sont les conditions de son bon usage. On peut travailler sur la démonstration en français, économie, mathématiques et philosophie, mais à condition que l'on cherche, pour

---

46. Philippe Meirieu a très longuement développé cette critique des pratiques groupales de la « pédagogie nouvelle » dans *Itinéraire des pédagogies de groupe* (Chronique sociale, Lyon, 4e édition, 1992), non pour proposer un retour aux pédagogies traditionnelles mais une avancée vers ce qu'il nomme « le groupe d'apprentissage ».

chaque discipline, comment se construit « le vrai » et que l'on montre que c'est en fonction de cette réalité épistémologique que l'on doit introduire et différencier la notion de démonstration.

Vers une interdisciplinarité des valeurs

Est-ce à dire, alors, que l'interdisciplinarité est un leurre ? Certainement pas. Mais nous croyons que celle-ci doit d'abord être cherchée dans ce que les enseignants hésitent trop souvent à mettre en avant : les valeurs dont ils veulent être porteurs à travers les contenus qu'ils enseignent et les méthodes qu'ils proposent. C'est là, en effet, le véritable domaine de l'interdisciplinarité, c'est là où chacune des disciplines prend son sens dans un projet culturel global, dans une vision générale de l'homme et de la société que l'École contribue à promouvoir.

Pour notre part, nous croyons que les valeurs qui doivent être promues par une véritable « École démocratique » sont de trois ordres. Il s'agit d'abord des valeurs qui donnent véritablement corps aux compétences disciplinaires elles-mêmes ainsi qu'à la réflexion métacognitive : à quoi sert à un élève de maîtriser toutes les techniques de la contraction de texte s'il ne cherche pas à « être fidèle à la pensée de l'auteur » ? A quoi sert à un élève de savoir organiser une expérience de physique s'il n'a aucune curiosité intellectuelle ? Quelle valeur a un travail de géographie qui n'est pas soutenu par un souci d'exactitude dans la description ? Que dire d'un compte rendu d'expérience biologique qui dissimulerait délibérément une partie des observations effectuées ? Pourquoi accumuler des connaissances historiques si on ne les utilise pas pour éclairer le jugement sur le présent et éviter de s'en tenir à des slogans simplificateurs ? Nous sommes ici dans le registre des valeurs intellectuelles dont nous sommes convaincus qu'elles sont véritablement fondatrices d'une société démocratique où les rapports entre les hommes sont régis par la probité plutôt que par des rapports de force.

Mais il existe également des attitudes interdisciplinaires à dominante sociale qui permettent le développement harmonieux de la société civile elle-même : c'est, tout d'abord, la capacité, dont nous avons déjà dit à quel point elle était importante pour nous, de surseoir à ses impulsions pour accepter le principe d'une discussion argumentée. C'est aussi la détermination à ne pas chercher à obtenir l'accord de l'autre par la pression ou le chantage, à entendre sa différence sans, pour autant, l'approuver. Toutes ces attitudes qui peuvent encore, même si elles sont terriblement malmenées par l'histoire, nous laisser entrevoir ce que pourrait être une société à visage humain.

Enfin, nous voudrions insister sur des attitudes interdisciplinaires que nous pouvons considérer comme à dominante politique. Plusieurs sociologues, en effet, insistent aujourd'hui sur le désengagement des collégiens et des lycéens par rapport à la vie de leur établissement. Robert Ballion souligne que l'École se rapproche d'une sorte de « marché éducatif » où les jeunes passent quelques heures par jour parce qu'ils ne peuvent pas faire autrement, développent des stratégies de réussite individuelle sans investir d'aucune manière ce lieu ni espérer même être partie prenante un jour ou l'autre dans son organisation[47]. Il y a ainsi un déficit important de la socialisation qui nuit profondément à la qualité des apprentissages. Contrairement à ce que prétendent les adversaires des « droits des lycéens » ou les pourfendeurs de la « vie scolaire », qui craignent que l'on transforme l'École en « maison de jeunes » ou en colonie de vacances, toutes les recherches sont formelles sur ce point : elles montrent que cette absence de véritable vie collective dans l'établissement amène de fait les élèves à rechercher des formes « primaires » de socialisation, comme « la participation au monde juvénile, à la chaude fraternité des copains » ou l'investissement dans des conduites purement calculatrices « visant à maximaliser ses utilités privées et établissant avec l'autre, le pair, non plus un rapport de collaboration positive mais de concurrence et d'instrumentalisation »[48]. Ainsi, sans investissement personnel dans la vie de l'établissement, le jeune n'accorde guère de crédit à ce qui s'y passe ; il a même tendance à considérer la parole des enseignants comme purement « utilitaire » et à ne pas l'écouter pour ce qu'elle peut lui apporter : « Il faut être suffisamment tranquille pour ne pas se faire remarquer et restituer au professeur ce qu'il demande quand il le demande ». Il y a ce que l'on pourrait appeler un « effet de contexte » : dans une institution vide, aux structures formelles, la parole elle-même devient vite vide et formelle. En revanche, quand la réglementation de l'établissement prévoit une participation des élèves à la vie scolaire sous toutes ses formes, quand les élèves sont impliqués dans le fonctionnement quotidien mais peuvent aussi donner leur point de vue sur les procédés didactiques utilisés, quand il existe des structures de délégués et que ceux-ci sont autre chose que des courroies de transmission pour des informations administratives, alors il semble bien que les résultats scolaires augmentent sensiblement[49]. Par ailleurs, François Dubet note, dans son étude sur les lycéens, à quel point l'intégration de ceux-ci dans leur établissement est liée à l'existence d'espaces et de lieux où une négociation est possible, où des échanges concernant les études elles-mêmes peuvent avoir lieu[50]. Une fois

---

47. *La bonne école,* Hatier, Paris, 1991.

48. Robert Ballion, « Pas d'instruction sans socialisation », in *Cahiers pédagogiques,* n° 303, avril 1992, page 43.

49. Une enquête portant sur 20 % des écoles secondaires du Québec semble décisive sur ce point (« La performance et l'efficacité des établissements d'enseignement scolaire », *Éducation et pédagogies,* C.I.E.P., Sèvres, n° 5, 1990).

50. François Dubet, *Les lycéens,* Seuil, Paris, 1991.

de plus, donc, nous observons que la réalité est moins manichéenne que les chroniqueurs : la qualité de la vie collective dans l'École ne varie pas en sens inverse des résultats scolaires, bien au contraire. Cela devrait suffire pour convaincre les enseignants de ne pas laisser le domaine de la formation à la citoyenneté scolaire aux surveillants et aux conseillers d'éducation... Mais, même s'il n'était pas prouvé que les résultats scolaires s'améliorent ainsi, nous défendrions encore la nécessité de s'attacher à impliquer les élèves dans la vie de leur établissement par tous les moyens possibles, tant nous croyons qu'aucune société ne peut véritablement se développer quand les sujets désinvestissent les institutions publiques et se désintéressent de ce qui régit leur vie collective.

Au total, nous croyons donc qu'il existe des finalités essentielles de l'École qui sont attachées aux valeurs intellectuelles, sociales et politiques qu'elle doit promouvoir. Nous croyons également que ces finalités ne doivent pas être poursuivies exclusivement par des personnels qui s'y spécialiseraient mais qu'elles sont, dans l'établissement, l'affaire de tous. C'est dans la manière d'organiser la vie quotidienne, de mettre en place des situations d'apprentissage, d'enseigner les différentes disciplines, de sélectionner les exemples sur lesquels on travaille, les exercices que l'on fait effectuer, dans les moindres comportements des enseignants et cadres éducatifs que peut s'ébaucher une socialité généreuse et solidaire... ou, au contraire, se préparer une société individualiste régie par les seuls rapports de force. On voit bien, alors, que la question de l'interdisciplinarité est loin d'être une question technique secondaire !

Question n° 6 : Ne devrait-on pas réduire très sensiblement les prérogatives de l'École et renvoyer de nombreux apprentissages au tissu économique et social ?

Parmi les discours dominants aujourd'hui, il y a celui de la « faillite de l'École »[51] : celle-ci est, en effet, considérée par bien des industriels et des élus des collectivités territoriales comme étant hégémonique, cherchant à conserver les élèves le plus longtemps possible, prétendant pouvoir leur faire acquérir des connaissances alors qu'elle n'est capable que de faire du gardiennage, nourrissant les parents d'illusions sur la valeur des études et des diplômes. Or nous avons bien conscience que nos propres propositions, assignant à l'École trois séries d'objectifs – les compétences, la réflexion métacognitive et les valeurs fondatrices d'une société démocratique – peuvent paraître entériner une telle critique. L'École est-elle, en effet, la mieux placée pour poursuivre ces objectifs ? Ne vaudrait-il pas mieux renvoyer l'acquisition de compétences au tissu économique qui serait plus capable de les appréhender, l'acquisition de capacités métacognitives au tissu associatif qui pourrait mieux favoriser l'émergence de projets personnels et la réflexion sur leur exécution, et, enfin, confier la formation sur les valeurs à la famille qui en est traditionnellement le dépositaire ?

Nous ne le croyons pas. A notre sens, l'École reste une institution essentielle en tant que, précisément, elle échappe aux pressions de l'environnement et garantit un accès aux savoirs essentiels à tous les enfants. Créée pour permettre de faire échapper la formation aux exigences de l'efficacité productive immédiate, constituée pour donner à celui qui apprend le temps du tâtonnement et celui de l'erreur, institutionnalisée pour lutter contre l'inégalité des situations et l'héritage des privilèges, elle reste un outil essentiel pour la réalisation de l'unité nationale et de la justice sociale. Cela ne veut pas dire, pour nous, qu'elle assure actuellement cette tâche de manière satisfaisante, mais cela signifie, pour nous, que ce n'est pas

51. Ce discours est, d'ailleurs, en décalage avec l'opinion publique. En effet, l'École est loin d'avoir une mauvaise image de marque : en 1989, selon un sondage de la SOFRES, 84 % des Français disent avoir confiance dans leur école ; c'est ainsi l'institution qui arrive largement en tête. Les enseignants eux-mêmes, selon un sondage CSA de 1988, se disent satisfaits de l'école à 83 % (dont 27 % de très satisfaits)... Certes, ce dernier sondage, qui date d'il y a quatre ans, ne donnerait peut-être pas d'aussi bons résultats aujourd'hui mais ils ne seraient pas aussi catastrophiques qu'on le dit volontiers (ces chiffres se trouvent dans l'ouvrage de Robert BALLION cité plus haut).

en cassant l'outil que l'on facilitera la réalisation de ce à quoi il est destiné. Sans une École véritablement démocratique dont la responsabilité revient à l'État et à ses représentants, on pourrait craindre une formation éclatée en centaines de cursus différenciés et hiérarchisés, la création de ghettos sociologiques encore plus importants que ceux que nous connaissons, la vassalisation des établissements scolaires par des notabilités locales, la multiplication des systèmes éducatifs à caractère religieux ou politique, bref l'abandon des objectifs que nous avons définis.

Cependant, le fait que nous croyons fermement à la nécessité du maintien d'une structure scolaire forte ne signifie nullement que nous souhaitions une fermeture de l'École sur elle-même et le retour à une « clôture scolaire » qui, de toute évidence, n'est plus possible aujourd'hui. Au contraire, nous pensons que le recentrage de l'École sur sa véritable mission devrait lui permettre d'engager des relations saines et sans inquiétude avec l'ensemble de ses partenaires. Pour nous, le fait que **l'École devienne responsable du processus d'apprentissage et non plus seulement des procédures de distribution de l'information** modifie radicalement ses rapports avec son environnement... Pour clarifier ce point et conclure cette troisième partie nous poserons cinq questions simples qui devraient nous permettre de lever toute ambiguïté...

Première question : **Que veut-on vraiment ? Que les enseignants enseignent ou que les élèves apprennent ?** Les deux, sans aucun doute... Mais on conviendra que l'enseignement n'a de sens que s'il est au service des apprentissages.

Deuxième question : **Comment apprend-on ?** Pour faire simple, disons que l'apprentissage s'effectue quand le sujet est placé dans une dynamique articulant une tâche mobilisatrice, un obstacle rencontré dans l'exécution de cette tâche, la transformation de cet obstacle en objectif d'apprentissage, la recherche de ressources permettant d'atteindre l'objectif et, donc, de lever l'obstacle pour réaliser la tâche.

Troisième question : **Que peut proposer l'École pour mettre en place chez les élèves une telle démarche ?** Jusqu'à présent, en réalité, la plupart des démarches éducatives s'attachaient à fournir des ressources sans se soucier ni de l'obstacle que ces ressources permettaient de franchir ni des tâches mobilisatrices qui permettaient de faire émerger les obstacles... l'École s'obstinait donc à fournir des réponses à des questions qu'elle ne prenait pas la peine de poser. Or, pour nous, aujourd'hui, c'est l'ensemble du processus d'apprentissage dont l'École doit assumer la responsabilité.

Quatrième question : **Qu'est-ce que cela signifie concrètement pour l'École ?** D'abord une redéfinition de ses responsabilités et un travail très important à faire autour de la notion d'« objectif-obstacle ». Ensuite, sans aucun doute, des renoncements et des délégations : il y a des lieux, des collaborations avec des partenaires, des rencontres avec l'environnement qui peuvent être des occasions extraordinaires de mobiliser des élèves sur des tâches et de faire émerger des obstacles qui donnent sens au savoir... Pourquoi les négliger ? De plus, on voit bien que, dans cette perspective, le métier d'enseignant lui-même va changer : il ne sera plus un distributeur de savoir mais le responsable d'une démarche d'apprentissage ; il pourra solliciter des partenaires de l'environnement pour donner du sens à ce qu'il doit enseigner ; mais aussi il pourra renvoyer les élèves vers des personnes ou des lieux-ressources de l'environnement scolaire pour apprendre auprès d'eux à surmonter des obstacles qu'il aura contribué à identifier et à transformer en objectifs.

***Cinquième question* : Cette redéfinition des responsabilités de l'École entraîne-t-elle une diminution de son importance dans nos sociétés ?** Non, bien au contraire. Simplement **l'École devient responsable de processus et non de procédures.** Elle est chargée d'impulser des dynamiques au lieu d'imposer des méthodologies « qui ont fait leurs preuves ». Elle est responsable des apprentissages effectués par les élèves au lieu d'être le garant de leur docilité. Elle évalue son efficacité aux savoirs réellement acquis au lieu de l'évaluer à sa capacité à reproduire le modèle traditionnel du gardiennage au moindre coût... Vaste programme, dira-t-on! Sans aucun doute et il n'est pas sûr que nous y parvenions avant l'an 2000. Mais c'est, à notre sens, la direction vers laquelle il nous faut aller.

*
* *

Nous avons conscience que cette troisième partie sera apparue bien sinueuse au lecteur. Trop complexe et technique pour ceux qui ne sont pas familiers des questions pédagogiques et didactiques, trop simplificatrice et insuffisamment concrète pour les autres. C'est que — nous l'avions pointé dès le début de cet ouvrage — le discours éducatif a du mal à trouver son statut entre les généralités bienfaisantes et les prescriptions techniques, voire technicistes. Il hésite et cherche désespérément sa cohérence. Nous ne prétendons pas, ici, l'avoir trouvée. Mais nous croyons avoir montré qu'il était possible de la chercher. Et cette recherche — c'est là notre grande chance — entre en conjonction avec un impératif social absolument essentiel, un défi inédit dans l'histoire des hommes : celui de construire une société véritablement démocratique dans laquelle les hommes puissent enfin se réconcilier entre eux et — chose plus difficile encore — avec eux-mêmes.

CONCLUSION

Vers une nouvelle utopie scolaire

Quand les conditions matérielles de travail semblent se dégrader inexorablement, quand la confiance de l'opinion publique s'effrite de jour en jour, quand des réformes parfois contradictoires, à la cohérence incertaine, se succèdent à grande vitesse, quand l'exercice du métier devient sans cesse plus difficile ou offre simplement de moins en moins d'intérêt, alors vient un moment où la lassitude est inévitable.

Car on peut trouver le courage d'affronter des situations terriblement difficiles dans la mesure où l'on bénéficie d'une reconnaissance sociale explicite pour ce que l'on fait... on en tire même alors quelque fierté. On peut trouver la force de travailler en dépit de l'ignorance ou du mépris des autres si la tâche offre l'occasion d'un investissement à notre mesure... et la passion peut même alors, parfois, s'emparer de nous. On parvient à supporter des conditions matérielles pénibles quand le métier que l'on exerce a une signification reconnue et que nul ne conteste sa portée... même si l'on a alors, encore, quelques bouffées de colère salutaires. Mais, quand il n'existe plus rien sur quoi s'appuyer, quand tout se dérobe et que les obstacles s'accumulent, alors vient la lassitude et son corollaire inévitable, la fuite dans la déprime, les activités extérieures, l'attente des vacances et du voyage, l'espérance de la mutation. Ainsi, si, depuis quelques années, on pouvait craindre une sorte d'explosion du corps enseignant, la crainte majeure qui est aujourd'hui la nôtre est celle d'un désinvestissement par les enseignants de leur métier, d'une sorte de présence-absence dans l'École, d'une situation où la révolte elle-même se serait petit à petit épuisée, où l'énergie s'échapperait peu à peu jusqu'à compromettre la possibilité même de faire tenir debout encore quelque temps des structures scolaires de plus en plus défaillantes.

Les tâtonnements des politiques

Dans ces conditions, on peut tout craindre et d'abord que les décideurs politiques ne prennent pas assez la mesure de la situation. Certes, ils donnent parfois quelques impulsions qui marquent leur volonté d'aller dans le sens d'une démocratisation véritable : l'organisation en cycles de l'école primaire, la suppression du palier d'orientation en fin de cinquième, la mise en place des modules dans la réforme des lycées, d'une épreuve professionnelle dans les concours de recrutement des enseignants du second degré... tout cela constitue autant de mesures positives en elles-mêmes. Mais elles ont souvent été mal expliquées. Les mesures d'accompagnement formatif n'ont pas toujours été prises à temps et parfois confiées – au nom d'un respect désuet des structures hiérarchiques – à ceux qui en étaient les plus radicaux adversaires. De plus, la mise en application de toutes ces mesures a été souvent placée sous la responsabilité d'hommes d'appareil qui ignorent, trop fréquemment, les véritables avancées effectuées dans ces domaines par les militants pédagogiques. Ainsi voit-on des instituteurs adeptes de la « pédagogie Freinet » et qui, depuis plusieurs années, pratiquent les fichiers individualisés auto-correctifs, se faire expliquer la nécessité de moduler les apprentissages selon les rythmes des enfants par des hommes d'institution qui, jusque-là, les suspectaient plutôt d'être des agitateurs stériles. On ne peut que se réjouir de l'évolution de l'institution, mais il faut aussi s'inquiéter de son incapacité à identifier et à valoriser ses véritables alliés.

Par ailleurs – et c'est là, sans doute, une chose plus grave encore – les enseignants n'ont pas le sentiment qu'on les croit capables d'entendre la vérité. L'épisode étrange de la suppression de la physique-chimie, en juillet 1990, dans les classes de sixième et de cinquième au nom d'arguments pédagogiques, alors que chacun savait parfaitement qu'il s'agissait là d'une mesure d'urgence visant des objectifs économiques et dictée par une pénurie grave d'enseignants, a laissé un goût amer : pourquoi ne pas avoir tenté d'expliquer aux enseignants la véritable raison de cette mesure, quitte à leur dire aussi – mais cela aurait eu alors un tout autre sens – que cette raison n'entrait pas en contradiction avec des impératifs pédagogiques ? Après de tels dérapages, il n'est pas étonnant que les décideurs soient suspectés, à chaque proposition réformatrice, de procéder à « un habillage pédagogique de la pénurie » ?

Dans un tout autre domaine, qui aurait pu, sans se discréditer ou se ridiculiser, se porter en faux contre la création des I.U.F.M. si les plus hautes autorités de l'État avaient osé affirmer haut et fort cette chose toute simple : « Pour enseigner aujourd'hui à des publics de plus en plus hétérogènes, de moins en moins préparés, de moins en moins motivés, il faut une préparation nouvelle intégrant les contenus disciplinaires et les conditions de leur transmission » ? Mais, dans la mesure où les décideurs ont pu apparaître eux-mêmes hésitants, dans la mesure où ils ont semblé vaciller sous les assauts des forces les plus corporatrices et conservatrices[1], dans la mesure où ils n'ont pas indiqué clairement les enjeux nationaux à une population légitimement inquiète, ils ont laissé se développer une situation malsaine largement exploitée par certains médias : il est facile, en effet, d'épingler quelques abus et maladresses d'une formation qui se met en place, tout en faisant le silence sur les aberrations de la situation antérieure. Or, quand les vents se lèvent et que la tempête s'annonce, il vaut mieux tenir fermement la barre et indiquer clairement la direction que l'on entend suivre... En se laissant porter par les remous, on risque bien plus d'aller s'échouer sur les récifs.

En fait, quand il aurait fallu parler vrai et fort, annoncer des objectifs clairs, mener une campagne offensive d'information, associer largement les parents d'élèves et toutes les structures associatives qui militent contre l'échec scolaire, s'appuyer fortement sur les militants pédagogiques, impliquer les élèves de manière réelle dans la vie des établissements, on a tergiversé pour ne pas froisser quelques corps constitués et quelques intellectuels médiatiques. Faut-il aller jusqu'à dire que l'on a manqué de courage, que l'on a préféré des arrangements de cabinet à des explications claires qui auraient, certes, pu soulever des conflits, voire des passions, mais qui auraient eu le mérite de mettre les enjeux sur la table et de permettre à tous de se situer par rapport à eux ? La conséquence de cela c'est qu'on a perdu sur tous les tableaux, les intellectuels médiatiques restant les adversaires résolus d'une politique dont ils voient trop bien les enjeux et les acteurs de terrain n'étant pas mobilisés pour une politique dont, eux, ne voient pas vraiment les enjeux[2].

Les enseignants, ni victimes, ni coupables

Rien ne se fera ainsi, dans le malentendu avec les enseignants. On ne construira pas une École pour des élèves heureux avec des enseignants

1. De toute évidence, le conservatisme en matière éducative n'est plus l'apanage des partis politiques de droite ; il traverse très largement toutes les organisations politiques et syndicales ; c'est peut-être pour n'avoir pas vu ou voulu accepter ce fait que les politiques ont tant tâtonné et ont eu tant de mal à expliquer leurs intentions ?

2. Faut-il citer encore quelques lignes récentes d'Alain FINKIELKRAUT témoignant du caractère radical de ses positions ? « Il faut réhabiliter le contenu de culture des disciplines et les savoirs élémentaires. Les disciplines sont aujourd'hui noyées dans l'interdisciplinarité. Pourquoi cette persécution ? On peut lire dans un livre de Philippe MEIRIEU qui sert de bible aux « sciences de l'éducation » et aux I.U.F.M. qu'il ne faut pas découper le savoir selon les disciplines habituelles. On évacue donc le contenu de culture et on n'envisage la formation que dans un contenu purement utilitaire » (*Bulletin de l'association pour la qualité de la science française,* 1992, N° 2, pages 21 et 22). On admirera, une fois de plus, la rapidité de la démonstration d'Alain FINKIELKRAUT et sa capacité à glisser d'une affirmation à une autre.

inquiets, malheureux, las, ayant le sentiment d'avoir été trompés. Peut-être a-t-on trop insisté sur les échecs et les difficultés des élèves ? Peut-être n'a-t-on pas assez dit qu'un enseignant mal dans sa peau, terrorisé en rentrant dans sa classe, ne trouvant plus aucune satisfaction intellectuelle dans sa discipline, ne pouvait en aucun cas faire du bon travail[3] ? Peut-être n'a-t-on pas assez montré que les méthodes et les outils pédagogiques qui disposent d'une quelconque efficacité résolvent d'abord les problèmes identitaires des maîtres et se répercutent, par là, sur les résultats des élèves ? Peut-être n'a-t-on pas assez pris au sérieux ce que l'on appelle aujourd'hui dans les journaux le « malaise enseignant » [4] ?

Or, en laissant ainsi dériver les choses, on a permis que se développent simultanément deux idéologies qui se nourrissent l'une de l'autre : l'idéologie qui fait des enseignants les victimes de la société et celle qui voit en eux les coupables de tous nos maux.

En effet, un discours victimaire très puissant se manifeste chez les enseignants et semble avoir de plus en plus prise sur eux[5] ; les difficultés auxquelles ils sont confrontés sont ainsi attribuées à la convergence d'une série de mauvaises actions : les exigences démesurées des parents qui contestent systématiquement les décisions des conseils de classe et n'hésitent pas à accuser les enseignants en face de la moindre difficulté scolaire de leurs rejetons... le conditionnement médiatique qui leur livre des élèves incapables d'écouter de manière attentive, exigeant tout, tout de suite sans prendre le temps de réfléchir... les conditions de l'urbanisation qui ont permis la création de ghettos sociologiques et culturels où les problèmes de violence sont formidablement démultipliés... les autorités ministérielles qui imposent réforme sur réforme sans véritable consultation... les autorités académiques qui contrôlent sans comprendre... les collectivités territoriales qui exigent une « rentabilité » pédagogique immédiate, incompatible avec la véritable mission de l'École... les élèves eux-mêmes qui, prenant acte de la dévalorisation sociale du métier d'enseignant, prennent leurs professeurs pour des serviteurs aux ordres... et les pédagogues, enfin, qui passent leur temps à culpabiliser les enseignants en expliquant que, quoi que l'on en dise par ailleurs, l'échec scolaire c'est bien de leur faute !

---

3. C'est, à notre sens, le grand mérite du livre de Pascal BOUCHARD (*Métier impossible : la situation morale des enseignants*, ESF éditeur, Paris, 1992), que de mettre l'accent sur la nécessité de prendre en compte l'enseignant dans toutes ses dimensions, les dimensions scientifiques et professionnelles mais aussi les dimensions psychologiques et morales.

4. Le quotidien *Le Monde* a consacré une très intéressante série d'articles sur ce sujet, sous le titre « Sauve qui peut, les profs... », les 21 novembre, 28 novembre, 5 décembre, 19 décembre 1991, 9 janvier et 16 janvier 1992.

5. Déjà, en 1984, Patrice RANJARD avait produit une très intéressante analyse de ce phénomène dans *Les enseignants persécutés*, Robert Jauze, Paris, 1984.

C'est ainsi que le discours culpabilisant nourrit le discours victimaire : plus on accuse les enseignants de mal faire leur travail et plus ils se sentent les victimes d'un complot ; plus on insiste sur leurs erreurs ou leur incompétence et plus on cultive chez eux le sentiment d'être la cible injuste de toutes les attaques... En fait, plus on souligne leurs responsabilités et plus on leur offre les moyens d'y échapper. Symétriquement, le fait de désigner les enseignants comme victimes permet à ceux-ci de se réfugier dans l'inaction, ce que l'on ne va pas manquer de remarquer pour se remettre à les culpabiliser. La victime n'agit pas, dit-on, elle se laisse agir par les circonstances, et sa passivité ne manque jamais d'éveiller le soupçon de complicité... ce qui relance, évidemment, le discours culpabilisant !

On voit que, en réalité, le discours victimaire et le discours culpabilisant sont profondément solidaires : ils s'appellent l'un l'autre dans une sorte d'oscillation entre une responsabilité nulle et une responsabilité totale ; ils écartent ainsi l'un et l'autre ce qui constitue la nature même de la responsabilité sociale : le partage. Mais il ne s'agit pas ici, bien sûr, d'un partage quantitatif, à totalité constante : plus l'une des deux parties en prendrait et moins il en resterait pour l'autre ! Il s'agit, bien plutôt, d'un partage étrange où plus l'une des deux parties en prend et plus elle en donne à l'autre, et réciproquement... Un peu à l'image du savoir qui n'est jamais aussi bien maîtrisé que quand il est transmis et jamais aussi bien transmis que quand il est maîtrisé.

Des enseignants responsables avec une mission spécifique

Il nous faut redire ici notre conviction fondatrice : **les enseignants ont une place essentielle dans la réussite ou l'échec de l'École...**, ce qui ne signifie absolument pas, *de facto*, que leurs partenaires n'ont aucune responsabilité. Ce qui veut dire, en revanche, qu'ils ne peuvent exiger que leurs partenaires tiennent leur place que si eux-mêmes tiennent la leur, et *vice versa*. En effet, les enseignants sont, pour nous, de véritables « professionnels de l'apprentissage » ; en tant que professionnels, ils doivent disposer d'un champ de compétences spécifiques ; en tant qu'ils disposent de ces compétences, ils ont une responsabilité particulière que nul ne peut leur disputer. D'autres, autour d'eux, ont d'autres responsabilités éducatives et cela leur impose d'autres charges : la famille joue un rôle essentiel dans l'éveil de l'intelligence de l'enfant par l'ensemble des stimulations qu'elle lui propose dans sa vie quotidienne ; de plus, elle inscrit l'enfant dans une histoire et lui fournit une sécurité affective dont celui-ci devra, certes, se dégager mais dont il a besoin pour se déployer. Les structures associatives ont un rôle décisif pour former l'enfant à s'engager dans des choix personnels, à en assumer les contraintes et à prendre les moyens de réussir les projets qu'il décide d'engager : les associations sportives, culturelles ou humanitaires, les bibliothèques, les centres sociaux, les animations de toutes sortes doivent donc être développées et il est de la responsabilité des collectivités territoriales de veiller à leur développement et à leur ouverture au plus grand nombre.

Nous croyons, d'ailleurs, qu'il serait plus utile, pour le moment, que chacun des partenaires de l'éducation des jeunes assume sa spécificité et l'assume jusqu'au bout, plutôt que de tenter d'empiéter sur le terrain des autres ou de remettre aux autres une partie de ses prérogatives. Ainsi, puisque les enseignants sont des spécialistes de l'apprentissage, il leur revient d'aider chaque élève à travailler efficacement dans toutes les disciplines ; leur tâche ne peut donc se réduire à la distribution d'informations dont le « travail à la maison » permettrait seul l'assimilation ; ce n'est que dans la mesure où les enseignants accompliront véritablement leur tâche qu'ils pourront demander aux parents d'exercer la leur et de ne pas venir empiéter sur leur domaine. De même, les parents, qui sont aujourd'hui tentés d'être d'autant plus exigeants avec l'École qu'ils ne se sentent plus tout à fait en mesure d'assumer leur rôle propre, devraient-ils plutôt s'interroger sur la manière de concilier leurs exigences personnelles et professionnelles avec leur mission éducative ; se décharger de cette mission sur l'École pour venir ensuite y réclamer le pouvoir ne peut être que mal vécu par les enseignants. Enfin, les structures associatives qui sont aujourd'hui tentées de prolonger systématiquement l'École – ou de la concurrencer – par l'organisation de systèmes de soutien scolaire ou d'aide aux devoirs, devraient-elles plutôt réfléchir aux moyens pour mettre à la disposition des jeunes des activités suffisamment variées et attractives afin qu'ils puissent s'y investir et acquérir par là de précieuses capacités d'organisation, d'initiative et de ténacité... qu'ils pourront ensuite réinvestir utilement dans le travail scolaire. Cela éviterait d'inutiles rivalités, permettrait de renvoyer clairement aux enseignants ce qui ressort de leur responsabilité propre et de prendre le risque qu'ils se transforment eux-mêmes en animateurs socio-culturels pour pallier les graves insuffisances dans ce domaine.

Plus profondément même, nous croyons qu'il y a, dans cette « séparation des pouvoirs », quelque chose de fondamental pour l'éducation des jeunes et la construction de leur liberté. Car un être se constitue dans sa liberté non point parce que ses éducateurs suspendraient l'exercice de leur pouvoir sur lui – la chose est, de toute évidence, impossible –, mais bien plutôt, parce que différents pouvoirs s'équilibrent et lui permettent d'oser son expression propre. Comme le montre bien Henri Atlan, l'éducation suppose ce qu'il nomme « les trois pouvoirs de la parole »[6]. Pour notre part,

---

6. Henri ATLAN propose, dans son ouvrage *Tout, non, peut-être* (Seuil, Paris, 1991) de reprendre pour l'éducation « un des grands principes fondamentaux de la démocratie : la séparation des pouvoirs, qui nous semble aller de soi quand il s'agit de droit constitutionnel, mais que nous oublions curieusement quand il s'agit des contenus de discours par lesquels les enfants, les adolescents puis les adultes sont éduqués en vue de leur propre bien et du bien de la société » (page 235). Certes, Henri ATLAN ne distingue pas tout à fait les trois

nous dirions volontiers que l'enfant a d'abord besoin d'une filiation, d'une histoire, d'une communauté affective où il soit reconnu et dans laquelle il puisse s'inscrire ; la détresse de ceux et celles qui ne disposent pas de cette réalité, leur désespoir même ou leur fuite dans une violence aveugle, en dit long sur cette impérieuse nécessité. Mais l'enfant ne peut être seulement « l'héritier », cette tâche serait d'ailleurs trop lourde pour lui, le devoir d'allégeance susciterait à chaque instant la peur de trahir, et l'obéissance se ferait vite rivalité mimétique : quand on approche de trop près le modèle, comme l'explique bien René Girard, le conflit devient inévitable, puisque le « fils » peut alors prendre la place du « père »[7]. Il faut donc que l'enfant prenne à la fois du recul et du pouvoir vis-à-vis de sa famille et de ce qui s'y joue, et c'est là, nous semble-t-il, un des rôles essentiels de l'École, l'enjeu fondamental même de tout apprentissage : apprendre c'est comprendre d'où l'on vient et pouvoir décider soi-même où l'on va ; apprendre c'est percer le mystère de ses origines et devenir autre, parfois plus puissant ou plus lucide, toujours différent par rapport à ses parents ; le savoir permet d'échapper aux contraintes de la filiation ou – ce qui revient au même – de les assumer librement. Mais nous pressentons bien qu'une simple opposition entre le pouvoir familial et le pouvoir scolaire serait malsaine ; elle tournerait à la partie de bras de fer et l'enfant y figurerait plus souvent comme enjeu que comme acteur. Il faut donc ici un « tiers médiateur » qui permette d'échapper à la fois à la toute-puissance familiale et à celle du savoir scolaire, un « tiers médiateur » qui permette de s'investir ailleurs et de relativiser tout le reste, un tiers médiateur où l'enfant puisse oser une différence radicale que ni la famille ni l'École ne comprendraient très bien. L'expression artistique ou sportive, la militance associative peuvent alors jouer ce rôle : là, dans la mesure où le champ d'activités n'est pas imposé mais fait l'objet d'un choix de l'enfant qui peut s'y investir totalement sans souci « d'équilibrer » les disciplines – ce qui, évidemment, serait contraire à la vocation de l'École –, peuvent être mises en perspective les autres dimensions éducatives... Au total, ce qui nous apparaît important de sauvegarder aujourd'hui c'est cette « séparation des pouvoirs éducatifs » qui est, à notre sens, aussi constitutive d'une éducation à la liberté que la « séparation des pouvoirs législatif, exécutif et judiciaire » est fondatrice d'une société démocratique.

---

mêmes pouvoirs que nous (il s'attache au pouvoir politique, au pouvoir scientifique et au pouvoir poétique) ; mais il nous est apparu que le principe de son analyse pouvait être transposé ici sans que sa pensée apparaisse trop « sollicitée », ni que la cohérence de sa doctrine en souffre.

7. *Des choses cachées depuis la fondation du monde,* Grasset, Paris, 1981, pages 314 et suivantes.

Pour un véritable partenariat

Certes, nous avons conscience du fait que notre propos peut apparaître relativement vieillot à un moment où tout le monde parle de partenariat et où toutes les forces sociales et politiques semblent s'accorder sur la nécessité de collaborer pour le plus grand bien de l'enfant. Mais nous ne pensons pas que cet accord puisse avoir une portée éducative s'il ne respecte pas les spécificités de chacun ; nous craignons « l'effet de tenaille » qui interdit à l'enfant d'exprimer sa différence, d'exister ailleurs et autrement, de se construire une personnalité en empruntant à différentes influences. Nous craignons une confusion des rôles qui interdise au jeune de se repérer, de se construire des attitudes, de mettre en perspective un élément de son éducation par la considération d'un autre ; nous craignons qu'il mélange l'affection portée à un être avec la considération sociale dont il est l'objet ; nous craignons qu'il ne perçoive plus le caractère de « réalité objectivante » des savoirs scolaires ; nous craignons qu'il ne distingue plus ce qu'il convient d'apprendre en raison de nécessités sociales, de ce à quoi il peut consacrer tous ses loisirs en raison de ses goûts propres.

Mais la différence de vocations et le respect des spécificités de chacun n'est pas l'ignorance ni, *a fortiori*, la concurrence. Au contraire, pour nous, il n'y a pas de partenariat possible sans la reconnaissance de ce que chacun peut apporter ; et l'on est d'autant plus prêt à engager une collaboration que l'on connait sa mission, que l'on a identifié les leviers sur lesquels soi-même on peut agir et que, par voie de conséquence, on mesure bien la nécessité de laisser place à l'autre quand la tâche ne ressort plus de notre domaine de compétences. Au contraire, quand les frontières sont mal définies, quand chacun se veut compétent sur tout et, plus particulièrement, sur ce qui est du ressort de l'autre, alors il y a de fortes chances pour que tout effort de travail en commun échoue : sans une reconnaissance de la spécificité de la mission de chaque partenaire, le partenariat n'est que lutte d'influences permanentes et bataille de procédures... les partenaires sont trop absorbés par leur souci de gagner du terrain pour qu'il leur reste assez de forces et d'énergie pour travailler ensemble au but qu'ils se sont fixé.

Or, précisément, quel est le but que peuvent se fixer aujourd'hui les partenaires de l'éducation et auquel ils peuvent travailler de manières différentes mais convergentes ? Quel est le projet capable de mobiliser les énergies et sur lequel les enseignants, à leur place, auraient suffisamment prise pour ne se sentir ni victimes, ni coupables, mais responsables, pleinement impliqués grâce à leurs compétences professionnelles et totalement solidaires avec tous ceux qui, dans leurs champs de compétences propres, adoptent la même démarche? Nous croyons, pour notre part, que c'est **la lutte contre toutes les formes d'exclusion.**

Un débat majeur : doit-on accepter de traiter l'échec par l'exclusion ?

En effet, l'enjeu idéologique majeur de cette fin du XXe siècle, ce sur quoi viennent achopper tous les systèmes de pensée et toutes les inventions institutionnelles, c'est bien **le fait de savoir si l'on doit traiter l'échec, toutes les formes d'échec – scolaire, social, affectif, culturel, économique, etc. – par l'exclusion ou si l'on peut chercher d'autres modalités de traitement, plus conformes avec le projet d'une société solidaire.** Car, si nous regardons autour de nous, que ce soit dans les domaines politiques, médicaux, industriels ou scolaires, nous voyons clairement se dessiner un clivage fort autour duquel se réorganisent tous les débats sociaux et qui se substitue progressivement au traditionnel débat droite/gauche.

D'un côté, il y ceux et celles qui, à chaque échec, cherchent à se débarrasser du problème, à sanctionner l'écart à la norme par une mise à l'écart des individus dans des structures de relégation, voire par leur destruction psychologique ou même – dans certains cas limites – physique. Car, ne nous y trompons pas, l'exclusion est une logique terrible qui emporte ceux qui s'y livrent jusqu'à des extrémités qu'ils n'avaient sans doute pas prévues : exclure, c'est mettre en route un fonctionnement centrifuge puissant qui rejette systématiquement tout ce qui fait obstacle à l'homogénéité du noyau central. Exclure, c'est vouer des individus à vivre dans la marge, les mettre en situation soit d'intérioriser leur infériorité, soit de se venger par la violence. Exclure, c'est hiérarchiser les statuts, instituer des catégories, classer les hommes. Exclure, c'est avouer sa préférence pour une société duale, une société à plusieurs statuts, une société à plusieurs vitesses.

En face des partisans du traitement de l'échec par l'exclusion, il y a ceux qui, en toutes circonstances, cherchent d'abord à « intégrer » ; non point pour nier l'identité ou la différence de l'autre mais pour lui permettre d'exprimer celle-ci dans une société plurielle. Pour ceux-là, l'échec le plus grave reste toujours dépassable et nul n'a le droit d'enfermer quelqu'un pour toujours dans une image, une classe, une catégorie. Pour eux, les divergences contribuent aussi à l'équilibre du système, à sa richesse, à sa variété et même à sa survie[8]. Et quand un individu ou un groupe d'individus compromet cette survie par son comportement, l'exclusion ne peut que représenter un pis-aller provisoire qui doit toujours être accompagné de mesures

---

8. C'est encore Henri ATLAN qui, dans le même ouvrage rapporte le théorème de von Fœrster, établi en 1976, et selon lequel plus un individu adopte un comportement conformiste dans un groupe social, moins il participe de la dynamique et de la survie de ce groupe... Et Henri ATLAN ajoute : « Ce modèle assure une aire d'indétermination – donc de liberté possible – aux individus, qui loin de mettre en péril la cohésion sociale en assure au contraire l'efficacité » (ibid., page 35).

positives visant la réinsertion. Pour eux, donc, l'exclusion n'est jamais, en aucun cas, la bonne solution et la prise en compte de la diversité ne doit jamais conduire à l'organisation hiérarchisée de structures sociales imperméables. Pour eux, toute exclusion est violence, violence à celui que l'on exclut, mais violence aussi contre la société tout entière qui sera inévitablement secouée, à terme, par ceux et celles qui en ont été exclus et qui ne trouveront pas d'autre solution que la force brutale pour revendiquer leur place. Car, quand on ne peut plus ni évoluer, ni intervenir sur son destin par l'apprentissage, quand on est enfermé à jamais dans une image ou un statut, il ne reste plus que la violence pour revendiquer son droit à une existence dont on voudrait bien être le maître.

Utopies de la classification ou utopies de la mobilité ?

Mais, dira-t-on, on connaît bien ce clivage : c'est celui qui oppose depuis toujours les humanistes généreux et utopiques aux réalistes cyniques, ceux qui croient en l'homme et ceux qui pensent qu'une société ne vaut que ce que valent ses structures de coercition. La chose n'est pas si simple car les utopies les plus célèbres – que l'on songe à Thomas More ou à Aldous Huxley – sont fondées précisément sur des classifications minutieuses entre les individus et les groupes ; les structures sociales parfaites, réglées comme des horloges, organisent l'exclusion et la hiérarchisation ; quel que soit le système de valeurs auxquelles elles se réfèrent, il s'agit toujours de classer les groupes humains. Ce sont des utopies de la séparation, des utopies mécaniques où la perfection esthétique du dispositif reste l'objectif premier. Or, précisément, il nous semble que ces utopies sont aujourd'hui condamnées : tous les systèmes fondés sur l'organisation rationnelle de groupes sociaux hiérarchisés nous ont livré leur terrible secret... Ce sont des utopies de mort dont les rouages se figent vite et qui, pour mieux se reproduire à l'identique, deviennent toujours des sociétés totalitaires.

Nous avons besoin aujourd'hui d'autres utopies, d'utopies de la mobilité, d'utopies de la différence, d'utopies de l'intégration. Nous avons besoin d'utopies où les hommes puissent chaque jour reconstruire leur destin, où leur soient données à chaque instant des occasions d'apprendre, de s'enrichir et de se développer, où ils puissent sans violence subvertir les catégories où l'on pourrait les enfermer. Nous avons besoin d'utopies qui permettent à chacun d'espérer trouver sur sa route une multitude de chemins de traverse, de raccourcis étranges et de détours imprévus. Nous avons besoin d'une utopie qui n'obture pas le possible, mais, au contraire, ouvre des voies multiples à l'apprentissage et à la socialisation, des voies multiples dont aucune ne soit une impasse, dont on ne soit jamais captif, des voies multiples qui portent, chacune, l'espoir et la possibilité de se dépasser. Nous avons besoin d'un projet social ambitieux où tous puissent accéder à ce que l'humanité a donné de plus grand et de plus fort, d'un projet où chacun puisse y parvenir par un itinéraire qui lui soit propre, mais un itinéraire qui ne l'exclue pas en prétendant respecter sa « spécificité ». Nous avons besoin d'apprendre à conjuguer unité et diversité, diversité et unité, inlassablement.

Et il n'y a rien de médiocre dans ce projet, rien qui puisse être assimilé à la recherche d'un équilibre subtil, d'un « juste milieu » , entre un « libéralisme » qui garantirait la mobilité des hommes et des structures, et un « socialisme » qui les figerait dans une organisation étatique. Il nous faut, en effet, rejeter l'exclusion et l'enfermement auxquels le « libéralisme » recourt si facilement pour tenter de donner un caractère définitif à une certaine répartition des savoirs et des pouvoirs. Mais il nous faut rejeter, tout autant, l'organisation bureaucratique à laquelle le socialisme dogmatique finit souvent par faire appel pour s'assurer contre le risque d'une subversion par des individus qui ne se résignent pas à ce que leur destin soit décidé par d'autres qu'eux. Nous avons besoin d'une « utopie de référence » qui associe, d'une part, des structures de vie communes et des savoirs fondateurs dont personne ne soit exclu avec, d'autre part, la reconnaissance des appartenances, des références, des modes de vie différents. Nous avons besoin d'une « utopie de référence » où le libre accès aux savoirs puisse permettre à chacun de se définir et de se construire, de choisir progressivement ses groupes d'appartenance et d'en changer quand il le souhaite. Nous avons besoin d'une « utopie de référence » où l'apprentissage soit, en quelque sorte, un « opérateur de mobilité », tout à la fois en ce qu'il est l'expression de la liberté et permet à celle-ci de ne pas s'exercer dans le vide : parce que le fait que l'on puisse apprendre et choisir ce que l'on apprend c'est déjà être libre, et parce qu'apprendre quelque chose librement c'est toujours instrumenter sa liberté. Nous avons besoin d'une « utopie de référence » qui place l'apprentissage au cœur même de tout dispositif social. Et nous croyons profondément – même si nous apparaissons ainsi en train de faire un plaidoyer *pro domo* – que c'est autour de l'apprentissage et de la formation que peut s'esquisser une véritable utopie politique pour demain.

En bref, nous plaidons pour une authentique utopie éducative, une utopie de la rencontre et de la socialité plurielle, une utopie fondée sur la seule valeur qui puisse être encore reconnue comme universelle : celle d'une **relation sans violence**. Car c'est bien là la seule valeur à laquelle nous pouvons adhérer quelle que soit notre culture de référence ou notre collectivité d'appartenance, à laquelle nous pouvons adhérer sans aucunement nous renier ni demander aux autres de se renier ; c'est une utopie qui place au cœur de toute activité humaine une exigence unique, qui est à la fois l'exigence que porte chaque être et chaque culture et l'exigence qu'ils portent ensemble et qu'impose leur commune existence : **que la rencontre avec l'autre ne soit pas faite – ou, au moins, pas faite exclusivement – de violence.**

Bien sûr, nous ne sommes pas encore au jour de l'avènement d'une société où ce principe sera complètement réalisé. Sans doute n'y parviendrons-nous jamais. Mais nous avons le droit de dire que nous préférons, dans tous les domaines, ceux qui se réclament de cette utopie-là plutôt que ceux qui, au nom du réalisme, nous renvoient en fait à d'autres utopies, infiniment terribles en dépit de leur apparence de « bricolage bon enfant ». Nous avons le droit de préférer toutes les tentatives des hommes pour agrandir le cercle de l'humain à toutes celles qui cherchent à le réduire à un petit nombre d'élus, de performants, de normaux, de civilisés, de bien-pensants et de bien-portants, de valeureux chefs ou de géniaux intellectuels. Nous avons le droit de dire que c'est pour nous une avancée importante chaque fois que l'on parvient à traiter un échec ou un dysfonctionnement social autrement que par l'exclusion et la relégation. Et cela nous engage à juger de toutes les inventions techniques et institutionnelles au regard de cette exigence et non à celui de nos intérêts matériels immédiats.

Certes, quelques bons esprits ne manqueront pas de nous faire remarquer que, dans le cadre de notre « utopie de référence », on aurait « normalisé » Baudelaire et qu'il a mieux valu, finalement, que celui-ci soit exclu pour qu'il devînt génial. Nous ne croyons en rien à cette illusion rétrospective caractéristique de la bourgeoisie intellectuelle et bien-pensante : le génie n'est pas lié à la souffrance infligée par l'exclusion ; il est l'expression parfaite de l'humain en ses émotions les plus fortes ; il témoigne donc d'une sorte de « communauté fondatrice » capable précisément de dépasser l'exclusion. La création artistique et intellectuelle est, en ce sens, tout entière vouée à la lutte contre toutes les formes d'exclusion, elle est, en elle-même, une insurrection contre l'exclusion et c'est pour cela qu'elle est, pour nous, infiniment précieuse.

On comprendra ainsi pourquoi nous estimons que l'École ne peut décider d'exclure un certain nombre d'élèves de l'accès à cette culture. On comprendra aussi pourquoi nous nous battons contre toutes les formes d'exclusion scolaire : exclusion institutionnelle quand on enferme des jeunes dans des filières de relégation, exclusion pédagogique quand on enseigne des savoirs à des élèves sans leur donner du sens et leur permettre de les intégrer dans leur histoire, exclusion sociale quand on ne fait la classe qu'au petit nombre de ceux avec qui l'on entretient des rapports de complicité. On comprendra aussi pourquoi nous nous inquiétons des solutions démagogiques qui apparaissent ici ou là et qui ne proposent rien d'autre, sous des formes plus ou moins déguisées, que de construire des systèmes de filières hiérarchisées. Entendons-nous bien : nous sommes convaincu que de telles formules résoudraient effectivement un certain nombre de problèmes ; elles permettraient aux enseignants de ne pas changer leurs pratiques ; l'institution scolaire pourrait peut-être retrouver son aura d'antan en valorisant des filières prestigieuses et en y promouvant quelques enfants du peuple miraculés ; on circonscrirait la violence – faute de la faire diminuer – dans des espaces institutionnels parfaitement définis et que l'on équiperait pour y faire face ; on disposerait d'un système de formation directement en prise sur les besoins de l'économie et on pourrait ouvrir ou fermer les vannes à volonté... Seulement voilà, il n'y a « progrès » qu'au sein d'un « projet » et tout cela n'entre pas dans notre projet. Pour nous – et on nous concédera le droit d'avoir notre conception du progrès –, le véritable progrès consiste à permettre au plus grand nombre possible d'enfants de se connaître, de se parler, de s'enrichir de leurs différences et de décider de leur avenir. Pour nous, le véritable progrès c'est quand la culture n'est pas imposée à des hommes par leurs semblables au nom d'une norme civilisatrice, mais quand elle les relie, leur permet de se reconnaître humains ensemble et d'échanger, quand elle les rend plus intelligents à eux-mêmes, aux autres et au monde. Et nous sommes convaincus que ce progrès-là, les enseignants peuvent en être les artisans, sans revendiquer de reconnaissance exceptionnelle, mais sans honte non plus. Avec obstination et joie. Au quotidien.

POST-SCRIPTUM

A l'issue du parcours, nous ne sommes pas vraiment sûrs, mon cher Émile, que tu te sois reconnu dans nos propos. Peut-être même avons-nous été un peu prétentieux en te prenant à parti ? Peut-être, surtout, n'avons-nous pas su vraiment *prendre ton parti* ? Peut-être nous sommes-nous laissés entraîner par la ferveur argumentative, perdant parfois ton image, abandonnant ainsi notre souci premier pour basculer dans l'obsession raisonneuse... Obsession de toi parfois, mais obsession de nous-même bien souvent.

Car, quoique militante ou généreuse, l'obsession n'est jamais vraiment que l'obsession de soi, l'enkystement d'un sujet qui croit se tourner vers autrui ou autre chose mais dont la volonté crispée se laisse prendre au piège de Narcisse. Ténacité obstinée qui, à force d'intensité, ne sait plus que s'exalter elle-même ou s'anéantir dans la contemplation de soi. Comme si la volonté de servir était constamment menacée de se prendre elle-même pour objet ; comme si la difficulté de la tâche la poussait à se fixer d'abord sur soi pour garantir, mais ensuite seulement, la possibilité de se tourner vers l'extérieur... et comme si, dans ce premier mouvement, elle se paralysait, condamnée à nier alors ce qu'elle prétendait instaurer. Le poids du présent abolit souvent dans ce cas l'espérance de l'avenir.

C'est là la menace constante de tous les bien-pensants ; le danger inévitable de tous les combats, pour les causes les plus honteuses comme pour les causes les plus nobles... Quand on renforce les appareils pour garantir le succès de l'entreprise et que l'on ne garantit plus que le succès des appareils. Quand on s'arme de courage et de ténacité pour faire face aux difficultés et que le souci des préparatifs écarte de nous celui des véritables objectifs. Quand nous voulons absolument être forts pour mieux servir et que nous finissons par ne plus vouloir être forts que pour mieux gagner. Quand nous croyons, en toute bonne foi, nous donner les moyens de notre idéal et que les moyens nous font oublier l'idéal.

Ainsi en est-il souvent de l'éducation qui reste, en ses institutions de toutes sortes, une entreprise fondamentalement médiocre. Longtemps encore, et pour toujours sans doute, il nous faudra assumer cette médiocrité. Longtemps encore il nous faudra transiger avec des institutions plus préoccupées de leur propre reproduction que de permettre aux individus de grandir et de se rencontrer. Et puis, le terrain est trop encombré, plein d'objets hétéroclites qui font irrémédiablement obstacle à toutes nos velléités perfectionnistes. L'éducation est une affaire sociale et nous voudrions en faire une pure aventure philosophique. Socrate a su ce qu'il en coûtait. Plus personne aujourd'hui ne prendra le risque : les programmes et les débouchés, les conditions matérielles de travail et les attentes des parents, les demandes de l'économie et les calculs des politiques, l'influence de la télévision et celle de la publicité, les caprices de la hiérarchie et nos propres lâchetés, notre fatigue et celle de nos élèves, tout cela, nous le savons bien, est là, et pour longtemps. Avec nos enfants comme avec nos élèves, nous en sommes réduits, bien souvent, à « fonctionner ». Et que celui qui n'a jamais péché nous jette la première pierre !

Mais nous ne pouvons pas « fonctionner » éternellement sans que quelque chose nous donne le goût de vivre ou même seulement de survivre ; nous ne pouvons échapper au désespoir ou à la routine – qui n'est, elle-même, qu'une forme asséchée du désespoir – si nous ne sommes pas tenaillés par une quelconque espérance. Certes, dans les heures les plus sombres, cette espérance semble à tout jamais inaccessible, ridicule même, totalement dérisoire, au point que nous n'osons pas la formuler. Mais, parfois, elle affleure, semble faire une timide incursion dans la triste réalité et, grâce à elle, les choses prennent sens : celui dont nous désespérions vient tout à coup de comprendre ; un élève se sent reconnu et estimé en dépit de son échec ; là où régnait la violence, survient, ne serait-ce qu'un court instant, la volonté de s'expliquer sereinement ; un regard échangé fugacement fait reculer l'exclusion ; un projet élaboré ensemble esquisse une socialité solidaire ; une activité pédagogique laisse entrevoir la possibilité de retrouver quelque joie partagée dans l'apprentissage... Alors, nous ne vivons plus tout à fait pour rien, nous n'enseignons plus simplement pour gagner notre vie. Nous osons parler d'éducation, nous osons même essayer de convaincre. Il se passe là quelque chose d'étrange. Non que nous ayons fait disparaître les contraintes d'un coup de baguette magique, mais celles-ci ne pèsent plus tout à fait aussi lourd et leur caractère inéluctable n'est plus tout à fait aussi certain.

Dans ces moments-là apparaît quelque chose qui n'est certes pas – de cela nous en sommes revenus – « le sens de l'histoire »... mais quelque chose qui peut donner du sens à nos histoires, permettre que nos aventures individuelles ne soient plus tout à fait aussi absurdes et solitaires. Dans ces fractures de la quotidienneté surgit ce que nous avons appelé une « utopie de référence ». Rien de totalitaire dans cette utopie. Bien au contraire. Une extrême fugacité, une immense fragilité, la reconnaissance d'un impossible achèvement, un signe d'humanité. Un signe de confiance dans l'humain.

Dans l'émergence locale et provisoire de l'humain. Dans le sentiment que cette émergence nous délivre peut-être un peu des fatalités qui nous encombrent et que ce qui s'y éprouve est tel que l'on doit prendre le risque de la contagion. Car l'humain fait mauvais ménage avec la conquête et l'éducation ne fraie guère avec les utopies triomphalistes. L'humain ne s'impose pas, il se propose, il s'échange, il avance doucement en ayant peur de blesser. Une « utopie de référence » n'est ainsi possible qu'en tant qu'elle nourrit en permanence de l'« instituant » ; elle est de l'ordre de l'impossible quand elle se veut organisatrice autoritaire de l'« institué ». Elle n'a de sens que comme vecteur d'une liberté qui trouve en elle des mots pour se dire ; elle perd son sens quand elle veut régenter de l'extérieur les comportements des hommes. Une « utopie de référence » n'est pas un modèle qu'il conviendrait d'imiter, c'est une dynamique dans laquelle on peut s'inscrire, dans laquelle chaque lecteur peut s'inscrire s'il le veut, partageant ainsi une histoire – et non point « l'Histoire » – dans laquelle nous continuons de croire et dans laquelle toi, Émile, tu tiens, à notre sens, une place essentielle.

Au fond, ce n'est peut-être donc pas la peine, finalement, que tu reviennes, Émile. L'important, c'est que nous autres et ceux qui voudront bien nous rejoindre tentions de tenir notre place dans cette histoire. De toute évidence, ce ne sera pas simple ; peut-être faudra-t-il même « prendre le maquis » ? La lame de fond sociale de l'exclusion peut nous submerger plus vite que nous ne le croyons et réduire à néant les frêles échafaudages institutionnels que nous avons réussi à sauver jusqu'ici. Mais nous tiendrons quand même et le temps qu'il faudra. Sinon, Émile, à vrai dire, nous n'oserions plus te regarder en face.

BIBLIOGRAPHIE

E. ALTSCHULL, « Le pédagogisme à l'américaine », *L'enseignement philosophique*, 42 (1), 1991.

H. ARENDT, *La crise de la culture*, Paris, Gallimard, 1989 (coll. « Folio Essais »).

Association pour la qualité de l'enseignement et des concours de recrutement, *Main basse sur l'éducation*, Paris, Editions Universitaires, 1991.

J.P. ASTOLFI, « L'émergence de la didactique de la biologie », *ASTER*, 11, 1990.

H. ATLAN, *Tout, non, peut-être*, Paris, Seuil, 1991.

C. AUDRY, *L'enfant arriéré et sa mère*, Paris, Seuil, 1964.

G. AVANZINI, *Introduction aux sciences de l'éducation*, Toulouse, Privat, 1987.

G. AVANZINI, « La place de J.M. Itard dans la pédagogie», *Lieux de l'enfance*, 14-15, 1988.

G. AVANZINI, *Pédagogie de la médiation*, Lyon, Chronique sociale, 1991.

G. AVANZINI, *L'école d'hier à demain : des illusions d'une politique à la politique des illusions*, Toulouse, Erès, 1992.

G. AVANZINI, « Quelques observations sur les propositions du Conseil national des programmes pour l'évolution des collèges », *Lettre du C.L.E.R.S.E.*, 13, mai 1992.

G. BACHELARD, *La philosophie du non*, Paris, PUF, 1970, p. 144.

M.C. BAIETTO, *Le désir d'enseigner*, 2e éd., Paris, ESF éditeur, 1985.

R. BALLION, *La bonne école*, Paris, Hatier, 1991.

R. BALLION, « Pas d'instruction sans socialisation », *Cahiers pédagogiques*, 303, 1992.

J. BAUBEROT, *Vers un nouveau pacte laïque*, Paris, Seuil, 1990.

A. BAUDART, H. PENA-RUIZ (dir.), *Les préaux de la République*, Paris, Minerve, 1991.

C. BAUDELOT, R. ESTABLET, *Le niveau monte*, Paris, Seuil, 1990.

J. Baudrillard, *La transparence du mal,* Paris, Galilée, 1990.

J. Beillerot, *Savoir et rapport au savoir,* Paris, Editions Universitaires, 1989.

J. Berbaum, *Développer la capacité d'apprendre,* 2e éd., Paris, ESF éditeur, 1991.

B. Bernstein, *Pédagogie visible, pédagogies invisibles,* Paris, O.C.D.E., 1975.

J.P. Bijeault et C. Terrier, *L'illusion psychanalytique en éducation,* Paris, PUF, 1978.

R. Bkouche, B. Charlot, N. Rouche, *Faire des mathématiques : le plaisir du sens,* Paris, Armand Colin, 1991.

L. Boltanski, Thevenot, *De la justification, les économies de la grandeur,* Paris, Gallimard, 1991.

P. Bouchard, *Métier impossible : la situation morale des enseignants,* Paris, ESF éditeur, 1992.

P. Bourdieu, Système d'enseignement, système de pensée, dans *Revue internationale des sciences sociales,* 19 (3).

P. Bourdieu, J.-C. Passeron, *Les héritiers,* Paris, Éditions de Minuit, 1964.

P. Bourdieu, « L'école conservatrice : l'inégalité sociale devant l'école et devant la culture », *Revue française de sociologie,* (3), 1966.

P. Bourdieu, J.-C. Passeron, *La reproduction,* Paris, Editions de Minuit, 1970.

P. Bourdieu, *La distinction, critique sociale du jugement,* Paris, Editions de Minuit, 1985.

B. Brecht, *Théâtre complet,* tome 1, Paris, L'arche, 1969.

G. Brousseau, « Transmission des savoirs, recherche et démocratisation » *Options,* (32) octobre 1990.

J.S. Bruner, *Le développement de l'enfant,* Paris, PUF., 1983.

L. Cador, *Étudiant ou apprenti,* Paris, PUF, 1982.

A. Canevaro, *Enfants perdus, enfants exclus,* Paris, ESF éditeur, 1992.

J. Capelovici, *En plein délire scolaire,* Paris, Carrère, 1984.

P. Caussat, *L'événement,* Paris, Desclée de Brouwer, 1992.

E. Cauzinille-Marmeche, J. Mathieu, « Adapter les interventions tutorielles au modèle cognitif de l'étudiant » dans J.P. Caverni (dir.) *Psychologie cognitive, modèles et méthodes,* Grenoble, PUG, 1988.

C.E.P.E.C., *Construire la formation,* Paris, ESF éditeur, 1991.

B. Charlot, *L'école en mutation,* Paris, Payot, 1987.

M. Cifali, *Freud pédagogue ?* Paris, Interéditions, 1982.

A. Comte Sponville, *Une éducation philosophique,* Paris, Gallimard, 1990.

G. Coq, « Les impasses de la raison pédagogiste », *Esprit,* décembre 1991.

C. Coutel, (dir.), *La république et l'école,* Paris, Agora, Presses Pocket, 1991.

R. Debray, *Apprendre à penser,* Paris, ESHEL, 1990.

F. DELIGNY, *Graine de crapule*, Paris, Editions du Scarabée, 1974.

J.P DESPINS, M.C BARTHOLY, *Le poisson rouge dans le Perrier*, Limoges, Critérion, 1983.

M. DEVELAY, *De l'apprentissage à l'enseignement*, Paris, ESF éditeur, 1992.

F. DUBET, *Les lycéens*, Paris, Seuil, 1991.

L. DUMOND, *Essais sur l'individualisme*, Seuil, Paris, 1991 (coll. « Points »).

C. DURAND PRINBORGNE, *L'égalité scolaire*, Paris, Seuil, 1988.

E. DURKHEIM, *L'évolution pédagogique en France*, Paris, PUF, 1969.

C. ETEVE, J. HASSENFORDER, O. LAMBERT-CHESNOT, *Pour une bibliothèque « idéale » des enseignants*, Paris, I.N.R.P, 1990.

E. FERRIERE, *Vers une classification naturelle des types psychologiques*, Nice, Editions des Cahiers astrologiques, 1943.

G. FERRY, *La pratique du travail de groupe*, Paris, Dunod, 1970.

J. FILLOUX, *Le contrat pédagogique*, Paris, Dunod, 1974.

A. FINKIELKRAUT, *La défaite de la pensée*, Paris, Gallimard, 1984.

S. FREUD, « Analyse terminée et analyse interminable », *Revue française de psychologie*, 11 (1), 1939.

G. FRIEDMANN, *Où va le travail humain ?*, Paris, Gallimard, 1959.

A. de la GARANDERIE et G. CATTAN, *Tous les enfants peuvent réussir*, Paris, Le Centurion, 1988.

S. GASQUET, *Les mathématiques au lycée*, Paris, ESF éditeur, 1992.

S. GASQUET, M. RUFFIEUX, *Lycées : peut mieux faire*, Paris, Syros, 1990.

R. GIRARD, *Des choses cachées depuis la fondation du monde*, Paris, Grasset, 1981.

P. GRAINVILLE, *Le paradis des orages*, Paris, Seuil, 1986.

J. HABERMAS, *Théorie de l'agir communicationnel*, 2 vol., Paris, Fayard, 1987.

J. HABERMAS, *L'éthique de la communication*, Paris, PUF, 1987.

C. HADJI, *Penser et agir l'éducation*, Paris, ESF éditeur, 1992.

D. HAMELINE, M.-J. DARDELIN, *La liberté d'apprendre*, Paris, Editions ouvrières, 1967.

D. HAMELINE et M.J DARDELIN, *La liberté d'apprendre, situation II*, Paris, Editions ouvrières, 1977.

D. HAMELINE, *Les objectifs pédagogiques*, 9e éd., Paris, ESF éditeur, 1991.

D. HAMELINE, *L'éducation, ses images et son propos*, Paris, ESF éditeur, 1986.

D. HAMELINE, « Jalons pour une ascétique de la médiation éducative », préface de F. RIBORDY-TSCHOPP, *Fernand Deligny, « éducateur sans qualités »*, Genève, éditions I.E.S., 1989.

P. HIGELE, G. HOMMANGE, E. PERRY et P. TABARY, *Ateliers de raisonnement logique : exercices progressifs pour l'apprentissage des opérations intellectuelles*, 2e éd., Nancy-Metz, CAFOC, 1984.

J. HOUSSAYE, *Le triangle pédagogique*, Berne et Francfort, Peter Lang, 1988.

I. ILLICH, *Une société sans école*, Paris, Seuil, 1971.

A. JACQUARD, *Au péril de la science*, Paris, Seuil, 1984, (coll. « Points »).

V. JANKELEVITCH, *Le paradoxe de la morale*, Paris, Seuil, 1981.

V. JANKELEVITCH, « Avec l'âme tout entière », Hommage à BERGSON, *Bulletin de la société française de philosophie*, 1960.

P. JULLIEN, *Le manteau de Noé, essai sur la paternité*, Paris, Desclée de Brouwer, 1991.

J.M. JUMILHAC, *Le massacre des innocents*, Paris, Plon, 1984.

E. KANT, *Réflexions sur l'éducation*, 2e édit., Paris, Vrin, 1974.

E. KANT, *Critique de la raison pure*, 3e édit., Paris, PUF, 1963.

C. KINTZLER, dans C. COUTEL, (dir.), *La république et l'école*, Paris, Agora, Presses pocket, 1991.

J. KORCZAK, *Comment aimer un enfant*, Paris, Robert Laffont, 1978.

J. KORCZAK, *Le droit de l'enfant au respect*, Paris, Robert Laffont, 1979.

V. et G. De LANDSHEERE, *Définir les objectifs de l'éducation*, Paris, PUF, 1976.

J. LAUTREY, *Classe sociale, milieu familial, intelligence*, Paris, PUF, 1980.

J. LEFRANC, « Ce qui dépend de nous », *L'enseignement philosophique*, novembre-décembre 1991.

L. LEGRAND, *Pour un collège démocratique*, Paris, La documentation française, 1983.

L. LEGRAND, *La différenciation pédagogique*, Paris, Editions Scarabée, 1986.

L. LEGRAND, *Les politiques de l'éducation*, Paris, PUF, 1988.

J. LEIF, *L'apprentissage, conditionnement et libre choix*, Paris, Delagrave, 1984.

W. LEPENIES, *Les trois cultures, entre science et littérature ; l'avènement de la sociologie*, Paris, Editions de la maison des sciences de l'homme, 1991.

P. LÉVI, *La trêve*, Paris, Grasset, 1989.

E. LEVINAS, *Entre-nous, Essais sur le penser-à-l'autre*, Paris, Grasset, 1991.

A. LIEURY, *Mémoire et réussite scolaire*, Paris, Dunod, 1991.

M. LOBROT, *La pédagogie institutionnelle*, Paris, Gauthier-Villars, 1986.

G. Di LORENZO, *Questions de savoir*, Paris, ESF éditeur, 1991.

R.F. MAGER, *Pour éveiller le désir d'apprendre*, Paris, Bordas, 1978.

M. MANNONI, *Premier rendez-vous avec le psychanalyste*, Paris, Gonthier, 1965.

M. MANNONI, *Éducation impossible*, Paris, Seuil, 1973.

H. MARROU, *Histoire de l'éducation dans l'Antiquité*, tome 1, Le monde grec, Paris, Seuil, 1958.

M.T. MASCHINO, *Vos enfants ne m'intéressent plus*, Paris, Hachette, 1983.

P. MEIRIEU, *L'école mode d'emploi*, 6e éd., Paris, ESF éditeur, 1991.

P. MEIRIEU, *Apprendre en groupe ?*, 2 tomes, 4e éd., Lyon, Chronique sociale, 1992.

P. Meirieu, *Apprendre,... oui mais comment ?*, 9e éd., Paris, ESF éditeur, 1992.

P. Meirieu, *Le Choix d'éduquer*, 2e éd., Paris, ESF éditeur, 1991.

P. Meirieu, *Enseigner, scénario pour un métier nouveau*, 5e éd., Paris, ESF éditeur, 1992.

G. Mialaret, *Les sciences de l'éducation*, Paris, PUF, 1976.

J.C. Milner, *De l'école, Paris*, Seuil, 1984.

A.S. Neill, *Libres enfants de Summerhill*, Paris, Maspéro, 1972.

P. Nemo, *Pourquoi ont-ils tué J. Ferry ?*, Paris, Grasset, 1991.

J. Nimier, *Les maths, le français, les langues, à quoi ça me sert ?*, Paris, Nathan-Labor, 1986.

C. Nique, *L'impossible gouvernement des esprits*, Paris, Nathan, 1992.

B. Noel, *La métacognition*, Bruxelles, Editions universitaires / De Boeck, 1991.

G. Nunziati, « Pour construire un dispositif d'évaluation formatrice », *Cahiers pédagogiques*, 280, 1990.

P. Oleron, *Savoirs et savoir-faire psychologiques chez l'enfant*, Bruxelles, Mardaga, 1981.

J. Oury, *Onze heures du soir à la Borde*, Paris, Galilée, 1980.

F. Oury et A. Vasquez, *Vers une pédagogie institutionnelle*, Paris, Maspéro, 1969.

F. Oury, A. Vasquez, *De la classe coopérative à la pédagogie institutionnelle*, Paris, Maspéro, 1971.

F. Oury, J. Pain, *La Chronique de l'école caserne*, Paris, Maspéro, 1978.

F. Oury et C. Pochet, *L'année dernière j'étais mort, signé Miloud*, Vigneux, Matrice, 1986.

Ch. Perelman, *L'empire rhétorique*, Paris, Vrin, 1977.

A. de Peretti, *Pour une école plurielle*, Paris, Larousse, 1987.

P. Perrenoud, « De l'inégalité quotidienne devant le système d'enseignement. L'action pédagogique et la différence » dans *Revue européenne des sciences sociales*, Genève, Droz, 20 (63), 1982.

A.N. Perret Clermont, *La construction de l'intelligence dans l'interaction sociale*, Berne et Francfort, Peter Lang, 1979.

F. Perroux, *Économie et société*, Paris, PUF, 1960.

J. Piaget, *Réussir et comprendre*, Paris, PUF, 1974.

J. Piaget, *La prise de conscience*, Paris, PUF, 1974.

B. Pierrehumbert, *L'échec à l'école, échec de l'école*, Neuchâtel et Paris, Delachaux Niestlé, 1992.

A. Prost, *Éloge des pédagogues*, Paris, Seuil, 1985.

A. Prost, *L'enseignement s'est-il démocratisé*, Paris, PUF, 1986.

A. Prost, *Éducation, société et politiques*, Paris, Seuil, 1992.

S. RAMAIN, G. FAJARDO, *Perception de soi par l'attitude et le mouvement*, Paris, Epi, 1977.

P. RANJARD, *Les enseignants persécutés*, Paris, Robert Jauze, 1984.

P. RAYNAUD, P. THIBAUD, *La fin de l'école républicaine*, Paris, Calmann-Lévy, 1990.

F. RIBORDY-TSCHOPP, *Fernand Deligny, « éducateur sans qualités »*, Genève, Editions I.E.S., 1989.

P. RICŒUR, *Soi-même comme un autre*, Paris, Seuil, 1990.

G. RODARI, *Grammaire de l'imagination*, Paris, E.F.R, 1979.

J. de ROMILLY, *L'enseignement en détresse*, Paris, Julliard, 1984.

J.-F. SAFFANGE, *Libres regards sur Summerhill*, Berne et Francfort, Peter Lang, 1985.

L. SAINT-PIERRE, « L'étude des stratégies d'apprentissage » dans *Pédagogie collégiale*, Montréal, 5, (2), décembre 1991.

J.P. SARTRE, *Huis-Clos*, Paris, Gallimard, 1944.

J.P. SARTRE, *Esquisse d'une théorie des émotions*, Paris, Hermann, 1965.

J.R. SCHMIDT, *Le maître-camarade et la pédagogie libertaire*, Paris, Maspéro, 1971.

B. SCHWARTZ, *Une autre école*, Paris, Flammarion, 1977.

M. SERRES, *Le tiers-instruit*, Paris, François Bourin, 1991.

R. SKIDELSKY, *Le mouvement des écoles nouvelles anglaises*, Paris, Maspéro, 1972.

M. SOETARD, *Pestalozzi ou la naissance de l'éducateur*, Berne et Francfort, Peter Lang, 1981.

A. THIERRY, *L'homme en proie aux enfants*, Paris, Magnard, 1986.

F. TOSQUELLES, *L'enseignement de la folie*, Privat, Toulouse, 1992.

L.S. VYGOTSKY, *Pensée et langage*, Paris, Editions sociales, 1985.

L.S. VYGOTSKY, « Le problème de l'enseignement et du développement mental à l'âge scolaire » dans *VYGOTSKY aujourd'hui*, B. SCHNEUWLY, J.P. BRONCKART (dir.), Neuchâtel et Paris, Delachaux et Nietslé, 1989.

P. WOODS, *L'ethnographie de l'école*, Paris, Armand Colin, 1990.

D. ZIMMERMANN, *La sélection non verbale à l'école*, Paris, ESF éditeur, 1986.

Annexe

ASSOCIATION A P P R E N D R E

Fondée par Philippe Meirieu et son équipe, l'association Apprendre regroupe deux types de membres :

* d'une part, les « membres actifs » qui sont cooptés par le conseil d'administration de l'Association ; ils participent de manière active à la vie de l'Association et ont voie délibérative dans les assemblées générales. Hommes et femmes « de terrain » (instituteurs, instituteurs spécialisés, professeurs, cadres pédagogiques, formateurs d'adultes, etc.), ces membres actifs peuvent assurer des formations au nom de l'Association. Ils doivent être engagés dans un travail de recherche personnelle et avoir au moins un D.E.A. Ils travaillent, par ailleurs, ensemble sur la conception et l'évaluation des opérations qu'ils animent dans le cadre de l'Association ;

* d'autre part, les « membres associés » qui constituent un réseau de ressources sur les questions des apprentissages et reçoivent les publications de l'Association ; ils ont voix consultative dans les assemblées.

Les membres actifs et les membres associés de l'Association Apprendre adhèrent aux Principes d'Orientation contenus dans la **Charte de l'Association** et qui inspirent la totalité de ses activités.

Les activités de l'Association Apprendre comportent différents secteurs.

* *Le secteur « formation »* : les formateurs assurent des interventions et formations, tant en France qu'à l'étranger, en direction des différents organismes et partenaires éducatifs. Ces interventions peuvent prendre diverses formes : conférences, journées de formation, stages, suivis d'équipes, etc. Elles portent, plus particulièrement, sur le thème des « apprentissages » : Qu'est-ce qu'apprendre ?, la pédagogie différenciée, l'aide méthodologique aux élèves, la métacognition, la pédagogie de projet, la pédagogie par alternance, etc.

* *Le secteur « manifestations »*: l'Association organise une série de manifestations et, en particulier, un Point-Forum Éducation qui propose, dans le cadre de l'Université LUMIÈRE-Lyon 2, des séances de travail sur des thèmes précis animées par des conférenciers français et étrangers. Elle a vocation à organiser également congrès et colloques.

* *Le secteur « documentation-publication »*: l'Association se veut un lieu où puisse être rassemblée la documentation française et étrangère la plus importante possible sur la question des « apprentissages ». Elle s'attache, plus particulièrement, à la documentation concernant « la formation des enseignants et formateurs aux questions d'apprentissage ». Par ailleurs, elle a vocation à publier régulièrement les textes et documents qu'elle élabore elle-même sur cette question.

* *Le secteur « recherche »*: enfin, l'ensemble des activités ci-dessus s'inscrit dans une dynamique de recherche collective qui tente d'associer étroitement information, invention et évaluation.

Pour tous renseignements
s'adresser à :
ASSOCIATION APPRENDRE
UNIVERSITÉ LUMIÈRE-Lyon 2
Sciences de l'Éducation
16, quai Claude-Bernard
69365 Lyon Cedex 07

CHARTE

Les membres de l'Association APPRENDRE se reconnaissent dans un certain nombre de principes qu'ils tentent d'incarner à travers l'ensemble de leurs activités :

1) L'apprentissage ne se décrète pas... et rien ne permet de l'imposer à quiconque.

2) L'apprentissage s'effectue, pour chacun, à sa propre initiative et requiert de lui le courage de tous les commencements.

3) Chacun apprend avec une stratégie qui lui est propre mais qui n'est pas, pour autant, figée ; il peut la modifier et l'enrichir en fonction de ses expériences.

4) Précisément parce qu'apprendre est difficile, il est important de fournir à chacun les points d'appui qui peuvent l'aider et l'environnement susceptible de lui faciliter la tâche.

5) Les recherches en psychologie de l'apprentissage et en didactiques peuvent permettre, par l'observation des conditions optimales d'apprentissage, de construire des dispositifs pédagogiques. Ces dispositifs sont utiles pour pallier l'aléatoire des situations personnelles et sociales d'apprentissage mais ils ne peuvent jamais se substituer à la liberté du sujet apprenant.

6) Dans l'apprentissage, il est impossible de séparer la méthode et le contenu : il n'existe pas de méthode qui fonctionnerait à vide, pas plus qu'il n'existe de contenu qui puisse être appréhendé sans méthode.

7) Dans l'apprentissage, il est impossible de séparer le cognitif et l'affectif : apprendre suppose un travail sur l'image de soi et toute acquisition de connaissance engage nécessairement un réaménagement affectif.

8) Dans l'apprentissage, il est impossible de séparer l'individuel et le social : personne ne peut apprendre absolument seul et la manière d'apprendre révèle toujours une conception de la socialité, des rapports au savoir et au pouvoir.

9) Parce qu'apprendre c'est s'enrichir et progresser, c'est toujours aussi dépasser le donné et subvertir un ordre social où chacun aurait une place définitivement attribuée.

10) Tout le monde peut apprendre et nul ne peut jamais décider que, pour une personne donnée, un apprentissage est définitivement impossible.

11) Apprendre, c'est construire l'humanité dans l'homme, accéder à l'universalité d'une culture qui s'ébauche quand l'Homme refuse de soumettre l'Autre mais décide de se soumettre avec l'Autre à un échange sans violence.

CET OUVRAGE A ÉTÉ ACHEVÉ D'IMPRIMER
EN DÉCEMBRE 1992 SUR LES PRESSES
DE L'IMPRIMERIE DE L'INDÉPENDANT
À CHÂTEAU-GONTIER
DÉPÔT LÉGAL : 4e TRIMESTRE 1992
No D'ÉDITION 2036 ED 1836